THINK
& GROW
RICH

THINK
& GROW
RICH

생각하라
그리고
부자가 되어라

부와 성공을 위한 13가지 원칙

생각하라
그리고
부자가 되어라

나폴레온 힐 지음
박지경 옮김

Think
and
Grow RICH

N 넥스웍

무엇을 어떻게 할 것인가

이 책에는 막대한 부를 이룬 500명의 경험이 수록되어 있다. 이들에게는 그런 부와 맞바꿀만한 아무것도 없었고 바닥부터 시작해야만 했다. 오직 생각과 아이디어, 체계적인 계획만이 있었을 뿐이었다.

여기 지난 50년간 미국인들에게 알려진 가장 성공한 사람들의 실제 성공담으로부터 정리된 돈 벌기에 대한 철학의 총체가 있다. 여기서는 무엇을 할 것인가뿐 아니라, 어떻게 할 것인가 또한 알려주고 있다.

이 책은 당신의 노동을 어떻게 판매할 것인가에 대한 전체적인 가이드를 제공하고 있다.

이 책에서 제공하는 완벽한 자기 분석 시스템을 통해 과거 당신과 "큰 부(the big money)" 사이를 가로막고 있던 것이 무엇인지 손쉽게 밝혀낼 수 있을 것이다.

여기서는 유명한 앤드루 카네기의 성공 공식에 관해 이야기하고 있는데, 이를 통해 카네기 자신이 수억 달러를 축적했을 뿐 아니라, 카네기에게 이 공식을 배운 많은 사람이 백만장자가 된 비법이기도 하다.

아마 이 책의 모든 내용이 다 필요하지 않을 수도 있다. 이 책에 경험이 소개된 500명의 인물도 마찬가지였다. 하지만 당신이 목표를 향해 출발하도록 자극을 줄 아이디어나 계획, 혹은 제안 하나는 필요하다.

이 책은 앤드루 카네기가 수백만 달러를 벌고 은퇴한 후, 그에게 영감을 받아 쓰였다. 카네기는 이 책의 저자에게 자신의 부를 이루게 된 놀라운 비밀을 공개했고, 다른 500명의 거부도 마찬가지로 자신들의 부의 근원을 털어놓았다.

이 책에는 충분한 부의 축적을 통해 재정적 독립을 이루고자 하는 모든 이들이 꼭 알아야 할 돈 벌기의 13가지 원칙이 소개되어 있다. 이 책이 쓰이기 전에 준비된, 25년간의 지속적인 노력을 망라하는 연구는 10만 달러 이상의 가치가 있다고 추정되고 있다.

더구나 이 책에 소개된 지식은, 그 정보를 제공한 500명의 사람 중 절반 이상이 이미 사망했기에, 어떤 비용을 치르더라도 절대 다시 복제할 수가 없다.

부는 돈으로만 환산될 수 있는 것이 아니다!

돈과 물질적인 것들이 신체적 정신적 자유를 위해 필수적이긴 하지만, 어떤 이들은 가장 위대한 부는 변치 않는 우정, 화목한 가족 관계, 회사 동료들 간의 공감과 이해, 그리고 내적인 조화에 의해서만 판단할 수가 있다고 생각한다. 이는 영적인 가치에 의해서만 환산될 수 있는 마음의 평안을 가져다준다.

이 가르침을 읽고 이해하며 적용하는 모든 사람은 이런 숭고한 재산을 끌어들이고 누릴 준비를 할 수 있게 되는데, 예나 지금이나 이를 받아들일 준비가 된 사람들에게만 허용되는 특권이다.

그러기에, 이 가르침의 영향력 아래에 놓이게 된 사람들이라면, 변화된 삶을 맞이할 준비를 해야 할 것이다. 이를 통해 조화롭고 이해심 넘치는 삶을 살게 될 뿐 아니라, 풍성한 물질적 부도 축적하게 될 것이다.

생각하라 그리고 부자가 되어라

모든 성취와 부는 생각에서 시작된다

이 책의 모든 장(章)을 거쳐 언급된 돈 버는 비법은 내가 오랜 세월 동안 신중히 분석해 온 500명의 거부에게 부를 가져다준 방법이다.

이 비밀은 25년도 훨씬 전, 앤드루 카네기 씨가 알려준 것이다. 이 영리하고 호감형인 스코틀랜드인은 내가 아직 어린 소년이었을 때 이 비밀을 내 마음속에 무심코 툭 던져 넣었다. 그리고는 두 눈에 유쾌한 빛을 띠며 의자에 뒤로 기대어 앉아, 자신이 한 말의 중요성을 충분히 이해할 만큼 내가 똑똑한 아이인지 파악하려 나를 지긋이 쳐다보았다.

내가 그의 뜻을 이해했다는 걸 알았을 때, 그는 나에게 20여 년의 시간을 들여 이 비밀을 세상에, 즉 이 비밀을 모른다면 실패한 삶을 살 수도 있는 사람들에게 소개하기 위해 준비할 의지가 있는지 물어보았다. 나는 그러겠다고 했고, 카네기 씨의 도움이 있었기에 그 약속을 지킬 수 있었다.

이 책에 소개된 비밀은 사회 모든 분야에 걸친 수천 명의 사람에 의해 실제 검증을 거친 것이다. 카네기 씨는 그에게 막대한 부를 가져다준 이 마법의 공식이 돈 버는 방법에 관해 연구할 시간적 여유가 없는 사람들에게 소개되어야 한다고 생각했고, 내가 사회 각 분야의 사람들 경험을 통해 이 공식의 견실함을 테스트하고 증명하길 원했다. 그는 모든 공립학교에서 이 공식을 가르쳐야 한다고 믿었고, 만일 제대로 가르친다면 학교에서 보내는 시간을 반 이하로 줄일 수 있을 만큼 교육 체계 전체에 혁명을 일으킬 것이라고 주장했다.

찰스 M. 슈왑과 그와 비슷한 유형의 다른 청년들을 만나면서, 카네기 씨는 학교에서 배우는 많은 것들이 생계를 꾸리고 부를 축적하는 데 있어서 별 가치가 없다는 확신하게 되었다. 그는 거의 교육을 받지 못한 젊은이들을 고용해서, 성공의 공식을 사용하는 방법을 코칭함으로써 그들 내면에 뛰어난 리더십을 계발하는 과정에서 이런 결론에 도달하게 된 것이다. 그리고 그의 코칭을 따른 모든 이들이 부를 이룰 수 있었다.

신념(Faith)에 관한 장(章)에서는 미국 철강회사라는 거대 기업이 조직되게 된 놀라운 스토리가 소개된다. 이는 카네기 씨로 하여금 준비된 사람이라면 누구나 이 공식이 성공을 가져다줄 수 있다고 증명하게 한 한 젊은이에 의해 계획되고 실행되었다. 찰스 M. 슈왑이라는 이 청년은 성공의 공식을 적용함으로써 금전적으로 성공했을 뿐 아니라 엄청난 기회를 잡을 수 있었다. 이 특별한 적용사례는 어림잡아 6억 달러의 가치가 있었다.

이 사실은 카네기 씨의 지인들 모두에게 잘 알려진 것으로, 이 사실

생각하라 그리고 부자가 되어라

을 통해 당신이 이 책을 통해 무엇을 얻게 될지 잘 알게 해준다. 자신이 원하는 것이 무엇인지 알고 있다면 말이다.

이 공식을 20년간 실제 테스트하기 전에도, 이 비밀은 카네기 씨가 주장한 바대로 10만 명 이상의 사람들에게 전해져 각자에게 도움을 주었다. 어떤 이는 부를 일구어내었고, 또 어떤 이는 화목한 가정을 이루어 내기도 하였다. 한 목회자는 이를 효율적으로 사용해서 매년 7만 5천 달러 이상의 수입을 만들어 내기도 했다.

이 비밀은 이 책 전체에 걸쳐서 수없이 언급되고 있다. 하지만 직접적으로 명명하지는 않았는데, 단순히 이 비밀의 덮개를 벗겨서, 비밀을 받아들일 준비가 되고 이를 찾고 있는 사람들의 눈에 띄도록 놓아서 그들이 직접 잡도록 했을 때, 더 성공적으로 작용하는 듯 보이기 때문이다. 카네기 씨가 이 비밀에 이름을 붙이지 않고 나에게 조용히 던져준 이유도 같은 이유에서였다.

이 책을 쓰던 중, 대학 졸업반이었던 우리 아들이 2장의 원고를 집어 들어 읽고 스스로 비밀을 발견하게 되었다. 얻은 정보를 효율적으로 잘 활용한 결과, 아이는 평균 연봉을 훨씬 뛰어넘는 초봉을 받으며 곧장 책임자의 자리에 앉을 수 있었다. 아들의 이야기는 2장에서 간략하게 언급될 것이다. 이 이야기를 읽는다면, 아마도 독자는 책의 초반부에 가졌던 의구심, 즉 너무 많은 것을 장담하고 있다는 느낌을 떨쳐내게 될 것이다. 또한 당신이 낙담했다면, 영혼을 앗아갈 정도로 큰 어려움을 극복해야 한다면, 노력했는데도 실패했다면, 질병이나 신체적 고통으로 장애를 겪고 있다면, 우리 아들이 카네기 공식을 발견하고 적용한 이야기는 희망이 상실된 사막에서 당신이 찾고 있던 오아시스처럼 다가올 것이다.

이 비밀의 특이한 점은, 일단 이를 획득하고 사용한 사람은 적은 노력만으로도 압도적인 성공을 이루게 되고 다시는 실패하지 않게 된다는 점이다! 믿을 수 없다면, 이를 사용한 사람들의 이름이 언급될 때마다 그들의 기록을 직접 조사해 보라. 그럼 확신을 얻게 될 것이다.

공짜로 얻어지는 것은 아무것도 없다!

내가 말하는 이 비밀은 대가를 지급해야 얻을 수 있지만, 그 가치에 비하면 대가는 미미한 것이다. 적극적으로 추구하지 않는 이에게는 어떤 대가를 치르더라도 주어지지 않으며, 공짜로 줄 수도 없고, 돈을 주고 살 수도 없다. 그 이유는 이 비밀이 두 부분으로 이루어져 있기 때문이다. 한 부분은 이 비밀을 맞이할 준비가 된 이들이 이미 소유하고 있다.

생각하라 그리고 부자가 되어라

준비된 사람이라면 누구나 평등하게 이 비밀의 유익을 누릴 수 있다. 여기에 교육 수준은 아무 상관이 없다. 내가 태어나기 아주 오래전에, 토마스 A. 에디슨은 이 비밀을 소유하게 되었고, 이를 현명하게 사용한 결과, 세계적인 일류 발명가가 되었다. 정규 교육은 3개월밖에 받지 못했음에도 말이다.

이 비밀은 에디슨의 사업 동료에게도 전해졌다. 연봉이 1만2천 달러에 불과했던 그는, 이 비밀을 효율적으로 사용한 덕분에 막대한 부를 축적하게 되었고, 아직 젊은 나이에 사업 일선에서 물러날 수 있었다. 그의 이야기는 1장 초반부에서 찾아볼 수 있다. 그의 이야기를 통해 독자는 부가 손길이 닿을 수 없는 먼 곳에 있지 않으며, 여전히 자신이 꿈꾸던 모습을 이룰 수 있고, 돈, 명예, 인정, 행복 등의 축복은 그것을 누릴 준비가 되고 의지를 가진 사람이라면 누구나 얻을 수 있다는 확신하게 될 것이다.

내가 어떻게 이런 것들을 알게 되었을까? 이 질문에 대한 답은 이 책을 다 읽기 전에 알게 될 것이다. 첫 장을 읽자마자 찾을 수도 있고, 마지막 페이지에서 찾게 될 수도 있겠다.

카네기 씨의 부탁으로 시작한 20년의 연구 과제를 수행하면서, 나는 카네기 비밀 공식 덕분에 막대한 부를 축적했다고 인정하는 수백 명의 유명인을 분석했다. 대표적인 인물들은 다음과 같다.

헨리 포드, 윌리엄 리글리 주니어, 존 워너 메이커, 제임스 J. 힐, 조지 S. 파커, E. M. 스태틀러, 헨리 L. 도허티, 사이러스 H. K. 커티스, 조지 이스트만, 테오도어 루스벨트, 존 W. 데이비스, 앨버트 허버드, 윌버 라이트, 윌리엄 제닝스 브라이언, 데이비드 스타 조던 박사, J. 아드젠 아머, 찰스 M. 슈왑, 해리스 F. 윌리엄스, 프랭크 건설러스 박사, 다니엘 윌라드, 킹 쥘렛, 랄프 A. 웍스, 다니엘 T. 라이트 판사, 존 D. 록펠러, 토마스 A. 에디슨, 프랭크 A. 밴더리프, F.W. 울워스, 로버트 A. 달러 대령, 에드워드 A. 필렌, 에드윈 C. 반스, 아서 브리스베인, 우드로우 윌슨, WM. 하워드 태프트 , 루터 버뱅크, 에드워드 W. 벅, 프랭크 A. 먼시, 앨버트 H. 개리, 알렉산더 그라함 벨 박사, 존 H. 패터슨, 줄리어스 로젠월드, 스튜어트 오스틴 와이어, 프랭크 크레인 박사, 조지 M. 알렉산더, J.G. 채플린, 제닝스 랜돌프 의원, 아서 내쉬, 클라렌스 대로우

이 이름들은 카네기 비밀을 이해하고 적용하는 사람들이 재정적으로나 다른 면에서나 삶의 높은 위치에 다다를 수 있음을 증명하는, 수

생각하라 그리고 부자가 되어라

백 명의 잘 알려진 성공한 미국인들의 극히 일부에 지나지 않는다. 나는 이 비밀을 사용하기로 영감을 받고도 자신이 선택한 분야에서 뛰어난 성공을 이루지 못한 사람을 본 적이 없다. 이 비밀을 소유하지 않고 명성을 얻거나 부를 축적한 사람을 본 적도 없다. 이 두 가지 사실로 미루어 보아, 결심을 하는 데 있어서 이 비밀을 아는 것이 흔히들 "교육"이라고 하는 것을 통해 얻는 것보다 훨씬 중요하다는 결론에 도달했다. 도대체 교육이 뭘까? 이에 대한 답은 자세히 논의될 것이다.

학교 교육에 관해 이야기하자면, 이들 중 상당수는 거의 교육을 받지 못했다. 존 워너 메이커는 자신이 받은 정규 교육이라고는 근대식 증기 기관차가 물을 싣듯이, 그야말로 "달리면서 퍼가는" 식으로 받은 게 다라고 내게 말한 바 있다. 헨리 포드는 대학은 고사하고 고등학교조차도 나오지 못했다. 학교 교육의 가치를 무시하려는 게 아니다. 이 비밀을 배우고 적용하는 사람들은, 비록 교육 수준이 낮더라도, 높은 위치에 다다르고, 부를 축적하며, 인생을 원하는 대로 이끌게 될 것이라는 나의 간절한 신념을 표현하려는 것뿐이다.

이 책을 읽어내려가는 도중에, 그 비밀이 책장에서 튀어나와 당신 앞에 당당히 설 수도 있다. 당신이 이를 맞을 준비가 되었다면 말이다! 그 순간이 되면 알아볼 수 있을 것이다. 그 신호를 첫 번째 장에서 감지하건 마지막 장에서 감지하건 간에, 그것이 모습을 드러내는 순간에는 잠시 멈춰서 그 순간을 잠잠히 기억하도록 하라. 당신의 인생에서 가장 중요한 전환점이 될 사건이기 때문이다.

이제 1장으로 들어가면서, 이 신비스러운 신호를 보았다고 선뜻 인정했던, 그리고 그의 사업적 성공이 이를 증명하는 내 좋은 친구에 대해 이야기를 하게 될 것이다. 그와 다른 이들의 이야기를 읽을 때, 이들 또한 모든 사람이 겪는 삶의 중요한 문제들을 다루고 있음을 기억하길 바란다. 생계를 꾸려 나가려는 몸부림에서 오는 문제들, 희망과 용기, 만족, 마음의 평안을 찾기 위한 노력에서 야기되는 문제들, 부를 축적하고 신체적 정신적 자유를 향유하기 위한 노력에서 생기는 문제들 말이다.

책을 읽어나가는 과정에서 기억해야 할 또 하나는 이 모든 것이 허구가 아닌 사실을 다루고 있다는 점이다. 이 책의 목적은 위대한 보편적 진실을 전달하는 데 있으며, 이를 통해 준비된 사람이라면 누구나 무엇을 해야 할지뿐 아니라 그 방법도 배우게 될 것이며, 시작하는 데 필요한 자극도 얻게 될 것이다.

서문을 끝맺으며, 첫 번째 장으로 들어가기에 앞서, 카네기 비밀을 알아낼 수 있는 단서를 제공할만한 간략한 제안을 하나 하려 한다. 바로, 모든 성취와 부는 생각에서 시작된다는 것이다. 이 비밀을 맞이할 마음의 준비가 되었다면 당신은 이미 반은 소유한 것이나 다름없다. 그렇기에, 비밀이 당신의 마음에 와닿는 순간 나머지 반을 알게 될 것이다.

-나폴레온 힐

CONTENTS

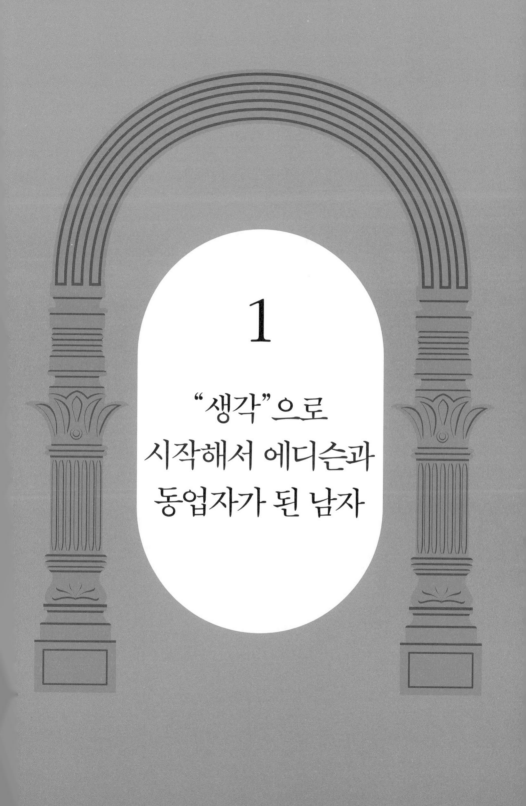

1

"생각"으로
시작해서 에디슨과
동업자가 된 남자

"생각은 실체이다."

진정 그렇다. 생각이 확고한 목표와 끈기, 그리고 생각을 통해 부와 물질적 소유를 이루겠다는 불타는 열정이 합쳐졌을 때는 매우 강력한 힘을 지니게 된다.

30여 년 전, 에드윈 C. 반스는 생각하라 그리고 부자가 되어라(Think and Grow Rich)는 말이 진리임을 깨달았다. 그가 갑자기 이를 깨달은 것은 아니었다. 그 깨달음은 점차 다가왔고, 그 시작점은 위대한 에디슨의 사업 동료가 되겠다는 불타는 열정이었다.

반스의 열정은 확고부동했다는 점에서 특별했다. 그는 에디슨과 동등한 위치에서 일하고 싶었던 것이지, 그의 수하에서 일하고 싶었던 것은 아니었다. 그가 어떻게 그의 열망을 현실화했는지 곰곰이 살펴보면, 성공의 13가지 원칙에 대해 더 잘 이해하게 될 것이다.

그의 마음속에 열망, 혹은 생각이 처음 번쩍였을 때, 그는 이를 행동으로 옮길 수 있는 상황이 아니었다. 두 가지 난관이 그의 앞을 가로막았다. 첫째로 그는 에디슨과 아는 사이가 아니었고, 둘째로 그에게는 뉴저지주 오렌지까지 갈 수 있는 기차표를 살 돈이 없었다.

대부분 사람이라면 이런 어려움으로 인해 자신의 열망을 실행에 옮길 엄두를 내지 못했을 것이다. 하지만 반스의 열망은 평범한 것이 아니었다! 포기하기는커녕, 자신의 열망을 반드시 실행으로 옮기겠다고 결심한 그는 마침내 기차의 수화물 칸을 타고 여행하기로 마음먹기에 이르렀다.

에디슨의 실험실에 나타난 그는, 자신이 그와 함께 사업을 하기 위해 이곳에 왔다고 선언했다. 에디슨은 몇 년 후, 반스와의 첫 만남에 대해 이렇게 말했다.

"그는 흔한 부랑자 같은 모습으로 내 앞에 서 있었습니다. 하지만 그의 표정에는 특별한 무언가가 있었는데, 마치 자신이 원하는 것을 꼭 얻을 것이라는 굳은 결심을 한 듯한 느낌을 주었습니다. 수년간 사람들을 겪으면서 내가 배운 점은, 누군가가 단 한 번의 운에 모든 것을 걸 정도로 이루고자 하는 열망이 있다면, 그는 반드시 그것을 성취해내고 만다는 사실입니다. 난 그가 원하던 기회를 주었습니다. 자신이 원하는 것을 얻을 때까지 안 가고 버틸 거라는 걸 알았거든요. 그게 실수가 아니었다는 건 이후에 벌어진 일들을 보면 알 수가 있죠."

그날 젊은 반스가 에디슨에게 무슨 말을 했는지보다 중요한 것은 그가 어떤 생각을 했는지이다. 에디슨 자신도 그렇게 얘기했다! 이 젊은이의 외모로는 절대 에디슨의 사무실에서 일을 시작할 수 없었을 것이다. 오히려 역효과만을 가져오는 모습이었기 때문이다. 중요한 것은 그의 생각(THOUGHT)이었다.

이 말의 중요성을 깨달을 수 있다면, 책의 나머지 부분은 읽을 필요도 없을 것이다. 반스는 첫 면접에서부터 에디슨의 사업 동료가 된 것은 아니었다. 그는 에디슨의 사무실에서 일할 기회를 얻기는 했지만, 얼마 안 되는 월급이었고, 에디슨에게 중요치 않은 일을 할 뿐이었다. 하지만 반스에게는 이 기회를 통해 자신이 목표로 삼은 "파트너"에게 자신의 "상품"을 보여줄 수 있었기에 무엇보다 소중했다.

몇 달이 지났다. 표면상으로는 반스가 마음속에 정한 확고한 주된 목표에 아무 일도 안 일어나는 듯 보였다. 하지만 중요한 일이 반스의 마음속에서 벌어지고 있었다. 에디슨의 사업 동료가 되겠다는 열망이 끊임없이 커지고 있었다.

"당신이 진정으로 어떤 일에 준비가 되었을 때, 그것은 모습을 드러낸다."는 심리학자들의 말은 사실이다. 반스는 에디슨과 사업 관계를 맺을 준비가 되었을 뿐 아니라, 자신이 추구하는 것을 얻을 때까지 준비된 상태로 기다릴 결심을 하고 있었다.

그는 "휴, 이게 무슨 소용이람? 마음 고쳐먹고 영업직이나 알아봐야겠다."라고 자조하지 않았다. 대신 그는 "난 에디슨과 사업을 하기 위해 여기에 왔고, 남은 내 삶을 바쳐서라도 이 목표를 이룰 거야."라고 말했고, 이는 진심이었다!

사람들이 확고한 목표를 정하고 불타는 집념을 가지고 끈질기게 매달렸다면, 그들의 상황은 얼마나 달라져 있을까!

젊은 반스는 깨닫지 못했는지 모르지만, 그의 고집스러운 집념, 한 가지 열정에 매달리는 끈기는 모든 역경을 압도하고 그가 추구하던 기회를 가져다주었다.

하지만 그 기회가 찾아왔을 때는 반스가 기대했던 것과는 다른 모습으로, 다른 방향에서 다가왔다. 이것이 기회의 장난이다. 기회라는 녀석은 교활한 버릇이 있어서, 뒷문으로 몰래 들어오는가 하면, 때로는 일시적인 패배, 혹은 불운의 모습으로 가장하고 다가온다. 이런 이유로 많은 이들이 기회를 알아보지 못하는지도 모른다.

에디슨은 당시 에디슨 구술 녹음기(현재 에디폰 Ediphone이라 불림)라 불리던 새로운 사무용 기기를 막 완성한 참이었다. 영업사원들은 이 기기에 회의적이었다. 판매하기가 쉽지 않으리라 생각했기 때문이었다. 하지만 반스는 이것을 기회로 보았다. 그 기회는 반스를 제외한 누구의 관심도 끌지 못한, 이상하게 생긴 기기에 숨겨져 조용히 다가왔다.

반스는 자신이 에디슨 구술 녹음기를 팔 수 있다고 확신했다. 이를 에디슨에게 제안했고 곧바로 기회를 얻었다. 그는 기기 판매를 해냈다. 사실 그가 너무나 성공적으로 판매를 한 나머지 에디슨은 그가 전국에 기기를 공급하고 판매할 수 있도록 계약을 맺었다. "에디슨이 만들고, 반스가 설치합니다."라는 슬로건은 바로 이 사업 협력에서 나오게 된 것이었다.

이 협력관계는 30년 이상 지속되었다. 이를 통해 반스는 금전적으로

부유하게 되었지만, 그보다 훨씬 위대한 업적은, "생각하라 그리고 부자가 되어라(Think and Grow Rich)."라는 사실을 입증했다는 것이다.

반스의 열정이 얼마만큼의 현금 가치가 있었는지는 알 방법이 없다. 금액이 얼마이든 간에, 그가 확실한 지식의 형태로 얻은 더 위대한 자산과 비교할 때 의미 없는 것이 된다. 그 지식이란 바로, 눈에 보이지 않는 생각에 이 원칙을 적용함으로써 물질적 형태로 변환될 수 있다는 사실이다.

반스는 말 그대로 생각에서 시작해서 위대한 에디슨과의 파트너십을 이루어 냈다! 그는 생각을 통해 부를 이루어 냈다. 그에게는 자신이 원하는 것을 아는 능력과 그 열정을 현실화시킬 때까지 버티겠다는 결심 외에는 아무것도 가진 것이 없었다.

그는 무일푼으로 시작했다. 교육 수준도 매우 낮았다. 영향력도 없었다. 하지만 그에게는 승리를 향한 진취성과 믿음, 의지가 있었다. 이런 눈에 보이지 않는 힘을 바탕으로 그는 역사상 가장 위대한 발명가의 일인자로서 자리 잡을 수 있었다.

이제 조금 경우가 다른 사례로, 많은 눈에 보이는 부를 가졌으면서도 추구하던 목표를 눈앞에 두고 포기했기에 모든 것을 잃었던 한 사람에 대해 살펴보도록 하자.

금맥에서 불과 1m 거리

실패의 가장 흔한 원인은 일시적인 패배에 굴복하여 중도에 그만두는 버릇이다. 누구나 한 번쯤은 이런 실수를 저지른다.

다비의 삼촌은 골드러시 시대에 "금광열"에 사로잡혀서, 금광을 파서 부자가 되기 위해 서부로 건너갔다. 그러나 그는 땅에서 파내는 금보다 사람의 두뇌에서 채굴한 금이 더 많다는 사실을 그는 알지 못했다. 그는 금광을 채굴할 권리를 확보하고, 곡괭이와 삽을 들고 일을 하러 떠났다. 일이 고되었지만, 금에 대한 욕망은 확고했다.

몇 주 동안 일한 끝에, 그는 반짝이는 광석을 찾을 수 있었고, 광석을 지표면으로 끌어올리려면 기계가 필요했다. 그는 조용히 금광을 닫고, 고향인 메릴랜드주 윌리엄스버그로 돌아와서, 친척들과 몇몇 이웃들에게 금맥을 발견했다고 말했다. 그들은 돈을 모아 필요한 기계를 사서 보냈다. 그리하여 그의 삼촌과 다비는 돌아가 금광에서 일했다.

드디어 광석의 첫 차 분량이 채굴되어 용광로로 보내졌다. 수익을 보니, 그들의 금광은 콜로라도주에서 가장 금을 많이 보유한 금광이었다! 이런 식으로 광석을 광차 몇 대 분량만 더 파내면 빚을 청산할 수 있었다. 그러고 나면 막대한 이윤을 남기게 될 터였다.

굴착기가 아래로 내려가고, 다비와 그의 삼촌의 희망은 부풀어 갔다! 그때 일이 일어났다! 금맥이 사라져 버린 것이다! 그들이 꿈꾸던 부는 이제 그림의 떡이 되어 버렸다. 그들은 금맥을 다시 찾기를 바라며 계속 파 내려갔지만, 소용없었다.

마침내 그들은 포기하기로 했다.

그들은 몇백 달러에 기계를 고물상에게 팔아넘기고, 기차를 타고 집으로 돌아왔다. 어떤 고물상은 멍청하지만, 이 사람은 달랐다! 그는 채굴 기사를 불러 광산을 살펴보고 이런저런 계산을 해보았다. 채굴 기사는 광산의 주인들이 실패한 원인이 "단층선"에 대해서 잘 몰랐기 때문이라고 말했다. 그의 계산에 따르면, 다비와 그 삼촌이 굴착을 멈춘 지점에서 불과 1m의 거리에 금맥이 있었던 것이었다!

포기하기 전에 전문가의 조언을 구했던 고물상은 금광에서 금을 채굴해서 수백만 달러를 벌었다.

기계에 들어간 대부분 돈은 아직 어린 나이였던 다비의 노력으로 갚을 수 있었다. 그 돈은 그의 친척들과 이웃들로부터 온 것으로, 다비를 믿었기에 주었던 것이었다. 다비는 한 푼도 남김없이 그 돈을 갚았다. 비록 오랜 시간이 걸리긴 했어도 말이다.

오랜 시간이 흐른 후, 열망이 금으로 바뀔 수 있다는 사실을 발견한 다비는 그의 손실을 몇 배로 만회할 수 있었다. 그가 이 발견을 한 것은 생명 보험 판매업에 뛰어든 후의 일이었다.

금맥에서 불과 1m 떨어진 지점에서 포기했기에 입은 커다란 손실을 기억하며, 다비는 그의 새로운 직업에서 옛 경험의 교훈을 떠올렸고, 자신에게 다음과 같이 말했다.

"난 금맥에서 1m 떨어진 지점에서 포기했어. 하지만 난 사람들에게 보험을 팔 때는 그들이 거절한다고 해서 포기하지 않을 거야."

다비는 매년 100만 달러 이상의 생명 보험을 판매하는, 50명이 채 안 되는 판매원 중 하나이다. 그의 "인내력"은 금광 사업 중 겪은 "포기"의 경험으로부터 배운 레슨이다.

누군가의 인생에 성공이 찾아오기 전에 반드시 일시적인 패배나 실패에 맞닥뜨리게 된다. 패배에 압도당한 사람에게는 포기하는 것이 가장 쉽고 논리적으로 타당한 일처럼 보인다. 실제로 대다수 사람이 그렇게 한다.

미국에서 가장 성공한 500명의 사람은 나에게 말하기를, 그들이 겪은 가장 큰 성공은 그들이 압도적인 패배를 경험한 후 얼마 지나지 않아 바로 찾아왔다고 한다. 실패는 아이러니와 속임수에 능한 사기꾼과도 같다. 성공은 바로 눈앞에 있을 때 사람을 무너뜨리기를 좋아하기 때문이다.

50센트가 가르쳐 준 끈기에 대한 교훈

다비가 "역경의 대학"에서 배움을 마친 후 금광 사업의 경험에서 배운 교훈을 바탕으로 하여 일하기로 마음먹고 얼마 지나지 않아, 그는 "노(No)"라는 대답이 반드시 거절을 의미하지는 않는다는 사실을 깨닫는 사건을 겪게 되었다.

어느 날 오후, 그는 오래된 방앗간에서 삼촌을 도와 밀을 빻고 있었다. 삼촌이 운영하는 대농장에는 여러 명의 흑인 소작농들이 거주하고 있었다. 문이 조용히 열리더니, 작은 아이가 들어와서 문가에 자리를 잡았다. 소작농의 딸이었다.

삼촌이 고개를 들어 아이를 보더니, 아이에게 거칠게 소리쳤다.

"여긴 왜 왔어?"

아이가 얌전히 대답했다.

"엄마가 50센트 받아오래요."

"안 줄 거다. 집으로 돌아가라."

삼촌이 쏘아붙였다.

"네."

아이는 대답했지만, 움직이지 않았다.

삼촌은 일을 계속했고, 바쁘게 집중한 나머지 아이가 아직 거기 있다는 사실을 알아채지 못했다. 고개를 들어 아이가 아직 있다는 사실을 깨달은 그는 소리를 질렀다.

"집에 가라고 했잖아! 가라. 안 가면 회초리 맞을 줄 알아."

"네."

소녀는 대답했지만, 꼼짝도 하지 않았다.

삼촌은 막 제분기에 쏟아 넣으려던 곡식 자루를 내려놓고, 통나무 널빤지를 집어 들더니, 험한 표정으로 아이에게 다가갔다.

다비는 숨을 들이켰다. 금방 살인이라도 날 것만 같았다. 그는 삼촌의 불같은 성격을 잘 알았다. 그가 사는 지역에서 흑인 아이가 백인의 말을 거역하는 일은 있을 수 없는 일이었다.

삼촌이 아이가 있는 곳에 다다랐을 때, 아이는 재빠르게 한 발자국 앞으로 다가서서 삼촌의 눈을 올려다보더니, 목청을 한껏 높여서 소리 질렀다.

"우리 엄마가 50센트 받아야 한다고요!"

삼촌은 멈춰서더니 잠시 아이를 쳐다봤다. 그리고는 천천히 널빤지를 내려놓고는 주머니에 손을 넣어서 50센트를 꺼내 아이에게 주었다.

돈을 받아든 아이는, 자신이 방금 이긴 삼촌에게서 눈을 떼지 않은 채 천천히 문 쪽으로 뒷걸음질 쳤다. 아이가 떠난 후, 삼촌은 상자에 앉아 10여 분간 창밖을 바라보았다. 그는 경이로운 심정으로 방금 한 대 얻어맞은 듯한 이 상황을 곰곰이 생각하고 있었다.

다비 또한 생각에 잠겼다. 흑인 아이가 백인 어른을 제압하는 것을 본 것은 난생처음이었다. 어떻게 그런 일이 가능했을까? 대체 무엇 때문에 삼촌은 불같은 성격을 내려놓고 양처럼 온순해졌던 걸까? 이 아이의 어떤 신기한 힘이 윗사람을 제압하도록 한 걸까? 이런 생각들이 다비의 마음을 스치고 지나갔다. 그에 대한 해답은 몇 년이 지나 나에게 이 얘기를 해줄 때쯤에나 찾을 수 있었다.

신기하게도, 내가 다비에게 이 이야기를 들은 것은 그 오래된 방앗간의, 삼촌이 한 대 얻어맞은 듯한 경험을 했던 바로 그 자리에서였다. 그리고 또 신기하게도, 내가 지난 25년간 연구해온 것은 그 무지하고 문맹인 흑인 아이가 교육받은 사람을 제압하게 했던 바로 그 힘이었다.

그 퀴퀴한 냄새 나는 방앗간에 서서 다비는 그 특별한 승리에 대해 다시 한번 얘기하고 다음과 같은 물음으로 끝을 맺었다.

생각하라 그리고 부자가 되어라

"대체 이게 무슨 뜻일까요? 그 아이에게 어떤 특별한 능력이 있었기에 우리 삼촌을 완전히 굴복시켰던 걸까요?"

이 질문에 대한 답은 이 책에 소개된 성공 원칙들에서 찾을 수 있다. 완벽하고 완전한 해답 말이다. 여기에는 그 작은 꼬마가 우연히 발휘했던 그 힘을 이해하고 적용할 수 있도록 해주는 세부 사항과 안내가 포함되어 있다.

늘 정신적 긴장을 늦추지 말고 지내야 한다. 그러면 그 꼬마를 구했던 그 신비한 힘을 알게 될 것이다. 우리는 다음 장에서 이 힘에 대해서 잠깐 살펴보게 될 것이다. 이 책 어디에선가 그 거부할 수 없는 힘을 발휘하도록 해주는 아이디어를 발견해서 빠르게 받아들이게 될 것이다. 이 힘은 첫 장에서 깨닫게 될 수도 있고, 이어지는 장에서 불현듯 마음에 찾아올 수도 있다. 그것은 단순한 생각의 형태일 수도 있고, 계획이나 목적 같은 것일 수도 있다. 혹은, 그것으로 인해 과거의 실패나 패배의 경험으로 돌아가 교훈을 얻고, 그 힘으로 모든 패배의 손실을 만회하게 해줄 수도 있다.

그 작은 흑인 아이가 자신도 모르게 발휘했던 능력에 대해서 다비에게 설명하자, 그는 재빠르게 생명 보험 판매원으로서의 자신의 30년간의 경험을 되짚어 본 후, 자신이 이 분야에서 성공할 수 있었던 것은 적잖은 부분이 그 아이에게서 배운 교훈 덕이었다고 솔직히 시인했다.

다비는 다음과 같이 말했다.

"고객이 내 제안을 거절하려 할 때마다 나는 굴하지 않는 눈빛으로 그 낡은 방앗간에 서 있던 아이를 떠올렸습니다. 그리고 자신에게 말했죠. '꼭 이 거래를 성사시키고 말 테다.' 내가 맺은 상당수의 계약은 상대가 한 번 거절한 후 성사된 것들이었습니다."

또한 그는 금맥에서 불과 1m 못 미쳐서 포기했던 실수도 떠올렸다.

"하지만 그 실수는 뜻밖의 좋은 결과를 가져다주었죠. 그로 인해 나는 아무리 힘들더라도 끝까지 밀어붙여야 한다는 것을 배웠어요. 내가 성공하기 위해 꼭 배워야 할 교훈이었죠."

다비와 그의 삼촌, 흑인 꼬마와 금광에 대한 이 이야기는 보험 판매로 생계를 이어가는 많은 이들에게 도움이 될 것이다. 그들 모두에게 저자가 당부하고 싶은 이야기는, 다비가 매년 백만 달러의 보험을 판매할 수 있게 된 것은 이 두 가지 경험 덕분이었다는 점이다.

인생은 이상하고 때때로 가늠하기 어려운 일들로 가득 차 있다. 대단치 않은 경험을 통해 성공과 실패가 갈리기도 한다. 다비의 경험들은 일상에서 겪을 수 있는 단순한 것들이었지만, 그의 운명을 결정지었고, 그랬기에 그에게 중요한 것이었다. 그가 이 드라마틱한 경험의 덕을 볼 수 있었던 건, 그가 그 경험을 분석하고 교훈을 발견했기 때문이었다. 하지만 실패를 연구해서 성공으로 이끌어줄 지혜를 시간이나 의지가 없는 사람이라면 어떻게 해야 할까? 이런 사람은 실패를 성공의 초석으로 둔갑시킬 교훈을 어디에서, 어떻게 얻을 수 있을까?

이 책은 이런 질문들에 대답하기 위해서 쓰였다.

13가지 원칙을 제시함으로써 그 답을 제시할 수 있을 것이다. 하지만 이 책을 읽어나가면서, 인생의 이해할 수 없는 면에 대해 궁금해하

생각하라 그리고 부자가 되어라

던 그 해답을 당신의 내면에서 찾을 수도 있을 것이다. 책을 읽는 과정에서 당신의 마음에 불쑥 떠오르는 생각이나 계획, 목표 등을 통해서 말이다.

분명 누구나 성공하기를 바란다. 이 책에 소개된 원칙들은 유용한 생각들을 만들어 내는 데 있어서 가장 실제적인 방법들을 제시한다.

부가 당신에게 다가올 때는 너무나 갑자기, 그리고 풍성하게 다가와서, 도대체 그 힘들던 나날들엔 어디에 있었던 걸까 하는 의문을 품게 할 정도이다. 부는 오랜 시간 열심히 일하는 사람에게만 찾아온다는 대중적인 믿음에 비추어 볼 때, 이 말은 매우 놀랍게 들린다.

당신의 생각이 부를 낳기 시작할 때(THINK AND GROW RICH), 부를 쌓는다는 것은 고된 노동이 아닌, 목표를 확고히 하는 마음 상태에서 시작된다는 것을 알게 될 것이다. 당신과 다른 모든 이들은 부를 부르는 이 마음가짐을 가지려고 노력해야 한다. 내가 지난 25년간 2만5천 명의 사람들을 분석한 이유는 나 또한 "부자들이 어떻게 부를 쌓았는지"에 대해 알고 싶었기 때문이었다.

그 연구 없이는 이 책은 탄생하지 못했을 것이다.

여기 주목할 만한 매우 중요한 사실이 하나 있으니 들어보라.

1929년 시작된 경제공황은 루스벨트 대통령이 대통령직에 오르기까지 기록적인 파괴력을 발휘하며 지속되었다. 그리고 나서 경기가 풀리기 시작해서 완전히 회복되었다. 전기공이 극장의 밝기를 점차 올려서 깨닫지 못하는 새에 어둠이 빛으로 바뀌듯이, 사람들 마음속의 두려움도 점차 사라져서 믿음으로 바뀌었다.

이 부의 원칙을 완벽히 익히고 적용해 나가는 과정에서 가만히 살펴보면, 재정 상태가 좋아지기 시작하고, 당신이 손대는 일마다 그 자체로 이익을 창출하는 자산으로 변하기 시작하는 것을 알게 될 것이다. 불가능하다고? 전혀 그렇지 않다!

인류의 주된 약점 중 하나는, 사람들이 "불가능"이라는 말을 너무 자주 사용한다는 것이다. 어떤 법칙이 효과가 없는지, 어떤 일을 할 수 없는지 이야기한다. 그러나 이 책은 성공으로 이끄는 규칙을 찾아서 기꺼이 거기에 모든 것을 걸 수 있는 사람들을 위해 쓰였다.

아주 오래전 나는 아주 좋은 사전을 한 권 샀는데, 그 사전으로 맨 처음 한 일은 "불가능"이라는 단어를 찾아서 깨끗이 오려내는 일이었다. 여러분에게는 권하지 않는 짓이긴 하지만 말이다.

성공을 생각하는 사람들에게는 성공이 찾아온다.

무심코라도 실패를 생각하는 사람들에게는 실패가 찾아온다.

이 책은 실패의 생각에서 벗어나 성공의 생각으로 가는 기술을 배우고자 하는 이들에게 도움을 주기 위해 쓰였다.

너무나 많은 사람에게서 보이는 또 다른 약점은, 자신이 받은 인상과 믿음대로 모든 사물과 사람들을 판단하는 습관이다. 이 책을 읽는 누군가는 생각이 부를 낳을 수 없다고 믿을 수도 있다. 가난, 결핍, 실패, 패배의 생각에 깊이 빠져있는 사람들은 부의 관점에서 생각할 수 없기 때문이다.

이런 불행한 사람들을 보면 미국으로 건너와 미국식 교육을 받은 한 중국인이 떠오른다.

그는 시카고 대학의 학생이었다. 어느 날 하퍼 대통령이 이 젊은 동양인을 캠퍼스에서 만나, 잠시 이야기를 나누며, 가장 미국인의 특징 중 가장 인상 깊었던 것이 무엇인지 물었다.

그가 말했다.

"어째서 눈이 그렇게 생긴 거죠? 당신 눈이 이상하게 생겼어요!"

백인들이 중국인의 눈에 대해서 하는 말들은 알고 있을 것이다.

우리는 이해하지 못하는 것을 믿지 않으려 한다. 어리석게도 우리는 자신의 한계가 부족함을 재는 척도로 삼는 경향이 있다. 물론 다른 이들의 눈이 "이상해" 보일 것이다. 그들의 눈이 우리 눈과 다르게 생겼기 때문이다.

많은 사람은 헨리 포드가 성공을 이룬 후, 그의 업적을 보고 부러워한다. 재력, 운, 천재성 등 포드의 부를 이루게 해준 무엇이든 말이다. 아마도 포드의 성공 비결을 아는 사람들은 극소수에 불과할 것이다. 그 비밀이 너무나 단순해서, 이 비밀을 아는 이들은 이에 관해 얘기하기를 망설인다.

이 "비밀(secret)"에 대해 잘 알려주는 일화가 있다.

몇 년 전, 포드는 그 유명한 V-8 모터를 만들기로 했다. 그는 8개의 실린더를 넣은 엔진을 만들기로 하고, 기술자들에게 엔진 디자인을 해보도록 지시했다. 설계도를 그리기는 했지만, 기술자들은 모두 8개의 실린더를 넣은 엔진을 한 본체에서 구현한다는 것은 불가능하다는 데 동의했다.

포드는 "어쨌든 만드시오."라고 말했다.

"하지만 불가능한걸요!"

기술자들이 대답했다.

"계속 시도하시오."

포드는 명령했다.

"시간이 얼마가 걸려도 좋으니, 성공할 때까지 계속해 봐요."

기술자들은 계속해서 시도했다. 포드의 직원으로 남아있으려면 다른 방도가 없었다. 6개월이 흘렀고, 아무런 성과가 없었다. 다시 6개월이 지났지만, 아직도 별다른 성과는 없었다. 기술자들은 지시에 따르려고 온갖 방법을 다 시도했지만, 불가능한 일임이 분명했다.

그해 말, 포드는 기술자들과 함께 상황을 점검했다. 이번에도 기술자들은 포드가 바라는 엔진을 만들 방법은 없다고 말했다.

"당장 가서 계속해 보시오."

포드가 말했다.

"난 그 엔진을 원하고, 손에 넣고 말 것이오."

그들은 계속 시도했고, 마치 마법이 일어난 듯, 비법을 발견했다.

포드의 결심이 다시 한번 승리한 것이다!

이 이야기의 세부적인 부분까지는 알 수 없지만, 대략적인 이야기는 사실이다. 당신의 생각으로 부를 이루고 싶은 사람이라면, 이 이야기에서 포드를 백만장자로 만든 비결을 발견할 것이다. 그 비결은 먼 곳에 있는 것이 아니다.

헨리 포드는 성공의 원칙을 이해하고 적용했기에 성공할 수 있었다. 그 원칙 중 하나는 바로 열망(DESIRE)이다. 즉, 자신이 원하는 것을 아는 것이다. 이 책을 읽는 동안 포드의 이야기를 기억하라. 그가

생각하라 그리고 부자가 되어라

이룬 엄청난 성공을 설명할 원칙을 찾아보라. 헨리 포드를 부자로 만들어 준 특별한 원칙들을 찾을 수 있다면, 당신 역시 당신의 분야에서 포드만큼이나 성공할 수 있을 것이다.

당신이 "당신의 운명의 주인이자, 영혼의 선장"인 이유

"나는 내 운명의 주인이요, 내 영혼의 선장이다."

19세기 영국 시인 윌리엄 E. 헨리가 예언적인 이 시 구절을 썼을 때, 어째서 우리가 우리 인생의 주인이며 우리 영혼의 선장이 될 수 있는지도 알려주었더라면 좋았을 것이다. 그 이유는 바로 우리가 스스로 생각을 통제하는 능력을 갖추고 있다는 사실이다.

즉, 우리가 존재하고 움직이고 있는 이 작은 지구라는 행성이 떠다니고 있는 대기가 상상할 수 없을 정도로 빨리 움직이는 에너지의 형태로 존재하며, 이 대기를 채우고 있는 우주의 힘은 우리가 마음속에 품는 생각에 따라 적응하여 변화하며, 우리 생각이 물리적 실체로 변화되도록 자연스러운 방법으로 영향을 끼친다는 점 말이다.

헨리가 이런 점을 우리에게 알려주었더라면, 우리가 운명의 주인이요 영혼의 선장이 되는 이유를 알 수 있었을 것이다. 또한 이 힘이 파괴적인 생각과 건설적인 생각을 가리지 않기에, 부의 생각에 힘입어 행동하도록 영향을 주는 것만큼이나, 빈곤의 생각들을 현실화하도록 종용하기도 한다는 점을 확실히 알려주었더라면 좋았을 것이다.

그럴 뿐만 아니라, 우리의 뇌가 마음속에 품은 주된, 생각하는 힘을 지닌 자석이 되고, 이해할 수 없는 방법으로 이 "자석"이 그 주된 생각에 들어맞는 힘과 사람, 상황들을 우리 삶에 끌어당기게 된다는 점도 알려주었더라면 좋았을 것이다.

그리고, 막대한 부를 일구려면 먼저 부자가 되겠다는 강력한 열망의 자성(magnetize)으로 자신의 마음을 채워야 한다는 점을 알려주었어야 했다. "부를 생각하기" 시작하면, 돈에 대한 열망으로 인해 부를 얻기 위한 확실한 계획을 세우게 된다는 점 말이다.

하지만 헨리는 철학자가 아닌 시인이었기에, 시적인 표현으로 위대한 진리를 표현하는 데 그쳤고, 시 구절의 철학적인 의미를 해석하는 것은 그의 추종자들의 몫이 되었다.

그 진리는 점차 밝혀졌고, 마침내 이 책에 소개된 원칙들이 경제적 운명을 좌우하는 비결임이 분명해졌다.

이제 그 첫 번째 원칙에 대해 살펴보게 될 것이다.

열린 마음을 유지하고, 이 원칙들이 어떤 한 개인이 만들어 낸 것이 아님을 기억하라. 이는 실제로 막대한 부를 일구어낸 500여 명의 인물의 삶의 경험에서 추려진 원칙이다. 그들은 빈곤 상태에서 거의 교육도 받지 못한 채 영향력도 없이 시작한 사람들이다. 그들은 이 원칙으로 성공을 이루었다. 당신도 이 원칙을 시도해 본다면, 오랫동안 그 혜택을 누릴 수 있을 것이다.

이는 무척이나 쉬운 일이다.

다음 장을 읽기 전에, 여기에 소개되는 정보들은 사실에 기반한 것으로, 당신의 재정적인 상황 전체를 손쉽게 바꿀 수도 있을 것이라는 점을 명심하길 바란다. 여기에 소개된 두 사람에게 놀라운 변화를 가져다줬듯이 말이다.

또한, 여기에 소개된 두 인물과의 친분으로 인해, 나는 설령 원했더라도 이야기를 절대 왜곡할 수가 없었다는 점을 알아주기를 바란다.

한 사람은 25년 동안 나의 절친이었고, 다른 한 사람은 내 친아들이다. 이 두 사람의 놀라운 성공 사례와 그들 자신이 다음 장에 소개될 원칙 덕에 그 성공을 이룰 수 있었다고 선뜻 시인했다는 점에서 볼 때, 그들의 사례는 성공의 원칙의 광범위한 능력을 강조하기 위한 수단으로 충분하다는 생각이 든다.

15년 전, 나는 웨스트 버지니아주 세일럼시의 세일럼 대학에서 졸업생들에게 축하 연설을 했다. 그때 다음 장에서 소개될 법칙에 대해 힘주어 강조하며 이야기를 했는데, 그 자리에 있던 졸업생 중 한 명은 그 원칙을 자기 삶의 철학 일부로 삼았다. 그 젊은이는 현재 하원의원이며 현 정부의 요원 중 한 사람으로 일하고 있다. 이 책이 출판되기 직전 그는 내게 편지를 써서 다음 장에서 소개될 원칙에 대한 자신의 의견을 명확히 피력했다. 나는 다음 장에 대한 소개로서 그의 편지를 공개하기로 마음먹었다.

그 원칙을 실천할 때 당신이 받게 될 보상에 관해 이야기하고 있기 때문이다.

친애하는 나폴레온 힐 선생님께,

하원의원으로 일하면서 저는 사람들이 처한 문제에 대한 통찰력을 지니게 되었습니다. 그렇기에, 사람들에게 도움이 될만한 제안을 하나 하고자 이렇게 편지를 드리게 되었습니다.

죄송하게도 제가 드리는 제안을 실행에 옮길 경우, 선생님께서는 수년간 일과 책임감에 시달리게 될 것입니다. 하지만 선생께서 다른 이들에게 도움을 주는 일을 기꺼이 하시고자 함을 알기에 이 제안을 하기로 마음먹었습니다.

1922년, 선생님은 세일럼 대학의 졸업식에서 축사하셨지요. 저는 그 자리에 있던 졸업생 중 한 사람입니다. 그 연설을 통해 선생님은 제 마음에 생각 하나를 심어주셨고, 저는 국민을 위해 일하기에 이르렀습니다. 앞으로 제가 어떠한 성취를 해내든지, 그 역시 선생님의 연설 덕분일 것입니다.

저는 세일럼 대학에서 하신 연설의 요점을 모아 책을 엮어주시길 제안해 드리고 싶습니다. 그렇게 한다면, 선생님께서는 미국을 부국으로 만든 위대한 사람들과의 관계와 경험을 나눔으로써 많은 미국인에게 도움을 주실 수 있을 것입니다.

선생님이 해주신 이야기는 지금도 어제 일처럼 생생하게 기억납니다. 교육도 거의 받지 못하고 무일푼에 영향력 있는 친구도 없었던 헨리 포드가 어떻게 거물로 성장할 수 있었는지에 관한 이야기였죠. 선생님이 연설이 끝나기도 전에, 저는 어떤 어려움도 극복하고 스스로 성공할 수 있다고 마음먹게 되었습니다.

생각하라 그리고 부자가 되어라

올해도, 그리고 앞으로도 매년 수천 명의 젊은이가 학교를 졸업하게 됩니다. 그들 모두 제가 선생님에게서 받은 것 같은 실용적인 격려의 메시지를 받고 싶을 겁니다. 자신의 삶을 시작하기 위해 어디로 가야 할지, 무엇을 해야 할지 알고 싶을 겁니다. 선생님께서는 그들에게 답을 주실 수 있습니다. 다른 수많은 사람의 문제에 답을 주었듯이 말입니다.

독자들에게 그들의 장단점에 대해 총체적이고 편견 없는 가이드를 제시함으로써 그들을 갈림길에서 성공으로 이끌 수 있다고 봅니다. 그들에게는 매우 귀한 조언이 될 것입니다.

공황으로 인해 현재 많은 사람이 다시 일어서고자 분투하고 있습니다. 제 개인적인 경험에서 판단하더라도, 선생님께 자신들의 문제를 털어놓고 그에 대한 조언을 듣고자 하는 진실한 마음을 가진 이들이 많을 것으로 생각합니다.

선생님께서는 다시 처음부터 시작해야 하는 사람들이 겪는 어려움에 대해 잘 알고 계십니다. 현재 미국에는 아이디어를 돈으로 바꿀 방법을 알고 싶어 하는 사람들이 많이 있습니다. 한 푼 없이 맨손으로 시작해서 자신의 실패를 만회해야 하는 사람들이죠. 그들을 도울 수 있는 사람은 선생님뿐입니다.

선생님께서 책을 내신다면, 친필 사인본을 한 부 가지고 싶습니다.

행복하시길 바라며, 진심을 담아

제닝스 랜돌프 올림

THINK
& GROW
RICH

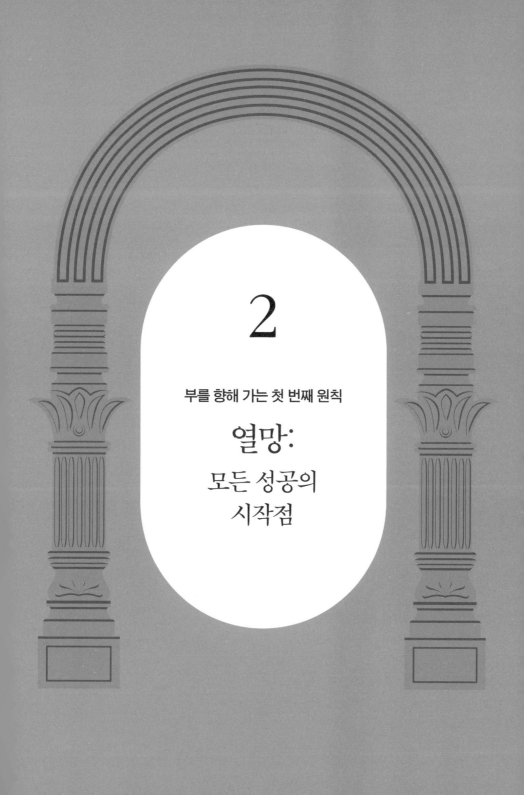

2

부를 향해 가는 첫 번째 원칙

열망:
모든 성공의
시작점

　30여 년 전, 에드윈 C. 반스가 뉴저지주 오렌지시에 도착해 화물칸에서 내렸을 때, 그의 외양은 부랑자 같았으나, 생각은 왕처럼 원대했다!

　기차역에서 토마스 A. 에디슨의 사무실로 향하는 동안 그는 끊임없이 생각했다. 그는 에디슨 앞에 서 있는 자신의 모습을 상상했다. 자신의 삶을 사로잡은 불타는 열정이었던, 에디슨과 사업 동료가 되는 꿈을 이룰 기회를 그에게 요구하는 모습 말이다.

　반스의 열정은 희망 사항이 아니었다! 소원도 아니었다! 무엇보다도 중요한, 간절하고 강렬한 열망이었다. 그것은 확고한 열망이었다.

　그 열망은 에디슨을 만나기 전부터 가지고 있던 것으로, 오랫동안 반스를 사로잡아왔다. 그의 마음속에 그 열망이 처음 떠올랐을 때는 단순한 소원이었을지 모른다. 하지만 그가 에디슨을 만나러 갔을 때는 그것은 더는 단순한 소원은 아니었다.

몇 년 뒤, 에드윈 C. 반스는, 그가 에디슨을 처음 만났던 그 사무실에서 다시 그의 앞에 섰다. 이번에는 그의 열정이 이미 현실이 되어 있었다. 그는 에디슨과 동업 관계에 있었다. 그의 삶을 사로잡은 꿈이 현실이 되었다. 오늘날, 반스를 아는 사람들은 그의 인생에 일어난 커다란 변화 때문에 그를 부러워한다. 반스가 성공하게 된 원인을 알려고 하지 않은 채, 성공한 그의 모습만 보는 것이다.

반스는 확고한 목표를 설정하고, 모든 에너지와 능력, 노력을 그 목표에 쏟아부었기에 성공할 수 있었다. 그가 처음부터 에디슨의 동업자가 될 수 있었던 것은 아니다. 거의 목표에 한 걸음 다가갈 기회를 잡을 수 있다면 허드렛일도 마다하지 않았기에 가능했다.

그가 바라던 기회가 오기까지 5년이라는 시간이 걸렸다. 그 시간 동안은, 그의 열망을 실현할 어떤 희망이나 보장도 찾을 수 없었다. 그 자신을 제외한 모든 사람에게 그는 에디슨 회사라는 바퀴에 속한 톱니 중 하나에 지나지 않았다. 하지만 반스는 에디슨의 회사에서 일을 시작하던 첫날부터 순간마다 스스로를 에디슨의 동업자라고 생각하며 일했다.

반스의 이야기는 확고한 열정이 지닌 놀라운 힘을 잘 보여주는 예이다. 반스는 다른 무엇보다도 에디슨의 사업 동료가 되고자 꿈꿨기에 그의 목표를 이룰 수 있었다. 그는 그 목표를 이루어 나갈 계획을 세웠다. 그리고 되돌아갈 모든 길을 스스로 차단했다. 그는 자기 열망을 지속해서 추구해서 삶의 주된 목표로 삼았다. 그리고 마침내 이를 현실로 이루어 냈다.

그가 오렌지시로 떠날 때, 그는 '에디슨으로부터 좋은 자리를 따내

겠어.'라는 생각으로 가지 않았다. 단지, '에디슨을 만나서, 내가 그와 함께 사업을 하기 위해 왔다는 것을 알게 해야지.'라고 생각했을 뿐이었다.

그는 '몇 달간 일해보고, 별 소득이 없으면 그만두고 다른 데서 직장을 알아봐야지.'라고 생각하지 않았다. '에디슨이 시키는 일이라면 무엇이든 해야지. 하지만 반드시 그의 사업 동료가 되고 말겠어.'라고 생각했다.

"에디슨의 회사에서 원하는 것을 못 얻을 때를 대비해서 다른 기회도 살펴봐야지."라고 말하지도 않았다. "내가 세상에서 원하는 것은 토마스 A. 에디슨의 사업 동료가 되는 것뿐이야. 난 배수진을 치고, 그 목표를 이루는 데 온 인생을 걸겠어."라고 말했다.

그는 도망칠 모든 길을 스스로 차단했다. 성공하거나 완전히 무너지거나, 둘 중 하나였다!

이것이 반스의 성공담의 요점이다!

오래전, 한 위대한 장수는 전장에서 그의 성공 여부를 결정지을 중요한 결정을 내려야 하는 상황에 마주했다. 그는 수적으로 우세한 적을 상대로 자신의 병사들을 싸움에 내보내야 하는 상황이었다. 그는 배에 병사들을 태우고 적지로 항해해 가서, 병사들과 병기를 내린 후, 그들이 타고 온 배를 불태울 것을 명령했다. 첫 번째 전투 전에 그는 병사들에게 이렇게 독려했다.

"불타는 배가 보이는가. 이제 우리는 승리하지 않는 한 살아서 이 해안을 떠날 수 없게 되었다! 이제 우리에게 남은 선택은 죽거나 살거나 뿐이다!"

그리고 그들은 승리했다.

어떤 일에 승리하고자 한다면 퇴로를 모두 차단해야만 한다. 그렇게 해야만 성공에 필수적인, 소위 말하는, 승리를 향한 불타는 열망이라는 마음가짐을 가질 수 있기 때문이다.

시카고 대화재가 발생한 다음 날 아침, 한 무리의 상인들이 스테이트가(街)에 서서 불타버린 상점의 잔해를 바라보았다. 그들은 도시를 재건할 것인지, 아니면 시카고를 떠나 가능성 있는 다른 지역으로 옮겨서 다시 시작할 것인지를 결정하기 위해 회의를 열었다. 그 결과 시카고를 떠나기로 결정을 내렸다. 한 명만 빼고.

남아서 재건하기로 한 상인이 상점의 잔해를 손가락으로 가리키며 말했다.

"여러분, 바로 저곳에 나는 세계 최고의 상점을 지을 것입니다. 몇 번이나 불타버린다 해도 말입니다."

이는 50년 전의 일이었다. 그 상점은 지어졌고, 지금 그곳에 서 있다. 불타는 열망이 가진 능력에 대한 기념비적 모습으로 우뚝 서서 말이다. 마셜 필드(Marshal Field)에게는 동료 상인들이 하는 대로 따르는 것이 쉬운 일이었을 것이다. 상황이 힘들고, 미래가 암울해 보일때, 물러서서 더 쉬워 보이는 곳으로 옮겨 가는 것 말이다.

마셜 필드와 다른 상인들과의 차이점을 잘 기억해두자. 에드윈 C. 반스와 에디슨사에서 일했던 수천 명의 다른 젊은이들을 구분 지은 것도 이런 차이점이었다. 그리고 이 차이점이 모든 성공과 실패를 가

생각하라 그리고 부자가 되어라

르게 된다.

    돈의 가치를 아는 나이에 이르게 된 모든 사람은 돈을 벌기 원한다. 하지만 원한다고 해서 부가 다가오는 것은 아니다. 집착스러울 정도로 부를 열망하고, 부를 이룰 수 있는 확고한 방법을 계획하며, 실패를 인정하지 않는 끈기를 가지고 그 계획을 밀어붙여야만, 부를 이룰 수 있게 된다.

    부에 대한 열망을 현실화하는 방법에는 6가지 확실하고도 실제적인 단계가 있는데, 이는 다음과 같다.

    첫째. 벌고자 하는 돈의 정확한 액수를 정하라. "돈을 많이 벌고 싶다."라고만 말하는 것으로는 불충분하다. 정확한 액수를 정하라. (정확한 액수를 정하는 것이 심리적으로 왜 중요한지는 다음 장에서 다룰 예정이다.)

    둘째. 그 돈을 벌고자 정확히 어떤 노력과 희생을 할 것인지 정하라. (공짜로 얻어지는 것은 없다.)

    셋째. 원하는 액수의 돈을 벌고자 하는 데드라인을 정하라.

    넷째. 당신의 열망을 실현할 확고한 계획을 세우고 당장 실행에 옮겨라. 준비가 되었든 아니든 상관없이 말이다.

다섯째. 얼마를 언제까지 벌고 싶은지에 대한 명확하고 간결한 선언문을 작성하고, 그 돈을 벌기 위해 어떤 희생을 각오했는지, 그리고 부를 이루기 위해 무엇을 할 것인지 명확하게 묘사하라.

여섯째. 하루 두 번, 아침에 일어나자마자, 그리고 잠자리에 들기 전에 이 선언문을 큰소리로 낭독하라. 선언문을 읽는 동안 스스로 그 돈을 이미 소유한 것처럼 믿고 느껴라.

이 여섯 단계에서 제시된 지시대로 해보는 것은 중요하다. 특히 여섯 번째 단계의 지시를 지키고 따르는 것이 중요하다. 아직 돈을 소유하지 않은 상태에서 돈을 소유한 듯 여기는 것이 힘들다고 불평할 수도 있다. 불타는 열정이 이를 가능하게 해줄 것이다. 당신이 돈을 너무나도 깊이 원하는 나머지 집념이 되어 버릴 정도라면, 그 돈을 벌게 될 것이라고 스스로 굳게 믿게 될 것이다. 돈을 벌기를 원하고 굳게 결심한 나머지 그 목표를 이루게 될 것이라고 스스로 믿게 되면 된다.

"부를 생각하는" 사람들만이 큰 부를 축적하게 된다. "부에 대한 의식"이라는 것은 돈에 대한 열망으로 너무나 가득한 나머지 자신이 이미 부를 소유한 듯이 여기는 것이다.

인간의 심리에 관해 연구한 사람들에게 이런 방법은 비현실적으로 들릴 수도 있다. 이 여섯 단계 방법에 대해 회의적인 이들에게 나는, 여기에 포함된 정보들을 제공한 이가 앤드루 카네기라는 점을 주지시키고 싶다. 평범한 제철소 노동자로서 보잘것없이 시작했지만, 이 원칙들을 통해 1억 달러가 넘는 막대한 부를 일군 그 사람 말이다.

또한 이 여섯 가지 단계가 지금은 고인이 된 토마스 A. 에디슨에 의해 자세히 검수 된 것임을 밝히고자 한다. 에디슨은 이 원칙들이 부의 축적을 위해서뿐 아니라, 어떤 확고한 목표를 달성하는 데도 필수적인 단계들이라고 입증한 바 있다.

이를 실행하는 데는 "고된 노동"이 요구되지 않는다. 어떤 희생도 필요 없다. 대단한 교육 수준이 필요하지도 않다. 그러나 이를 성공적으로 실행하려면, 충분한 상상력을 발휘해야 하고, 부의 축적이 우연이나 운에 좌우되지 않는다는 사실을 알고 이해할 수 있어야 한다. 막대한 부를 축적한 모든 사람이 그 돈을 벌기 위해 꿈꾸고, 바라고, 소망하고, 열망하고, 계획을 세우는 시간을 보냈다는 사실을 알기를 바란다.

이쯤 되면 여러분은, 부에 대한 불타는 열망을 가지고 실제 이를 소유할 수 있다는 믿음을 가지지 않는 한, 막대한 부를 이룰 수 없다는 사실을 알게 되었을 것이다.

또한, 태초부터 현재까지의 모든 위대한 지도자들은 몽상가였다는 사실도 알게 되었을 것이다. 기독교가 현재 가장 강력한 잠재적 역량을 가지게 된 이유는, 그 창시자가 정신적 영적 비전이 물질적인 형태로 구현되기 전에 이미 그 비전이 현실화하는 상상을 하는 열정적인 몽상가였기 때문이었다.

당신이 막대한 부를 상상하지 못한다면, 실제 은행 계좌에서도 볼 수 없을 것이다.

미국의 역사를 통틀어 현재만큼 현실적인 몽상가들에게 많은 기회가 존재한 적은 없었다. 6년간의 경제공황은 모든 사람을 같은 시작점으로 끌어 내렸다. 새로운 경주가 막 시작하려 한다. 향후 10년간 축적될 수 있는 막대한 부가 걸려있다. 우리가 사는 이 새로운 세상에서는 전혀 새로운 경기 규칙이 적용되고 있고, 여기에서는 두려움으로 인해 성장과 발전이 정체되었던 공황의 시대에 기회를 잡을 수 없었던 많은 사람에게 성공의 승산이 있다.

이 경주를 통해 부를 얻고자 하는 우리는, 우리가 사는 이 새로운 세상이 새로운 생각, 일하는 새로운 방식, 새로운 지도자, 새로운 발명, 새로운 교육 방법, 새로운 홍보 방법, 새로운 책, 새로운 문학, 새로운 내용의 라디오 방송, 영화산업에서의 새로운 아이디어를 요구하고 있음을 알아야 한다. 새롭고 더 나은 것들에 대한 이런 요구 속에서 승리하기 위해서 우리에게 필요한 것은, 확고한 목표와 원하는 것이 무엇인지 아는 것, 그리고 그것을 얻겠다는 불타는 열정이다.

부를 이루려는 열망을 가진 사람으로서 기억해야 할 점은, 세상의 진정한 리더들은 언제나 손에 잡히지 않는 아직 불확실한 기회를 가꾸고 일구어서 마천루나 도시, 공장, 비행기, 자동차 등, 삶을 윤택하게 만드는 문명의 이기로 둔갑시켜 왔다는 사실이다.

오늘날 공상가들에게 꼭 필요한 것은 인내와 열린 마음이다. 새로운 아이디어를 두려워하는 이들은 시작도 하기 전에 망하게 마련이다. 지금처럼 선구자들에게 좋은 여건은 없었다. 서부 개척 시대와 같이 정복할 황량한 땅이 있는 것은 아니지만, 새롭고 더 나은 방향으로 바꾸어 나갈 광대한 비즈니스, 재정, 그리고 산업의 세계가 있다.

부를 이루어 나갈 계획을 세우는 과정에서 그 누구도 당신의 꿈을 업신여기지 못하게 하여라. 이 변화된 세상에서 큰 성공을 이루기 위해서는 과거 위대한 개척자들의 정신을 가져야 한다. 그들의 꿈이 오늘날 문명사회의 모든 가치를 이루어 냈으며, 그러한 정신이 오늘날 미국의 생명소가 된, 재능을 계발하고 세상에 내놓을 기회를 만들어 내게 되었다.

콜럼버스 또한 미지의 세계를 꿈꾸고 자신의 생애를 걸고 찾아다닌 끝에 그 세계를 발견했다는 사실을 기억하자!

위대한 천문학자인 코페르니쿠스는 지구 이외의 세상이 있다고 꿈꾸었고 찾아내었다! 그의 성공 이후 아무도 그를 비현실적이라고 비난하지 못했다. 모두 그를 칭송했다. "성공한 자는 설명할 필요가 없고, 실패한 자는 변명의 기회가 없다."라는 말이 다시 한번 입증된 것이다.

당신이 하고자 하는 일이 정당한 일이고 신념을 가지고 있다면, 주저 없이 실행에 옮겨라! 일을 잘 수행해 내는 데 집중하고, 일시적인 실패에 맞닥뜨리더라도 남들이 하는 말에 신경 쓰지 마라. 왜냐하면 남들은 모든 실패에는 그만큼의 성공을 낳을 수 있는 씨앗이 심겨 있다는 사실을 모르기 때문이다.

헨리 포드는 가난하고 교육도 받지 못했지만, 말없이 움직이는 마차를 꿈꿨고, 자신에게 유리한 기회를 기다리기보다는, 당장 구할 수 있는 도구들을 사용해 일하기 시작했고, 그런 그의 꿈의 결실들이 오늘날 지구 전체를 질주하고 있다. 두려움 없이 꿈을 밀어붙인 결과, 그는 세상에서 가장 많은 자동차를 생산해 낸 인물이 되었다.

토머스 에디슨은 전기로 작동되는 전등을 만들겠다는 꿈을 꾸었고, 당장 이 꿈을 실행에 옮겼다. 만 번이 넘는 실패에도 불구하고 그는 자신의 꿈을 믿었고 마침내 현실로 이루어 내었다. 현실적인 몽상가들은 포기하지 않는다!

링컨은 흑인 노예 해방을 꿈꾸고 그 꿈을 실행에 옮겼고, 그가 세상을 떠난 직후, 남북연합에 의해 그 꿈은 실현되었다.

라이트 형제는 하늘을 나는 기계를 꿈꿨다. 그들의 꿈이 헛되지 않았음은 오늘날 전세계에서 그 증거를 찾아볼 수 있다.

마르코니는 대기 중의 눈에 보이지 않는 힘을 모으는 시스템을 꿈꿨다. 오늘날 전 세계 무선 통신과 라디오를 통해 그의 꿈이 헛된 것이 아니었음을 알 수 있다. 더군다나 마르코니의 꿈 덕분에 허름한 오두막에 사는 사람과 웅장한 저택에 사는 사람이 동등하게 정보를 공유하게 되었다. 지구상 모든 국가의 사람들이 이웃이 되었다. 미국 대통령이 예고 없이도 모든 국민에게 한 번에 연설할 수 있는 수단이 생겼다. 그가 전선이나 여타 통신 기기 없이도 공기를 통해 송신할 수 있는 방법을 발견했다고 밝혔을 때, 그의 친구들은 그를 정신병원으로 데려가서 검사를 받게 했다는 사실이 매우 흥미롭다. 오늘날의 몽상가들은 그보다는 나은 대접을 받고 있지만 말이다.

생각하라 그리고 부자가 되어라

세상은 새로운 발견에 익숙해졌다. 아니, 새로운 아이디어를 제공하는 몽상가들에게 기꺼이 보상하고자 한다.

"가장 위대한 성공도 처음 얼마 동안은 꿈에 지나지 않았다."

오크나무가 도토리 속에서 잠자고, 새가 알 속에서 기다리듯이, 영혼의 가장 고귀한 비전 속에서 잠에서 깨어난 천사가 날갯짓한다. 꿈은 현실이라는 나무의 묘목이다.

세상의 몽상가들이여, 깨어서 일어나 스스로를 드러내라. 그대들의 태양이 떠오르고 있다. 세계 공황이 당신들이 기다리고 있던 기회를 가져왔다. 이로 인해 사람들은 겸손과 인내, 열린 마음을 배우게 되었다.

이제 세상은 과거의 몽상가들이 알지 못하던 풍성한 기회들로 가득차 있다.

무언가가 되려는, 그리고 무언가를 해내려는 불타는 열망이 몽상가들의 출발점이 될 것이다. 꿈은 무관심하고 나태하며 야망이 없는 사람에게서는 생겨날 수 없다.

세상은 더는 몽상가를 비웃거나 비현실적이라고 하지 않는다. 의심된다면, 테네시로 가서, 몽상가 대통령이 미국의 수력을 모으고 이용해서 이루어 낸 업적을 눈으로 확인해 보라. 10년 전이었다면 그런 꿈은 미친 짓으로 보였을지도 모른다.

성공한 모든 사람도 처음에는 힘들게 시작해서 많은 가슴 아픈 고난들을 거쳐야 했다는 점을 기억하라. 이들 인생에서의 전환점은 주로 위기의 순간에 찾아왔고, 그를 통해 그들은 '또 다른 자아'를 발견할 수 있었다.

다음 장으로 넘어가기 전에, 마음속에 희망과 믿음, 용기, 인내의 불을 다시 지피게 하자. 이런 마음 상태를 가지고, 앞서 소개된 원칙들을 어떻게 활용할 것인지 알고 있다면, 당신이 준비되었을 때 필요한 모든 것들이 주어질 것이다. 에머슨은 이를 다음과 같이 표현했다.

"도움과 위안을 얻는 데 필요한 모든 속담과 책, 격언들은 여러 방법으로 얻어질 수 있다. 당신의 놀라운 의지가 아닌, 당신 속에 있는 위대하고 부드러운 영혼이 갈망하는 그 친구들이 당신을 품어주게 될 것이다."

무언가를 바라는 것과 그것을 받을 준비가 되어 있는 것 사이에는 차이가 있다. 스스로 그것을 얻을 수 있다고 믿어야만 준비가 된 것이다. 단순한 희망이나 소망이 아닌, 믿음의 마음가짐을 가져야만 한다. 믿음을 가지기 위해서는 열린 마음을 가져야 한다. 닫힌 마음으로는 믿음이나 용기, 신념을 불러일으키기 힘들다.

인생에서 높은 목표, 풍요와 번영을 추구하는 데 있어서, 비극과 가난을 받아들이는 것보다 더 큰 노력이 필요한 것은 아니라는 점을 기억하라. 이 보편적 진리에 대해서 한 위대한 시인은 다음과 같은 구절로 표현했다.

인생에게 1페니만 달라고 흥정했더니
인생은 그 이상은 주려 하지 않았다.
내 보잘것없는 수입을 헤아리며
밤마다 아무리 애원해도.

인생은 고용인에 지나지 않아서
요구한 것만을 정확히 줄 뿐이다.
한번 삯이 정해지고 나면
어떤 일이든 견뎌내는 수밖에.

얼마 안 되는 삯을 받고 일하면서
내가 한탄하며 깨달은 것은
내가 인생에게 얼마를 요구하였든 간에
인생은 기꺼이 주었을 것이라는 점이다.

열망은 자연법칙을 넘어선다

이번 장의 정점을 찍는 사례로, 내가 아는 한 가장 비범한 인물을 소개하고자 한다. 내가 그를 처음 만난 것은 24년 전, 그가 태어난 몇 분 후였다. 그는 귀가 없이 태어났고, 우리가 캐물었을 때 의사는 그가 청각장애인이자 언어장애인으로 평생을 살아가게 될 것이라고 마지못해 시인했다.

나는 그 의견에 반발했다. 내게는 그럴 권리가 있었다. 바로 그 아이의 아버지였기 때문이다. 나 역시 나만의 의견을 가지고 결론에 도달했지만, 그 의견을 내 마음속에서만 조용히 피력했다. 나는 우리 아들이 듣고 말할 수 있을 것이라고 결정했다. 신은 내게 귀가 없는 아들을 주었을지라도, 그 고통을 현실로 인정하도록 유도할 수는 없었다.

내 마음속에서 나는 우리 아들이 듣고 말할 수 있다는 사실을 알고 있었다. 그 이유가 무엇이냐고? 나는 반드시 방법이 있으며 내가 그 방법을 찾을 수 있다고 확신했기 때문이다. 나는 불멸의 에머슨이 말한 교훈을 기억했다.

"사물을 관장하는 법칙은 우리에게 믿음을 가지도록 가르칩니다. 우리는 그저 그에 순종하면 되지요. 우리 각자에게 맞는 가르침이 있고, 우리가 겸손히 들으려 할 때, 각자에게 맞는 지침을 듣게 됩니다."

맞는 지침이란? 바로 열망이다! 내가 무엇보다도 열망했던 것은 내 아들이 듣고 말할 수 있게 되는 것이었다. 그 열망으로부터 한순간도 물러선 적은 없었다.

몇 년 전 나는 다음과 같이 기술한 바 있다.

"우리의 유일한 한계는 스스로 마음속에 정하는 것뿐이다."

처음으로 나는 그 말에 대한 의심이 들었다. 내 앞에는 귀가 없이 태어난 갓난쟁이가 누워있었다. 그 아이가 듣고 말할 수 있다 하여도, 여전히 외적인 장애를 안고 평생을 살아가야 할 터였다. 물론 이는 아이가 스스로 마음속에 정한 한계는 아니었다.

그렇다면 내가 뭘 할 수 있을까? 나는 어떻게든 귀 없이도 소리를 들을 방법을 찾겠다는 나의 불타는 열망을 아이의 마음속에 심어주기로 했다.

아이가 말을 이해하고 따를 수 있을 만큼 자라면, 소리를 듣겠다는 불타는 열망으로 아이의 마음을 채우기로 마음먹었다. 그럴 때 대자연은 자신의 방법으로 그 열망을 현실화시킬 것이었다.

이 모든 생각은 내 마음속에만 간직했고 누구에게도 말하지 않았다. 매일 나는 내 아들이 듣고 말하게 될 거라는 사실을 자신에게 다짐했다.

아이가 자라면서 주변 상황을 인식하기 시작했고, 우리는 아이에게 미약하나마 청력이 있다는 사실을 알게 되었다. 보통 아이들이 말을 시작하는 나이가 되었을 때 말을 할 시도조차 하지 않았지만, 행동을 통해 어떤 특정한 소리가 미약하게나마 듣고 있음을 보여주었다. 그거면 충분했다! 나는 아이가 아주 조금이라도 들을 수 있다면 청력을 점점 발달시킬 수 있으리라고 확신했다. 그리고 내게 희망을 주는 사건이 일어났다. 전혀 기대하지 않았던 곳에서 일어난 일이었다.

빅터 축음기(Victrola)를 샀을 때의 일이었다. 처음 음악을 들은 순간 아이는 완전히 도취해서, 바로 축음기를 독차지했다. 얼마 지나지 않아 아이는 특정 음악들을 선호하게 되었는데, 그중 한 곡이 "티퍼레리까지 가는 길은 멀구나."였다. 한번은 아이가 축음기 앞에 서서 자신의 치아로 축음기 상자의 가장자리를 꽉 문 채로 그 곡을 거의 2시간 동안 반복해서 들은 적이 있었다. 몇 년이 흐른 후에야 나는 그 행동의 의미를 알게 되었다. 바로 '골전도(bone conduction)'라는 현상이었다. 그때까지 한 번도 들어보지 못한 개념이었다.

아이가 축음기에 빠진 지 얼마 지나지 않아, 나는 한 가지 사실을 알아냈다. 아이의 머리 아래쪽, 외이도 근처에 입술을 대고 말하면 소리를 꽤 정확하게 알아들을 수 있다는 사실이었다. 이 발견을 통해, 나는 아이가 듣고 말할 수 있도록 하겠다는 불타는 열망을 현실화할 수 있었다. 그때쯤 아이는 몇몇 단어를 말하려고 시도하고 있었다. 가망이 없어 보였지만 신념에 기초한 열망으로 불가능을 뛰어넘을 것이었다.

아이가 내 목소리를 듣는다는 사실을 알고 나서, 나는 즉시 소리를 듣고 말하겠다는 열망을 아이의 마음에 심어주기 시작했다. 잠자리에 들기 전에 동화책을 읽어주는 걸 아이가 좋아한다는 것을 깨닫고, 독립심, 상상력, 듣겠다는 강한 열망을 키워줄 만한 이야기를 지어내서 들려주기 시작했다.

나는 특히 한 가지 이야기를 거듭해서 들려주었다. 대신 매번 새로운 내용을 덧붙이고 극적인 색을 입혔다. 아이가 겪는 고통이 인생의 짐이 아닌 대단한 가치를 지닌 자산이라는 생각을 마음속에 심어주는 내용이었다. 나 스스로 모든 역경은 성공의 씨앗을 품고 있다고 역설해 왔지만, 사실 나는 아들의 장애를 어떻게 자산으로 바꿀 수 있을지 전혀 감도 잡히지 않았다. 하지만 계속해서 긍정적인 교훈의 이야기를 잠들기 전 들려주면서, 언젠가는 아이 스스로가 자신의 장애를 유용한 방향으로 사용할 방법을 찾아내길 바랐다.

이성적으로 생각하면 귀가 없이는 들을 수 있는 다른 방법은 없었다. 하지만 신념에 기초한 열망이 이성의 목소리를 밀어내고 나에게 계속 노력하도록 힘을 주었다.

지금 돌이켜서 생각해보니, 그런 놀라운 결과를 얻을 수 있었던 원인은 아들이 나를 믿었기 때문이었다. 아이는 내가 하는 말을 믿었다. 나는 아이가 형보다 분명 유리한 점이 있고, 많은 점에서 이를 확인할 수 있다고 설득했다. 예를 들어, 학교 선생님들은 아이가 귀가 없다는 사실 때문에 특별한 관심을 기울이고 친절하게 대할 것이라고 했다. 이는 사실이었다. 아이의 엄마는 선생님들을 찾아가서 아이에게 필요한 특별한 관심이 주어지도록 신경을 썼다. 또한 나는 아이가 신문을 팔 수 있는 나이가 되었을 때 (큰아들은 이미 신문 판매일을 하고 있었다) 형보다 유리한 점이 있을 거라고 설득했다. 그 이유는, 사람들이 아이가 귀가 없음에도 불구하고 똑똑하고 성실하다는 점을 알고, 신문값에 더해서 돈을 더 지불할 것이기 때문이었다.

우리는 점차로 아이의 청력이 향상되고 있음을 발견했다. 더군다나 아이는 자신의 장애로 인한 남의 시선을 의식하지 않았다. 아이가 7살쯤 되었을 때, 아이의 마음을 훈련시키려는 우리의 노력이 결실을 보고 있다는 것을 입증해 주는 첫 번째 사건이 일어났다. 몇 달 동안 아이는 신문을 팔고 싶다고 조르고 있었지만, 아이 엄마는 허락하지 않고 있었다. 그녀는 청각장애인 아이가 길에 혼자 나가는 것이 위험하다고 생각했다.

마침내 아이는 스스로 일을 해결하기로 마음먹었다. 어느 날 오후, 집에 남겨진 아이는 부엌 창문을 기어 넘어 밖으로 나갔다. 이웃의 구두장이에게 6센트를 빌린 아이는 그 돈으로 신문을 사서 다 팔고 난 후, 다시 신문을 사서 파는 일을 그날 저녁 늦게까지 반복했다. 그날의 수익을 맞춰보고, 빌린 6센트를 갚은 후, 아이 손에는 42센트의 수익이 남았다. 그날 밤 집으로 돌아왔을 때, 우리는 그 돈을 손에 꼭 쥐고 침대에서 잠든 아이의 모습을 보았다.

아이 엄마는 아이의 손을 펴서 동전을 끄집어낸 후 울었다. 하필이면 울다니! 아들의 첫 번째 성공을 보고 우는 것은 부적절해 보였다. 나는 정반대의 반응을 보였다. 아이 마음속에 스스로에 대한 확신을 심으려던 내 노력이 성공했음을 알았기에 크게 웃을 수 있었다.

아이 엄마가 아이의 첫 사업 도전에서 본 것은, 돈을 벌기 위해 목숨을 걸고 거리로 나갔던 작은 청각장애 소년의 모습이었다. 하지만 나는, 스스로의 힘으로 사업에 뛰어들어 성공을 거둠으로써 몇 배의 수익을 올린, 용감하고 야심만만하고 자립심 있는 어린 사업가의 모습을 보았다. 아이 스스로가 평생을 이끌어나갈 생활력이 있음을 보여주었기에 나는 기뻤다. 이후의 사건들로 이것이 사실임이 입증되었다. 아이의 형은 원하는 게 있을 때 바닥에 드러누워 공중에 발길질하며 울어서 그것을 얻어내곤 했다. 이 '작은 청각장애 소년'은 원하는 것이 있을 때면 계획을 세워서 스스로 돈을 벌어서 사곤 했다. 이는 지금도 마찬가지이다!

내 아들을 통해 내가 배운 사실은, 장애는 가치 있는 목표를 향해 오르도록 돕는 디딤돌이 될 수 있다는 것이다. 장애를 스스로를 가로막는 장애물로 여기거나 핑곗거리로 삼지 않는 한 말이다.

이 작은 청각장애 소년은, 가까이서 크게 소리치지 않는 이상 선생님의 목소리를 들을 수 없는 상태에서, 초, 중, 고등학교를 지나 대학을 졸업했다. 아이는 농아학교에 다니지 않았다. 우리는 아이에게 수화를 가르치지도 않았다. 우리는 아이가 비장애인 친구들과 어울리며, 정상인의 삶을 살아가길 바랐고, 학교 담당자들과의 격렬한 논쟁을 거치면서도 그 결정을 고수했다.

아이가 고등학생일 때 전자 보청기를 사용해본 적이 있지만, 아이에게 별 도움이 되지 못했다. 그 이유는 아이가 여섯 살 때 시카고의 J. 고든 윌슨 박사가 밝혀낸 원인에 있었다. 아이의 한쪽 뇌를 수술한 결과, 선천적으로 청각 기관이 없다는 사실을 밝혀냈다.

대학에서의 마지막 일주일 동안 (그 수술을 받은 지 18년 후), 아이의 삶에 가장 중요한 전환점이 될만한 사건이 일어났다. 우연한 기회에 아이에게 또 다른 전자 보청기를 사용해 볼 기회가 주어진 것이다. 비슷한 기기에 실망한 적이 있기에 아이는 한참 후에나 그 보청기를 테스트해 보았다. 마침내 보청기를 집어 들고 무심하게 머리에 착용한 후 전원을 연결했을 때, 마치 마술처럼, 정상인처럼 듣고자 하는 그의 평생소원이 이루어졌다! 그의 인생에서 처음으로, 정상적인 청력을 가진 사람처럼 또렷이 들을 수 있었다.

"하나님께서 기적을 행하시는 방법은 오묘해서 이해하기 힘든 법이다."

보청기가 가져다준 새로운 세상에 너무나도 기뻤던 나머지, 아이는 전화기로 달려가서 엄마에게 전화를 걸었고 엄마의 음성을 또렷이 들을 수 있었다. 다음 날 수업에서 아이는 생애 최초로 교수님들의 목소리를 그대로 들을 수 있었다. 이전에는 교수들이 가까운 거리에서 소리를 질러야만 들을 수 있었다. 그는 라디오와 영화의 소리를 들었다. 태어나서 처음으로, 상대방이 큰 소리로 얘기하지 않아도 다른 사람들과 자유로이 대화할 수 있었다. 정말로 아이에게 새로운 세상이 열렸다. 우리는 신의 실수를 받아들이지 않았고, 끈질기게 열망한 끝에, 유일하게 가능했던 방법으로 신이 그 실수를 바로잡도록 유도할 수 있었다.

열망 덕분에 원하는 것이 이루어지기 시작했지만, 아직 완전히 승리한 것은 아니었다. 아이는 여전히 자신의 장애를 자산으로 변화시킬 확고하고 실질적인 방안을 발견해야만 했다.

그때까지 이룬 것들에 대한 중요성을 거의 인지하지 못한 채, 새롭게 발견한 소리의 세계에 대한 기쁨에 도취한 아이는, 보청기 제조사에 편지를 써서 자신의 경험에 대해 열심히 설명했다. 편지 자체에 쓰여 있지는 않았지만, 그 편지의 분위기에서 풍기는 어떤 점으로 인해, 보청기 회사는 아이를 뉴욕으로 초대했다.

아이는 뉴욕에 도착해서 공장으로 안내되었다. 자신에게 펼쳐진 새로운 세계에 대해 수석 엔지니어와 이야기 하던 중에, 어떤 예감, 아이디어, 혹은 영감—뭐라고 부르든 상관없다—같은 것이 그의 마음에 번쩍했다. 이 사고 자극(impulse of thought) 덕분에 그의 장애를 자산으로 바꿀 수 있었고, 장래 수많은 사람에게 부와 행복을 가져다주게 되었다.

그 사고 자극의 요점은 다음과 같았다. 그는 자신에게 다가온 변화된 새로운 세계에 관한 이야기를 사람들과 나눔으로써, 보청기의 도움 없이 살아가고 있는 수많은 청각장애인들을 도울 수도 있을 것이라는 생각을 하게 되었다. 그리고 그때, 그는 청각장애인을 돕기 위해 일하는 데 남은 생애를 바치겠다는 결심을 했다.

아들은 한 달 내내 철저한 연구를 수행했는데, 그 기간 동안 보청기 제조사의 마케팅 시스템 전체를 분석해서, 전 세계 청각장애인들과

생각하라 그리고 부자가 되어라

소통할 방안을 만들어 냈다. 자신이 새롭게 발견한 '새로운 세계'를 그들과 함께 나누기 위함이었다. 이 일을 마친 후, 그는 자신의 연구에 기초해서 2년짜리 계획을 작성했다. 그가 그 계획을 회사에 제출했을 때, 그는 즉시 채용이 되었고 그의 계획에 착수할 수 있게 되었다.

그가 일을 시작했을 때는, 자신이 농아가 될뻔한 수많은 사람에게 희망과 실질적인 도움을 주게 되리라고는 꿈도 꾸지 못했었다.

보청기 제조사에서 일을 시작한 지 얼마 지나지 않아, 아들은 회사가 제공하는 워크숍으로 나를 초대했다. 농아들에게 듣고 말하는 방법을 가르치는 수업이라고 했다. 그런 형태의 교육 방법에 대해서 들어본 적도 없었기에, 한편으로는 회의적이기도 했지만 그래도 완전히 시간 낭비는 아닐 것이라는 희망을 품고 참석하게 되었다. 그들이 보여준 시범은, 내가 아들의 마음속에 정상인 같은 청각 능력을 갖추겠다는 열정을 불러일으키고 유지하고자 해왔던 방법의 확장된 형태였다. 20여 년 전, 아들이 농아가 되지 않게 하려고 내가 사용했던 방법과 같은 방법으로 농아들에게 듣고 말하는 방법을 가르치고 있는 것을 보게 된 것이었다.

이렇게, 알 수 없는 기묘한 운명의 봉착으로 인해, 내 아들 블레어와 나는 태어나지도 않은 아기들의 농아 상태를 도울 운명이 되었다. 내가 아는 한, 농아 상태가 고쳐질 수 있으며 이 장애가 있는 사람들도 정상인 같은 생활이 가능하다는 사실을 입증한 것은 우리가 유일했기 때문이었다. 그것이 한 사람에게 가능했다면, 다른 이들에게도 가능한 일이었다.

아내와 내가 블레어의 마음을 다잡아 주지 않았더라면, 분명 아이는 평생 농아로 살았을 것이다. 아들의 출생을 담당했던 의사는 아이가 평생 듣거나 말할 수 없을 거라고 조용히 말해주었다.

몇 주 전, 저명한 청각장애 전문가인 어빙 보리스 박사는 블레어를 꼼꼼히 검진해 보았다. 그는 아들의 청각 능력과 언어 능력에 놀라면서, 그에 검진 결과에 따르면 "이론적으로는, 이 아이는 전혀 들을 수 없는 상태입니다."라고 말했다. 하지만 이 청년은 청각 능력이 있다. 엑스레이 사진에 따르면 귀가 있어야 할 위치에서 뇌로 이어지는 길이 두개골에 없다고 해도 말이다.

아이의 마음속에 듣고 말하겠다는 열망과 정상인처럼 살겠다는 열망을 심어주었을 때, 그 충동이 대자연에 신비로운 영향을 끼쳐서 그의 뇌와 외부 세계 사이의 다리를 놓고, 그 사이 공간의 고요함을 가로지르게 한 것이었다. 어떻게 그것이 가능했는지는 저명한 의학 전문가들도 설명할 수 없었다. 어떻게 대자연이 이런 기적을 행했는지를 추측하는 것조차 신성모독으로 느껴질 정도이다. 이 신비로운 경험에서 내가 담당했던 보잘것없는 역할에 대해서 내가 아는 대로 모두 세상에 전달해야만 할 책임감을 느낀다. 당연한 이야기이겠지만, 불굴의 신념으로 열정을 뒷받침하는 사람에게 불가능은 없다는 이야기를 꼭 해주고 싶다.

진정, 불타는 열망이 현실로 실현되는 방법에는 여러 가지가 있다. 블레어는 정상인처럼 듣기를 원했고, 그렇게 되었다. 아이의 장애와 시대 상황을 생각해 볼 때, 아이는 열망이 확실하지 않았더라면 연필

생각하라 그리고 부자가 되어라

한 뭉치와 깡통을 들고 길거리 행상으로 나설 운명이었다. 하지만 바로 그 장애 덕분에 아이는 수백 명의 청각 장애인들에게 유용한 서비스를 제공할 수 있게 되었고, 또한 평생 적절한 재정적 수입을 벌 수 있는 직장도 가지게 되었다.

아이가 어렸을 때, 나는 아이의 장애가 돈을 벌 수 있는 커다란 자산이 될 것이라는 '하얀 거짓말'을 아이의 마음속에 심어주었고, 이제 그 작은 하얀 거짓말은 실현이 되었다. 진정, 옳든 그르든, 신념과 불타는 열정이 합쳐졌을 때, 이루지 못할 일은 없다. 이런 자질은 누구나 대가 없이 소유할 수 있는 것이다.

개인적인 문제와 씨름하고 있는 사람들을 상담해오면서, 이 일처럼 열망이 가진 힘을 명확하게 증명하는 사건은 없었다. 작가들이 때때로 저지르는 실수 중 하나는, 자신이 피상적인 그리고 기초적인 지식밖에 없는 주제에 대해서 저술한다는 점이다. 이런 점에서, 내 아들의 장애를 통해 열망이 지닌 힘이 얼마나 견실한 것인지 확인할 수 있었다는 사실은 행운이었다. 어쩌면 경험 자체가 어떤 섭리였는지도 모른다. 아들만큼 열망의 힘을 잘 드러내어 증명할 준비가 되어 있는 사람도 드물었기 때문이다. 대자연이 열망의 의지에 굽힐 정도라면, 한낱 인간이 불타는 열망을 꺾을 수 있을 리가 만무하지 않은가?

인간의 정신이 지닌 힘은 신비롭고 헤아리기 힘들다! 우리는 마음이 주변의 모든 상황과 사람, 물체 등을 이용해서 열망을 물리적 실체로 둔갑시키는 방법을 이해하지 못한다. 과학이 이 비밀을 밝혀낼 수 있을지도 모르겠다.

나는 아들의 마음속에 정상인처럼 듣고 말하겠다는 열망을 심었다. 그리고 그 열망은 이제 현실이 되었다. 나는 아이의 마음속에 자신의 가장 큰 장애를 가장 큰 자산으로 전환하겠다는 열망을 심었다. 그리고 그 열망은 이제 실현되었다. 이 놀라운 결과가 어떻게 얻어졌는지 설명하기는 어렵지 않다. 그 방법은 세 가지 분명한 사실로 이루어져 있다.

첫째, 나는 정상적인 청력을 향한 신념과 열망을 섞어서 아들에게 전해주었다.

둘째, 나는 몇 년간 끈질기고 지속적인 노력을 통해 모든 방법을 동원해서 내 열망에 대해 아들과 이야기했다.

셋째, 아이는 나를 믿어주었다!

이번 장을 마무리 짓고 있을 무렵, 슈만하잉크 여사의 부고 소식을 들었다. 뉴스 기사의 한 짧은 부분을 통해 이 놀라운 여인이 가수로서 엄청난 성공을 이룰 수 있었던 이유에 대한 힌트를 얻을 수 있었다. 그 부분을 여기에 인용하고자 한다. 기사에 포함된 성공의 비결이 다름 아닌 열망이었기 때문이다.

가수 생활을 막 시작했을 무렵, 슈만하잉크 여사는 빈 왕실 오페라의 단장을 찾아가 노래 실력을 테스트받고자 했다. 하지만 그는 테스트해주지 않았다. 그는 이 이상하고 허름한 옷차림의 소녀를 한번 흘낏 본 후, 친절하지 못한 어투로 이렇게 말했다.

"그 얼굴에 개성이라고는 전혀 없는데, 어떻게 오페라 가수로서 성공하겠다는 건가? 얘야, 포기하렴. 재봉틀이라도 사서 공장일을 알아보는 게 어때? 넌 절대 가수가 될 수 없을 거야."

'절대'는 긴 시간을 의미한다! 빈 왕실 오페라의 단장은 창법에 대해서는 많이 알고 있었을 것이다. 하지만 그는 열망이 집념과 결합하였을 때 어떤 힘을 지니게 되는지는 전혀 알지 못했다. 조금이라도 이에 대해 알았더라면, 천재에게 기회도 주지 않고 무시하는 실수는 범하지 않았을 것이다.

몇 년 전, 내 사업 동료가 병에 걸리는 일이 있었다. 시간이 지날수록 그의 상태는 나빠져서, 마침내 수술을 위해 병원에 입원하게 되었다. 수술실로 안내되기 직전, 나는 그를 바라보며 그처럼 마르고 쇠약한 사람이 어떻게 대수술을 견뎌낼 수 있을지 걱정이 되었다. 의사는 내가 그의 살아있는 모습을 보는 것이 마지막이 될 수도 있다고 경고했다. 하지만 그것은 의사의 소견이었을 뿐이었다. 환자의 의견은 달랐다. 수술실로 들어가기 직전, 그는 힘없는 목소리로 속삭였다.

"걱정하지 마세요, 난 며칠 후면 여기에서 나갈 거예요."

담당 간호사는 동정에 찬 눈빛으로 나를 바라보았다. 하지만 그는 정말 회복했다. 상황이 안정된 후, 담당 의사는 이렇게 말했다.

"그를 살린 것은 살겠다는 열망이었습니다. 그가 죽음의 가능성을 거부하였기에 견뎌낼 수 있었던 것입니다."

나는 신념에 기초한 열망의 힘을 믿는다. 나는 이 힘 덕분에 초라하게 시작해서 권력과 부의 위치에 오르는 사람들을 보았다. 죽음의 문

턱에서 살아 돌아오는 사람들도 보았다. 이 힘을 이용해서 온갖 실패를 겪고도 재기하는 사람들을 보았다. 이 힘 덕분에 우리 아들은 귀가 없이 이 세상에 태어나고도 평범하고 행복한, 성공적인 삶을 살 수 있게 되었다.

어떻게 열망의 힘을 사용할 수 있을까? 이번 장과 이어지는 장들을 통해 이에 대한 해답을 찾을 수 있을 것이다. 이 메시지는 미국 역사상 가장 길고 비참한 경제공황의 끄트머리에 세상으로 나가게 되었다. 아마도 이 메시지는 그 공황의 기간 동안 타격을 입었거나, 재산을 잃었거나, 직장을 잃었거나, 계획을 재정비하고 재기해야만 하는 많은 이들의 관심을 끌게 될 것이다. 그 모든 이들에게 내가 전하고자 하는 생각은, 모든 성공은, 그 종류와 목적에 상관없이, 확고한 무언가에 대한 강렬한 열망으로부터 시작해야 한다는 점이다.

'정신 화학(mental chemistry)'이라는 신비롭고 강력한 원칙을 통해, 대자연은 불가능과 실패를 인정하지 않도록 하는 "그 무언가"를 강력한 열망 속에 꽁꽁 싸매어 놓는다.

생각하라 그리고 부자가 되어라

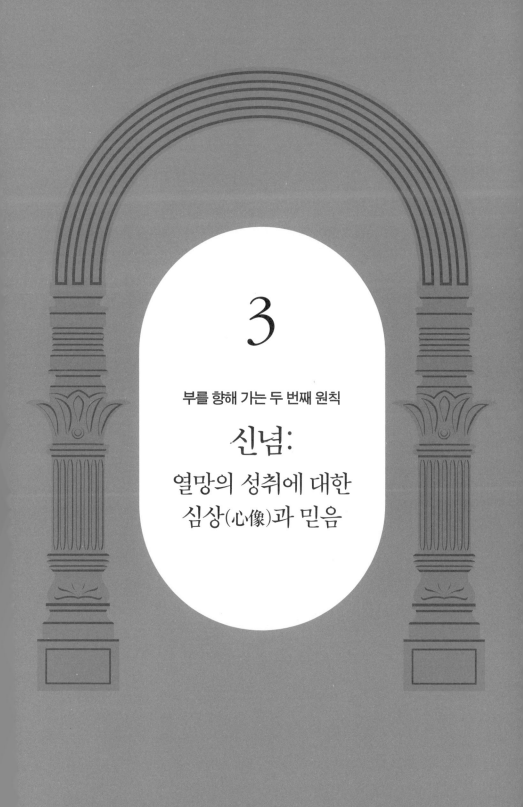

3

부를 향해 가는 두 번째 원칙

신념:
열망의 성취에 대한
심상(心像)과 믿음

신념은 마음의 수석 연금술사와도 같다. 신념이 생각의 주파수와 결합하면, 잠재의식이 곧바로 이를 감지하고 영적인 방향으로 해석해서 무한 지성(infinite intelligence)에게로 전송하게 된다. 기도가 그 예이다.

신념, 사랑, 섹스와 같은 감정은 가장 강력한 긍정적인 감정이다. 이 세 가지 감정이 섞이면 즉시 잠재의식에 가 닿아 생각을 "물들인다." 그러면 생각은 형태를 갖추고 무한 지성으로부터 반응을 끌어낸다.

사랑과 신념은 인간의 영적인 면과 관련된 초자연적이다. 섹스는 순수하게 생물학적인 것으로 육체적인 면에만 관련된다. 이 세 가지 감정을 섞음으로써 유한한 인간의 정신과 무한 정신 사이에 직접적으로 소통할 수 있는 라인이 열리게 된다.

신념을 계발하는 방법

열정을 물리적 혹은 금전적 실체로 변화시키는 데 있어서 자기암시의 원칙이 매우 중요하다. 신념은 자기암시를 통해 잠재 의식에게 확신을 보내고 지도함으로써 생겨나는 마음가짐이다.

당신이 왜 이 책을 읽고 있는지 생각해보라. 눈에 보이지 않는 '열망'이라는 사고 자극을 '돈'이라는 물리적 대상으로 전환하는 능력을 갖추고 싶어서다. 자기암시와 잠재의식을 다룬 장에서 제안한 지침을 따르면, 우리가 바라는 것을 얻게 되리라는 믿음을 잠재의식에 확신시키게 되고, 그 믿음이 현실화하며, 이를 잠재의식은 다시 "신념"이라는 형태로 우리에게 되돌려 주게 된다. 그 뒤를 따라서, 자신이 열망하는 것을 실현하게 할 정확한 계획을 세우는 것이다.

신념이 전혀 없는 상태에서 신념을 키우는 것은 매우 어려운 일이다. 색깔을 전혀 본 적도 없고 묘사하려는 것에 대한 비유 대상도 모르는 시각장애인에게 붉은색에 관해 설명하는 그것만큼이나 말이다. 신념은 성공의 13가지 원칙을 숙달하고 나면 자유로이 계발할 수 있는 일종의 마음가짐이다. 이 원칙들을 적용하고 사용할 때 신념은 저절로 생겨나기 때문이다.

잠재의식에 반복해서 확신하도록 명령하는 것만이 신념이라는 감정이 저절로 계발될 수 있는 유일한 방법이다.

평범한 사람이 범죄자가 되는 과정에 대한 다음의 설명을 통해 신념이 계발되는 과정에 대한 이해를 도울 수 있을 듯하다. 한 저명한 범죄학자의 말을 따르면, "사람들이 처음 범죄를 접하게 되면 혐오하는 반응을 보인다. 하지만 일정 기간 범죄에 노출되게 되면 익숙해지고 견디게 된다. 마침내 아주 오랫동안 범죄를 접하는 환경에 놓일 때 마침내 이를 받아들이고 거기에 영향을 받게 된다."라고 하였다.

이를 신념이 계발되는 과정에 적용하자면, 잠재 의식에게 지속해서 사고 자극(impulse of thought)을 주게 되면, 마침내 잠재의식은 이를 받아들이고 실천에 옮기게 되는데, 이때 가장 현실적인 방법을 사용해서 그 자극을 물질적인 것으로 현실화한다는 뜻이다.

이와 관련해서, 생각이 신념이라는 감정과 결합할 때, 그 생각은 곧바로 현실이 된다는 점에 대해 생각해보도록 하자.

"느낌"을 담당하는 사고의 부분인 감정(emotions)이 생각에 활력과 생명력, 실행력을 불어넣는다. 신념, 사랑, 섹스와 같은 감정들이 사고 자극과 결합하게 되면 감정이 단독으로 할 수 있는 것보다 훨씬 많은 실행력이 생기게 된다.

사고 자극이 신념뿐 아니라 여타의 긍정적 혹은 부정적 감정들과 결합하게 되면 잠재의식에 도달해서 영향을 미치게 된다.

이에 따라, 잠재의식은 긍정적이고 건설적인 사고 자극에 반응하는 것만큼이나, 부정적이고 파괴적인 사고 자극들도 즉각적으로 현실화시킨다는 것을 알 수 있다. 많은 사람이 "불행" 혹은 "불운"이라고 부르는 이해할 수 없는 경험을 하게 되는 것은 이 때문이다.

수많은 사람이 자신들이 통제할 수 없는 어떤 힘 때문에 자신들은 가난하고 실패할 수밖에 없는 운명에 놓여 있다고 생각한다. 이런 사람들은 스스로를 불운하게 만들고 있는 거나 다름없다. 왜냐하면 이런 부정적인 믿음들을 잠재의식이 감지하고 현실로 만들어 버리기 때문이다

여기에서 다시 독자들에게 제안하고 싶은 점은, 실현하고자 하는 물질적 혹은 금전적 열망을 그것이 실제 이루어질 것이라는 기대감과 믿음을 가지고 잠재의식에 전해줄 때, 분명 소득이 있으리라는 점이다. 당신의 믿음 혹은 신념이 잠재의식의 행동 방향을 결정한다. 자기암시를 통해 자신의 잠재의식을 "속일 수" 있다. 내가 내 아들의 잠재의식을 속였듯이 말이다.

이 "속임수"를 더 그럴듯하게 보이기 위해, 잠재의식 앞에서 당신이 바라는 물질적인 것들을 이미 소유한 듯 행동해야 한다.

잠재의식은 가장 직접적이고 현실적인 방법을 통해, 믿음과 신념을 가지고 주어지는 어떤 명령이든 물질적으로 실현해 낼 것이다.

시도와 경험을 통해 잠재의식에 전달되는 명령과 신념을 결합할 수 있는 능력을 얻을 수 있는 출발점에 대해서는 충분히 설명된 듯하다. 연습을 통해서만이 완벽해질 수 있다. 단순히 안내 사항을 읽는 것만으로는 불가능하다.

범죄의 근처에 있는 것만으로도 범죄자가 될 수 있다면 (이는 잘 알려진 사실이다), 같은 논리로, 신념이 있다고 잠재의식에 자기암시를 거는 것을 통해 신념을 계발할 수 있다. 우리의 정신은 결국 압도적인 영향에 굴복할 수밖에 없기 때문이다. 이 사실을 이해하게 되면, 긍정적인 감정을 마음의 주도적 힘으로 삼고 부정적인 감정을 제어하고 제

거해야 하는 이유를 알 수 있게 된다.

긍정적인 감정으로 가득 찬 마음은 신념이라는 마음가짐에 좋은 터전이 된다. 긍정적 감정이 주도하는 마음은 잠재의식에 언제든 지시를 내릴 수 있게 되고, 잠재의식은 이를 받아들이고 실행에 옮기게 될 것이다

자기암시를 통해 신념의 마음가짐 계발하기

역사를 걸쳐서 종교학자들은 고통받고 있는 인류에게 이런저런 교리와 신조를 "믿으라."라고 충고해 왔지만, 정작 어떻게 믿음을 가질 수 있는지는 이야기하지 않았다. 그들은 "신념은 마음가짐이며, 자기암시를 통해 생겨날 수 있다."라고 이야기하지 않았다.

누구나 이해할 수 있는 쉬운 방법으로, 신념이 전혀 없는 상황에서 어떻게 신념을 계발할 수 있는지 그 원칙에 대해 이야기해보도록 하자.

스스로를 믿고, 무한의 존재(the Infinite)를 믿어라. 본론으로 들어가기 전에, 다음의 사항들을 기억하길 바란다.

신념은 사고 자극에 생명력과 힘, 실행력을 부여하는 "불로장생약"과도 같다.

앞의 문장은 두 번, 세 번, 네 번 반복해서 읽을만한 가치가 있다. 소리 내 크게 읽도록 하자!

신념은 모든 부의 축적이 일어나는 출발점이다!
신념은 모든 "기적", 과학 법칙으로는 설명할 수 없는 신비로운 일들이 발생하게 되는 근원이다!
신념은 실패의 유일한 해결 수단이다!
신념은 기도와 결합하였을 때 무한 지성과의 직접적인 소통을 가능하게 해주는 요소이다.
신념은 유한한 인간이 만들어 낸 평범한 생각을 영적인 것으로 실현해 주는 요소이다.
인간이 무한 지성의 우주적 힘을 모으고 사용할 수 있게 되는 것은 신념을 가질 때만 가능하다.

위의 모든 진술은 증명할 수 있는 것들이다!
이를 증명하는 것은 간단하고 쉽다. 그 증거는 자기암시의 원칙 속에 싸여 있다. 그러므로 먼저 자기암시라는 주제에 포커스를 맞춰서, 자기암시가 무엇이며 이를 통해 어떤 것이 가능한지 알아보도록 하자.
사람은 자신에게 반복적으로 되뇌는 것들을 믿게 된다는 것은 잘 알려진 사실이다. 그 내용이 사실이든 거짓이든 말이다. 자신에게 거짓말을 반복하다 보면 결국 그 거짓말을 사실로 받아들이게 된다. 더군다나 그것이 사실이라고 믿게 된다. 모든 사람은 자신의 마음속에 지배적인 생각으로 받아들이는 것의 영향을 받게 된다. 자신의 마음

생각하라 그리고 부자가 되어라

속에 일부러 심어놓고 동의하는 생각들, 그리고 그 생각들을 하나 혹은 그 이상의 감정들과 결합할 때, 이는 사람을 움직이는 원동력이 되어서 그의 모든 움직임과 행동을 지시하고 제어하게 된다!

이어지는 내용은 매우 중요한 진리이다.:

어떤 감정과 결합한 생각들은 "자성(MAGNETIC FORCE)"을 띠게 되어서, 대기로부터 다른 비슷한 혹은 연관된 생각들을 끌어당기는 힘이 생긴다. 감정에 의해 "자성을 띠게 된" 생각은 씨앗에 비유할 수 있다. 씨앗을 비옥한 땅에 심으면 싹이 트고, 줄기를 뻗고, 계속해서 번식한다. 작은 씨앗 한 톨이 수백만 개의 씨앗을 만들어 낸다.

대기는 영원한 진동력이 모인 거대한 우주의 덩어리이다. 여기에는 파괴적인 진동과 건설적인 진동이 모두 포함된다. 언제나 공포, 빈곤, 질병, 실패, 비극의 진동이 있는가 하면, 번영, 건강, 성공, 행복의 진동도 포함하고 있다. 라디오라는 도구를 통해 수많은 음악 소리와 사람의 목소리들이 전달되지만, 각각의 소리가 개별성을 지니고 식별할 수 있게 되듯이 말이다.

대기라는 거대한 저장고로부터 인간의 정신은 자신을 지배하고 있는 것과 부합하는 진동을 끊임없이 끌어당기고 있다. 마음속에 품은 생각이나 아이디어, 계획, 목적은 비슷한 성향의 것들을 대기의 진동으로부터 끌어당겨, 이들을 자신의 힘에 더한다. 이렇게 점점 힘을 키워서, 마침내 마음을 지배하는 주된 원동력이 되고 마는 것이다.

자, 그럼 이 논의의 출발점으로 돌아가서, 아이디어와 계획, 목적이라는 원래의 씨앗을 어떻게 마음에 심을 것인지에 대해 이야기해보도록 하자. 설명은 간단하다. 아이디어와 계획, 목적은 생각의 반복을 통해서 마음에 심어질 수 있다. 이런 이유로, 주된 목적을 선언문 형식으로 작성해서, 기억하고, 매일 반복해서 소리 내 읽어서, 이 소리의 진동이 잠재의식에 닿도록 하라고 말했다.

우리가 현재의 모습이 된 것은, 일상의 환경에서 오는 자극을 통해 생각의 진동을 선택하고 받아들인 결과이다.

불운한 환경에서 오는 영향력은 뿌리치고, 자신의 삶을 질서 있게 세우겠다고 결심하라. 정신적인 자산을 정리해 나가다 보면, 당신의 가장 큰 약점이 자존감의 부족임을 알게 될 것이다. 이런 핸디캡은 극복될 수 있으며, 자기암시의 도움을 받아 소심함을 극복하고 용기를 가지게 된다. 이 원칙을 적용하는 방법은 매우 간단하다. 긍정적인 생각들을 글로 쓰고, 기억하고, 반복하여 잠재의식이 일하는 도구로 만들면 된다.

자신감을 만드는 공식

첫째. 나는 삶의 확고한 목표를 성취할 수 있는 능력을 지니고 있다. 그러므로, 이를 성취할 때까지 인내심을 가지고 꾸준히 행동할 것을 스스로 요구한다. 그리고 여기서 지금 그렇게 행동하기로 약속한다.

생각하라 그리고 부자가 되어라

둘째. 내 마음을 지배하는 생각들은 외적인 행동으로 반복되어, 점차로 현실화할 것이라는 점을 알고 있다. 그러므로 나는 매일 30분간 생각을 집중해서 내가 되고자 하는 사람이 누구인가 생각할 것이다. 이를 통해 마음속에 그 사람에 대한 뚜렷한 이미지를 만들어 낼 것이다.

셋째. 자기암시의 원칙에 따르면, 내가 마음속에 품는 어떤 열망도 그 목적을 뒷받침할 실질적인 방법을 통해서 현실화할 것이다. 그러므로 나는 하루에 10분씩 투자해서 스스로에 대한 자신감을 기르도록 할 것이다.

넷째. 내 삶에 있어서의 확고한 주된 목적을 정확하게 기술해 놓았고, 이를 성취하기 위한 자신감을 가지도록 꾸준히 노력을 계속할 것이다.

다섯째. 진리나 정의에 따르지 않고는 어떤 부나 지위도 오래갈 수 없음을 잘 알고 있다. 따라서 관련된 모든 이를 이롭게 하지 않는 일에는 참여하지 않겠다. 나는 내가 필요로 하는 능력과 다른 이들의 협력을 끌어당겨서 성공할 것이다. 나는 내가 다른 이들을 기꺼이 도우려 함으로써, 다른 이들도 나를 돕도록 만들 것이다. 타인에 대한 부정적 태도가 성공에 방해가 됨을 알기에, 나는 모든 인류에 대한 사랑을 통해 증오, 시기심, 이기심, 그리고 냉소를 없앨 것이다. 나 스스로와 다른 이들에 대한 믿음을 보임으로써, 그들도 나를 믿도록 만들 것이다.

나는 이 공식에 서명하고, 이를 기억하며, 하루에 한 번 큰 소리로 읽을 것이다. 이 공식이 내 생각과 행동을 점차 바꾸어 나갈 것이라 전적으로 믿으며 계속해 나갈 때, 마침내 나는 독립적이고 성공적인 인물이 될 수 있을 것이다.

이 공식을 뒷받침하고 있는 것은 이제까지 아무도 설명할 수 없었던 자연법칙이다. 이는 수 세기 동안 과학자들을 어리둥절하게 만들어왔다. 심리학자들은 여기에 "자기암시"라는 이름을 붙였다.

이 법칙의 이름은 그다지 중요치 않다. 중요한 점은, 건설적인 방향으로 사용했을 때 이 법칙이 인류에게 번영과 성공을 가져다준다는 점이다. 반면, 파괴적인 방향으로 사용했을 때도 같은 방법으로 파괴를 가져다주게 된다. 여기에서 매우 중요한 진리를 발견할 수 있다. 즉, 사람들이 실패의 나락으로 떨어져서 삶을 빈곤과 비극, 고통 속에서 마무리하게 되는 원인은 자기암시의 원칙을 부정적인 방향으로 적용했기 때문이라는 점이다. 그 이유는, 모든 사고 자극은 긍정적이든 부정적이든 그것에 걸맞은 물리적 형태로 나타나게 되기 때문이다.

(모든 사고 자극이 결합하여서 물리적 현실로 변신할 준비하는 실험실이라할 수 있는) 잠재의식은 긍정적인 생각과 부정적인 생각을 구별하지 않는다. 단지 우리가 생각을 통해 공급하는 재료들을 사용해서 일할 뿐이다. 잠재의식은 용기와 신념에 이끌린 생각을 현실화시키는 것만큼이나 신속하게 공포에 이끌린 생각 또한 현실화시킬 것이다.

의학계에는 수없이 많은 "암시에 의한 자살"의 사례들이 있다. 다른 원인만큼이나 부정적 암시에 의해서도 자살을 하기 쉽다는 뜻이다.

미국 중서부에 사는 그랜트라는 사람은 은행 직원이었는데, 상관

몰래 거금을 은행으로부터 "빌렸다". 그리고 그 돈을 도박으로 날렸다. 어느 날 오후, 은행 조사관이 나와서 은행 계좌를 확인하기 시작했다. 그랜트는 은행에서 나와 지역 호텔에 방을 잡았다. 3일 후 사람들이 그를 발견했을 때, 그는 침대에 누워서 소리치고 신음하며 다음과 같은 말을 반복하고 있었다.

"아, 난 이제 죽었어! 이제 창피해서 살 수가 없어."

얼마 후 그는 정말 죽었다. 의사들은 이 사건을 "정신 자살"의 일종으로 결론지었다.

전기를 잘 사용하면 공장을 가동하고 유용하게 쓰일 수 있지만 잘못 사용하면 생명을 빼앗을 수도 있듯이, 자기암시의 법칙 역시 그것을 얼마나 이해하고 잘 적용하느냐에 따라서 평화와 번영으로 이끌 수도 있고, 아니면 비극과 실패, 죽음의 골짜기로 빠뜨릴 수도 있다.

마음속에 공포와 의심, 그리고 무한 지성과 교감하고 그 힘을 이용할 수 없다는 회의감이 들면, 자기암시의 법칙이 이 회의감을 도면으로 삼아서 잠재의식이 그에 걸맞은 현실을 만들어 내게 된다.

이 말은 2 더하기 2가 4라는 사실만큼이나 분명한 진리이다!

바람이 배를 동쪽 혹은 서쪽으로 실어 가듯이, 자기암시의 법칙은 당신의 생각이 항해하는 대로 당신의 기분을 고양할 수도, 좌절시킬 수도 있다.

자기암시의 법칙이 어떻게 사람들에게 상상할 수도 없는 성공을 가능케 해주는지는 다음의 시구에서 잘 설명하고 있다:

패배할 거로 생각하면, 패배할 것이다.

감히 내가 어떻게 하겠어라고 생각하면, 시도도 못 하게 될 것이다.
승리하고 싶지만, 불가능하다고 생각한다면,
절대로 승리할 수 없을 것이다.

패배할 거로 생각하면, 패배할 것이다.
우리가 세상에서 발견하는 것은,
사람의 의지에서 성공이 시작된다는 점이다.
모든 것이 마음먹기에 달렸다.

압도당했다고 생각한다면, 압도당할 것이다.
높이 오르기 위해서는 원대한 생각을 하라.
상급을 얻기 위해서는
스스로 확신을 가져야 한다.

인생의 경쟁에서
강한 자만이 승리하는 것은 아니다.
결국 승리는
스스로를 믿는 자에게 돌아간다!

여기서 강조된 단어들을 잘 살펴보면, 시인이 말하고자 했던 깊은
뜻을 알 수 있을 것이다.

당신의 존재 어딘가에 (아마도 뇌세포 속에)는 성공의 씨앗이 잠들어
있어서, 깨워서 작동시키면 당신이 꿈도 꾸지 못했던 성공으로 끌어

생각하라 그리고 부자가 되어라

올려 줄 것이다

거장이 바이올린을 연주해서 가장 아름다운 선율을 쏟아내듯이, 당신 또한 머릿속에 잠들어 있는 천재성을 깨워서 당신이 원하는 어떤 목표든지 이루어 낼 수 있다.

에이브러햄 링컨은 40세가 될 때까지 시도하는 일마다 실패를 거듭했다. 아무도 알아주지 않는 삶을 살던 그는, 어느 날 그의 마음과 머릿속에 잠들어 있던 천재성을 깨우는 놀라운 경험을 하게 되었고, 세계 역사상 위대한 인물이 될 수 있었다. 그 "경험"은 슬픔과 사랑의 감정을 수반했다. 이는 그가 진실로 사랑했던 유일한 여인인 앤 러트레지를 통한 경험이었다.

사랑이라는 감정이 신념이라는 마음가짐과 매우 유사하다는 점은 잘 알려진 사실이다. 그 이유는 사랑으로 인해 사고 자극들이 영적인 형태로 전환되기 때문이다. 수백 명의 놀라운 성공을 이룬 사람들의 일생과 성공에 대해 분석하는 과정에서 내가 발견한 점은, 거의 모든 성공이 여인의 사랑이 뒷받침되었기에 가능했다는 사실이다. 사랑이라는 감정은 사람의 마음과 머릿속에서 긍정적인 자성을 만들어 내어서, 대기 중에서 고결하고 훌륭한 주파수들이 쏟아져 들어오게 한다.

신념의 힘에 대한 증거를 보고 싶다면, 이를 사용했던 사람들이 어떻게 성공했는지 살펴보라. 가장 대표적인 예가 예수 그리스도이다. 기독교는 단일 종교로는 가장 많은 사람에게 영향을 미치고 있다. 기독교의 근간은 믿음 (신념)이다. 얼마나 많은 이들이 그 교리를 곡해하고 변형시켰으며, 기독교라는 이름으로 그 중심 교리에 어긋나는 교리와 신조를 만들어 내었는지는 차치하고서라도 말이다

"기적"이라고도 해석될 수 있는 예수 그리스도의 가르침과 성공의 요점은 다름 아닌 신념이었다. "기적"이라는 것이 정말 있다면 이는 신념의 마음가짐을 통해 생겨나는 것일 뿐이다! 스스로를 기독교인이라 부르는 많은 종교학자들은 이런 신념을 이해하지도 실천하지도 않는다.

이제 인도의 마하트마 간디의 경우를 통해 신념이 지니는 힘에 대해 알아보도록 하자. 그는 신념이 지니는 가능성을 세계에 잘 보여주는 놀라운 예이다. 간디에게는 전통적인 권력의 도구라 할 수 있는 부나 전함, 병사, 전쟁 도구들이 없다. 그런데도 그는 동시대 누구보다도 강력한 권력을 행사한다. 간디에게는 돈도, 집도, 옷 한 벌도 없지만, 권력이 있다. 그 권력은 어떻게 얻어진 것일까?

그는 신념의 원칙을 이해하고, 그 신념을 2억 명의 인도 국민에게 옮겨 심음으로써, 그 권력을 얻었다.

간디가 신념을 통해 얻은 성공은, 지구상 가장 강한 군사력으로도, 어떤 병사나 군수품을 통해서도 이룰 수 없는 것이었다. 그는 2억 명의 마음을 하나로 합치고 함께 움직이도록 영향력을 끼치는 놀라운 성과를 이루어 냈다.

신념이 아니라면 지구상의 어떤 힘이 그런 일을 가능케 하겠는가?

머지않아, 고용주와 고용인 모두가 신념이 지니는 힘에 대해 깨닫게 되는 날이 올 것이다. 최근의 경제공황을 통해, 신념 부족이 사업에 어떤 영향을 끼치게 되는지에 대해 목도할 많은 기회가 있었다.

생각하라 그리고 부자가 되어라

물론 현대 사회의 많은 똑똑한 사람들이 공황 기간 동안 배운 교훈을 적용하고 있다. 세상은 공포가 널리 퍼졌을 때 그로 인해 산업과 비즈니스가 마비될 수 있음을 보았다. 이 경험을 극복하고 일어서는 기업가 중에는 간디가 세상에 보인 방법을 따라 수익을 창출하고, 그가 유례없이 많은 수의 추종자들을 만들어 낸 방법을 사업에 적용하는 경우가 있을 것이다. 이런 리더들은 무명의 보잘것없는 배경 출신으로, 현재는 제철소나 석탄 광산, 자동차 공장에서 일하거나 작은 마을에 거주하고 있는 이들일 것이다.

사업은 변화와 개혁해야 한다는 점을 기억하라! 힘과 공포에 기반한 과거의 방식은 신념과 협력이라는 더 나은 원칙들로 대체될 것이다. 노동자는 일당 이상의 대가를 받게 될 것이다. 자본을 제공한 사람들과 마찬가지로, 사업 지분을 받게 될 것이다. 하지만 먼저 그들은 고용주들에게 더 많은 것을 제공하고, 대중을 담보로 한 다툼과 흥정을 멈춰야 한다. 지분에 대한 권리를 벌어야 한다!

여기에 더해서 가장 중요한 점은, 이 노동자들을 이끄는 리더는 간디의 원칙을 이해하고 적용하는 사람이 될 것이라는 점이다. 이런 방법을 통해서만이 지지자들로부터 전적인 협조를 얻어낼 수 있으며, 이는 가장 고결하고 지속력 있는 권력을 구축하는 방법이다.

우리가 사는 이 거대한 기계의 시대는 인간의 영혼을 앗아가 버렸다. 사회의 리더들은 사람을 차가운 기계의 부속품처럼 여기게 되었는데, 그들이 이렇게 된 데에는 갖기만 하고 주지는 않으려는 노동자들의 태도에 원인이 있다. 미래의 표어는 인간의 행복과 만족이 될 것이다. 그리고 이것이 현실화하면, 노동을 통해 신념과 개인의 이익을 현실화시키려 하지 않던 시절에 비해서 훨씬 효율적인 생산 결과를 낼 것이다.

사업을 운영하는 데 있어서 신념과 협력이 요구되고 있기에, 사업가들이 막대한 부를 축적하는 방법을 이해하는 데 도움을 줄 수 있는 사건 하나를 분석해 보면 흥미롭고 이익이 될 듯하다. 그 방법은 바로 받으려 하기 전에 먼저 주는 것이다.

이 사건은 1900년으로 거슬러 올라간다. 때는 미국 철강회사가 막 설립되던 시점이었다. 이 이야기를 읽으며 다음의 기본적인 사실들을 기억하면 아이디어가 막대한 부로 전환되는 과정을 이해하기 쉬울 것이다.

첫째로, 거대한 미국 철강회사는 찰스 M. 슈왑이 머릿속에서 상상력을 동원해 만들어 낸 아이디어로부터 시작되었다.

둘째, 그는 신념을 아이디어와 결합했다.

셋째, 그는 자신의 아이디어를 물질적 그리고 재정적 현실로 변환시킬 계획을 세웠다.

넷째 그는 유니버시티 클럽에서의 유명한 연설을 통해 자신의 계획을 실행에 옮겼다.

다섯째, 그는 인내심을 가지고 자신의 계획을 추진했고, 그 계획이 완전히 실행되기까지 굳은 결심을 가지고 계속해 나갔다.

여섯째, 그는 성공에 대한 불타는 열망을 가지고 성공할 방법을 마련해 나갔다.

생각하라 그리고 부자가 되어라

막대한 부가 축적되는 과정이 궁금했던 사람이라면, 미국 철강회사의 탄생에 관한 이 이야기에서 깨달음을 얻을 수 있을 것이다. 생각하라 그리고 부자가 되어라(THINK AND GROW RICH)라는 사실에 대해 의구심이 든다면, 이 이야기를 통해 그런 의구심을 떨쳐내게 될 것이다. 미국 철강회사의 이야기에는 이 책에서 소개된 13가지 원칙의 주된 골자를 적용하는 과정을 볼 수 있기 때문이다.

한 아이디어가 지닌 힘에 대한 이 놀라운 이야기는 뉴욕 월드 텔레그램의 존 로웰에 의해 생생하게 소개되었고, 그 내용을 이곳에 소개하고자 한다.

10억 달러를 얻어낸 아름다운 연설

1900년 12월 12일 밤, 미국에서 손꼽히는 부호들 80여 명이 5번가에 있는 유니버시티 클럽 연회장에 모여 있었다. 서부 출신의 한 젊은 이를 축하하는 자리였다. 참석자 중, 자신이 미국 산업 역사의 한 획을 그을 사건을 목격하게 되리라는 사실을 알고 있던 사람은 몇 명 되지 않았다.

이 연회는 J. 에드워드 시몬스와 찰스 스튜어트 스미스가 최근 피츠버그를 방문했을 때 찰스 M. 슈왑의 후한 접대를 받은 데 대한 답례로 열린 것으로, 이 38세의 철강업자를 동부 은행업계에 소개하고자 하였다. 하지만 그들은 그가 이 만찬 자리에 돌풍을 몰고 오리라고는 예상하지 못했다. 사실 그에게 뉴욕 사람들은 식사 후 연설에는 그다지 관심이 없을 테니, 그곳에 모인 부유층과 권력가들을 지루하게 하고 싶지 않으려면 15~20분 내로 예의 바르게 연설하고 자리를 뜨는 편이 나을 것이라고 조언했다.

슈왑의 오른편에 앉은 존 피어몬트 모건조차 귀족적인 예의를 갖춰 만찬 자리에 잠시만 머물다 떠날 예정이었다. 언론사들과 대중에게 이 일은 관심을 기울일 만한 것이 아니어서 다음 날 신문에는 언급조차 되지 않았다.

두 명의 주최자와 유명인 손님들은 평소와 같이 일곱 혹은 여덟 코스의 식사를 즐겼다. 대화는 적었고, 다들 절제된 태도를 보였다.

슈왑은 모논가헬라 강 근처의 지역에서 경력을 쌓았기 때문에, 그를 만나본 은행 관계자나 브로커는 거의 없었고, 그에 대해 잘 아는 사람도 없었다. 하지만 그날 저녁 만찬이 끝나기 전에, 재계의 거물인 모건을 비롯해 그 자리에 있던 모든 사람이 그에게 완전히 마음을 빼앗겼고, 마침내 10억 달러 가치의 미국 철강회사가 시작되게 되었다.

찰스 슈왑이 그날 만찬 자리에서 했던 연설의 기록이 남아있지 않다는 사실은 후대에게 아쉬운 일이다. 후에 그는 그 연설의 일부를 시카고 은행가들과 만난 자리에서 반복하기는 했다. 그리고 후일에, 정부가 철강업계 트러스트를 해체하고자 소송을 제기했을 때, 그는 증인석에서 예전에 모건을 미친 듯이 투자하게 했던 그 발언을 다른 버전으로 이야기하였다.

생각하라 그리고 부자가 되어라

문법적으로 정확하지 않은 (슈왑은 말을 멋지게 하는 것을 중요하게 여기지 않았다), 경구들과 재치 있는 말로 가득 찬 '편안한' 연설이었다. 하지만 이 연설은 50억 달러 이상의 자산을 보유한 참석자들 모두에게 어마어마한 영향을 미쳤다. 연설은 90분이나 이어졌고, 연설이 끝난 뒤 참석자들이 아직 슈왑의 주문에 사로잡혀 있을 때, 모건은 슈왑을 창가로 끌고 가서, 높고 불편한 의자에 앉아 다리를 달랑거리면서 한 시간 넘게 이야기를 나누었다.

슈왑의 매력이 강한 마법을 부리긴 했지만, 이보다 중요한 것은 철강업계의 확장에 관한 정교하고도 깔끔한 그의 계획이었다. 당시에는 비스킷, 철사, 철근, 설탕, 고무, 위스키, 석유, 풍선껌 회사들이 기업 합병을 진행하고 있었으며, 그와 비슷한 형태로 엉성하게 짜인 철강업계 트러스트 계획안을 모건에게 들고 와 관심을 끌려고 하던 상황이었다. 투기꾼인 존 W. 게이츠는 트러스트 계획안을 밀어붙였지만, 모건을 그를 신뢰하지 않았다. 트러스트와 크래커 제조회사를 짝 지우려 했던 시카고 주식거래소의 중개인 무어가의 빌과 짐은 모건을 설득하는 데 실패했다. 신실한 척하는 시골 변호사인 앨버트 H. 개리도 그 일을 추진하려 했지만, 큰 인상을 주지 못했다. 슈왑은 유창한 말솜씨로 J.P.모건의 비전을 끌어올려, 이제까지 누구도 생각하지 못했던 대담한 투자 시도가 가져올 확실한 결과를 상상하도록 해주었다. 그때까지 그 프로젝트는 일확천금을 노리는 자들의 헛된 망상으로 여겨졌다.

수많은 작은 규모의, 비효율적으로 운영되고 있던 회사들이 경제적 매력에 이끌려 거대하고 독점적인 협동조합에 들어가는 일은 이미 한 세대 전부터 있었다. 업계의 무법자 존 W. 게이츠의 계책으로 철강업계에서는 이미 아메리칸 스틸 앤드 와이어사가 설립되었고, 게이츠는 모건과 손을 잡고 연방 철강회사를 세우기도 했다. 내셔널 튜브와 아메리칸 브릿지 회사도 모건이 관련된 회사였다. 무어 형제들은 성냥과 쿠키 사업을 접고, 양철판과 철근, 강철판을 포함하는 '아메리칸' 그룹을 결성하고, 내셔널 철강회사를 설립했다.

53명의 파트너들이 소유하고 운영하는 앤드루 카네기의 거대 수직구조의 트러스트와 비교했을 때, 다른 조합들은 하찮아 보였다. 함께 모이는 것은 그들의 자유이지만, 그들 대부분은 카네기 조직에 작은 흠집조차 낼 힘이 없었다. 그리고 모건은 이 사실을 알고 있었다.

괴짜 스코틀랜드계 노인인 카네기도 그 사실을 알고 있었다. 스키보 캐슬의 멋진 고원에서 카네기는 처음에는 놀라움으로 가득 차서, 그 후에는 반감을 품고, 모건의 소규모 회사들이 자신의 사업들을 잠식해 들어오는 것을 바라보았다. 그 움직임이 담대해졌을 때, 카네기는 분노와 복수심을 품게 되었다. 그는 라이벌들이 소유한 모든 공장을 복제해서 똑같은 공장을 세우기로 마음먹었다. 그때까지 그는 철사나 파이프, 후프, 강판 등에는 관심이 없었다. 대신 이들을 만들어내는 회사들에 순수강철을 판매하는 데 만족하고 있었다. 이제 유능한 슈왑을 수하에 둔 그는 자신의 경쟁자들을 막다른 골목으로 밀어붙일 계획을 세웠다.

그리고 그날 찰스 M. 슈왑의 연설에서 모건은 자신의 문제에 대한 해답을 본 것이었다. 가장 큰 규모를 지닌 카네기를 끌어들이지 않는 한, 트러스트는 의미가 없는 것이었다. 누군가 얘기했듯이, 자두가 빠진 자두 푸딩 같은 꼴이었다.

1900년 12월 12일 밤의 연설을 통해 슈왑은, 비록 약속하지는 않았지만, 거대한 카네기 제국을 모건의 그늘로 가져올 수도 있다고 암시했다. 그는 강철 산업의 전 세계적 미래와 효율성을 위한 구조조정, 전문화, 비생산적인 공장의 폐쇄와 이익 창출 분야로의 집중, 원자재 유통 비용의 절감, 간접비용과 운영비 절감, 그리고 해외 시장 선점 등에 대해 이야기했다.

그럴 뿐만 아니라, 슈왑은 청중 중 관습적으로 노략질하는 해적과도 같은 몇몇 기업들에 그들의 문제점에 대해 언급했다. 그는 이들 기업의 목적이 독점 기업을 만들어 가격을 올리고 그 특권을 이용해 높은 배당금을 받는 것이라 추론했다. 그리고 이런 시스템을 진실한 태도로 비난했다. 그런 정책은 모든 분야에서 확장이 강조되고 있는 시대에 시장에 제약을 가하기 때문에 근시안적이라고 청중들에게 말했다. 철강 가격을 낮추면 시장이 무한히 확장되고, 철강 사용량이 늘어날 것이며, 세계 무역의 상당 부분을 차지할 수 있을 것이다. 슈왑 자신은 알지 못했지만, 사실상 그는 현대 대량 생산의 사도와도 같았다.

그렇게 유니버시티 클럽에서의 만찬은 끝이 났다. 모건은 집으로 돌아가 슈왑의 장밋빛 청사진에 대해 생각했다. 슈왑은 피츠버그로 돌아가서 "카네기 프로젝트"라는 철강 사업을 운영했고, 개리와 나머지 사람들은 주식 시세표를 보며 앞으로의 추이를 지켜 보고 있었다.

머지않아 일이 일어났다. 모건은 일주일 동안 슈왑이 제시한 사항들을 검토해 보았다. 재정적으로 손해 볼 것이 없다는 확신이 들었을 때, 그는 사람을 보내어 슈왑을 초청했다. 하지만 이 젊은이는 다소 소극적인 태도를 보였다. 슈왑은 카네기가 자신이 신임하는 회사 대표가 월스트리트의 제왕과 만나 은밀한 얘기를 나누는 것을 달가워하지 않으리라고 생각했다. 카네기는 발도 들여놓지 않겠다고 선언할 만큼 월스트리트를 싫어했다. 그러자 중재자였던 존 W. 게이츠는 슈왑이 '우연히' 필라델피아의 벨레뷰 호텔에 머물게 된다면, J.P. 모건 또한 '우연히' 그곳에 등장한다는 계획을 세웠다. 하지만 슈왑이 호텔에 도착했을 때, 모건은 뉴욕에 있는 자신의 집에 앓아누워 있었고, 연로한 모건의 강압적인 초청에 못 이겨 슈왑은 뉴욕으로 가서 모건의 서재에서 회동하게 되었다.

오늘날 몇몇 경제사가들은 이 드라마는 시작부터 끝까지 앤드루 카네기가 깔아놓은 판이라고 믿고 있다. 슈왑을 저녁 만찬에 부르고, 유명한 연설을 하게 만들고, 일요일 저녁에 슈왑과 월스트리트 제왕이 회동하게 만든 것은 모두 이 영리한 스코틀랜드인이 계획한 일이라고 말이다. 하지만 사실은 이와 정반대이다. 슈왑이 이 거래를 성사시키자고 제안을 받았을 때, 그는 '작은 보스'라 불리는 카네기가 매도 제안을 들으려고나 할 줄도 알지 못했다. 게다가 카네기는 모건의 사람들이 기품이 없다며 호감을 보이지 않고 있었다. 하지만 슈왑은 회동을 성사시켰고, 손수 쓴 문서 여섯 장에 자기 생각을 물리적 가치로 표현했다. 새로이 재편된 철강업계에서 핵심 기업으로 부상할 철강회사들의 잠재적 수익을 산출한 것이었다.

네 남자는 밤새도록 이 수치들을 검토했다. 물론 그 수장은 '부는 하늘이 내려준다.'라고 굳게 믿고 있는 모건이었다. 여기에 그의 귀족적인 파트너, 학자이자 신사인 로버트 베이컨이 그와 동행했다. 세 번째로는 모건이 투기꾼으로 여기며 경멸했지만 유용한 인물이었던 존 W. 게이츠가 자리했다. 네 번째가 슈왑이었다. 슈왑은 누구보다도 철강 생산과 판매 과정에 대해 잘 알고 있었다. 누구도 이 피츠버그 출신 사내가 도출해 낸 수치에 대해 의문을 제기하지 않았다. 그가 어떤 회사가 가치 있다고 말하면, 그 회사에는 그 이상의 가치가 있었다. 또한 슈왑은 자신이 지목한 기업들만 이 트러스트에 포함해야 한다고 강력하게 주장했다. 그는 모건의 넓은 어깨에 기대려 하는 무임승차자들은 절대 받아들이지 않았고, 그 어떤 트러스트도 자신의 계획을 모방할 수 없다고 확신했다.

동틀 무렵, 모건은 자리에서 일어나 허리를 쭉 폈다. 이제 단 하나의 질문만이 남아있었다.

"앤드루 카네기가 회사를 매각하도록 설득할 수 있겠나?"
"노력해 보겠습니다."
슈왑이 대답했다.
"매각하도록 설득한다면, 난 이 일에 착수하도록 하겠네."
모건이 말했다.
거기까지는 순조로웠다. 하지만 과연 카네기가 회사를 매각할까? 얼마를 요구할 것인가? (슈왑은 대략 3억 2천만 달러로 예상했다) 어떤 지불

방식을 원할까? 공동 소유를 하자고 할까, 아니면 주식을 달라고 할까? 채권 혹은 현금? 현금으로 3억 달러를 끌어모을 수 있는 사람은 없었다.

　1월의 어느 날, 꽁꽁 얼어붙은 웨스트체스터의 세인트 앤드루스 황무지에서 골프 게임이 열렸다. 카네기는 추위를 피하려고 스웨터를 껴입었고, 슈왑은 그의 기분을 맞추기 위해 평소처럼 달변으로 이야기하고 있었다. 하지만 사업에 관련된 이야기는 한 마디도 하지 않았다. 두 사람이 가까운 카네기 오두막으로 옮겨 따뜻한 곳에서 몸을 녹이기 전까지는 말이다. 그곳에서 슈왑은 유니버시티 클럽에서 80명의 백만장자를 홀렸던 설득력을 발휘하여, 편안한 은퇴 생활에 대한 빛나는 약속을 쏟아내기 시작했다. 드러내놓고 언급하지는 않았지만 은퇴한 노인의 사회적 위치를 만족시킬만한 수백만 달러짜리 약속이었다. 카네기는 결국 두 손을 들었고, 종이 한 장에 숫자를 써서 슈왑에게 건넸다.
　"좋아, 이 가격이면 팔겠네."
　종이에는 4억 달러가 적혀 있었다. 슈왑이 언급한 3억 2천만 달러를 기본 수치로 하여, 지난 2년간 자본 가치가 상승한 것을 반영하여 8천만 달러를 더한 수치였다.
　후일, 대서양 횡단 여객선 갑판에서, 이 스코틀랜드인은 모건에게 아쉽다는 듯이 말했다.
　"1억 달러를 더 요구할 걸 그랬어."
　"그러셨더라도 기꺼이 지불했을 겁니다."
　모건이 명랑하게 대꾸했다.

　　　　　　　　　　　生각하라 그리고 부자가 되어라

이 사건은 일대 파란을 몰고 왔다. 한 영국 기자는 이 거대한 철강 합병으로 인해 해외 철강업계의 '간담이 서늘해졌다.'라고 보도 전신을 보냈다. 예일 대학의 해들리 총장은 적절한 규제가 이루어지지 않으면 "향후 25년 이내에 워싱턴에 제국이 건설될 것"이라고 말했다. 하지만 주가 조작의 달인인 킨이 공격적으로 이 새 주식을 홍보한 결과 6억 달러어치의 잉여자본이 눈 깜짝할 사이에 흡수되었다. 그리하여 카네기는 수백만 달러를 가지게 되었고, 모건의 신디케이트는 6천2백만 달러를, 게이츠로부터 개리까지 관련자들 역시 수백만 달러를 취했다.

38세의 슈왑에게도 보상이 있었다. 그는 새로운 회사의 사장직을 맡아서 1930년까지 회사를 운영했다.

앞선 "빅 비즈니스(Big Business)"에 관한 드라마틱한 이야기를 이 책에서 소개하는 이유는, 열망이 어떻게 물리적 형태로 바뀌는지 완벽하게 묘사하고 있기 때문이다!

눈에 보이지 않는 단순한 열망이 어떻게 물리적 실체로 현실화할 수 있는지 의아해하는 독자도 있을 것이다. "무에서 유를 창조하는 것은 불가능하다!"라고 말할 수도 있다. 이에 대한 나의 대답은 미국 철강회사의 이야기 속에서 찾아볼 수 있다.

이 초거대 기업은 한 사람의 마음속에서 만들어졌다. 작은 철강 공장들을 끌어모아 재정적 안정성을 부여한다는 계획 역시 이 사람의 마음속에서 만들어졌다. 그의 믿음, 열망, 상상력, 끈기는 미국 철강회사를 이루어 낸 재료가 되었다. 미국 철강회사가 법적으로 회사 승인을 받은 뒤, 철강 공장들과 설비들이 인수합병된 것이 별것 아닌 듯 보이지만, 이를 꼼꼼히 분석해 보면, 단일 관리 체계 아래 회사들을 통합한 그 하나의 과정에 의해 이 회사의 자산 가치는 약 6억 달러 가까이 증가했음을 발견하게 된다.

다시 말해, 찰스 슈왑의 아이디어와 J.P.모건과 다른 이들에게 전달되었던 그 신념이 6억 달러 가까운 시장 수익을 발생시킨 것이다. 아이디어 하나 치고는 무시할 수 없는 액수이다!

이 거래에서 수백만 달러의 이익을 얻은 다른 사람들이 어떻게 되었는지는 이 책의 관심사를 벗어난다. 이 거래의 전체 과정의 근간이 된 것은 이 책에서 소개된 철학이었기에, 이 놀라운 성공 사례는 이 책의 철학이 의심할 수 없이 견고한 것임을 증명해 주는 좋은 예이다.

그 후 미국 철강회사는 번영을 지속했고, 미국에서 가장 부유하고 강력한 기업이 되어서, 수천 명의 일자리를 창출하고, 새로운 철강 사용처를 개발했으며, 새로운 시장을 개척했다. 슈왑의 아이디어로 창출된 6억 달러의 이익은 운이 아닌 기업 운영을 통해 벌어낸 것이었다. 이런 사실을 통해 이 책의 철학이 실제적이며 실용적임을 알 수 있다. 부는 생각에서 시작된다!

얼마를 벌게 될 것인지는 생각을 실행에 옮길 사람에게 달려있다. 신념은 모든 한계를 없애버린다! 이 책에서 말하는 과정을 거쳐 삶에서 대가를 수확하려 할 때, 이 점을 꼭 기억하도록 하라.

또한, 미국 철강회사를 결성한 이가 당대에는 거의 무명이었다는 사실을 기억하라. 그의 아이디어를 실현하게 하기 전까지 그는 앤드루 카네기의 "충실한 하인"에 지나지 않았다. 하지만 그 후 빠르게 권력과 명성, 부를 지닌 위치에 오를 수 있었다.

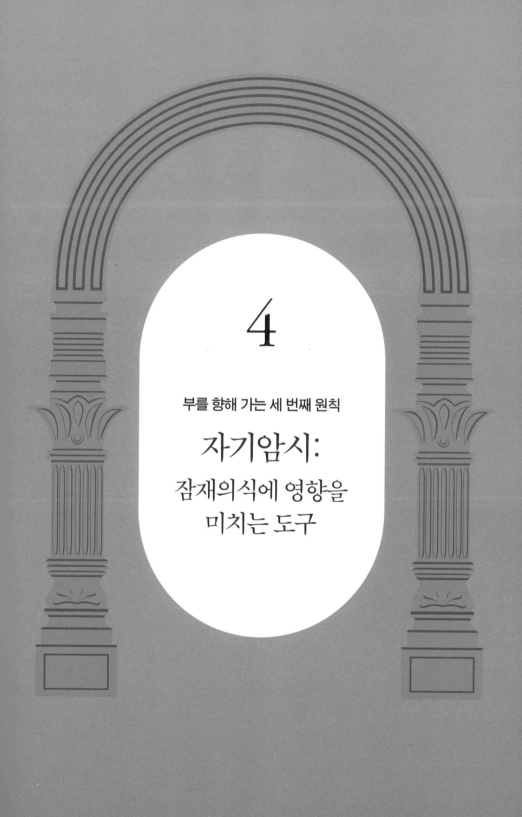

4

부를 향해 가는 세 번째 원칙

자기암시:
잠재의식에 영향을
미치는 도구

자기암시는 오감을 통해 마음에 전달되는 모든 암시와 스스로 가한 자극을 가리키는 용어이다. 이는 정신에서 의식적 사고가 일어나는 부분과 잠재의식이 활동하는 부분 사이를 소통시키는 대리인의 역할을 한다.

자기암시는 의도적으로 의식 수준에 남겨둔 지배적인 생각을 통해 (이 생각이 부정적인지, 긍정적인지는 중요하지 않다) 잠재의식에 도달하여 영향을 미친다.

긍정적인 생각이건 부정적인 생각이건 자기암시의 도움을 거치지 않고는 잠재의식의 세계에 들어갈 수 없다. 난데없이 문득 떠오르는 생각을 제외하고는 말이다. 달리 표현하자면, 오감을 통해 감지하는 모든 감각은 의식적인 생각에 따라 우선 입장을 저지당하고, 의식이 선택하는 대로 잠재의식으로 입장하게 되거나 혹은 거절당하게 된다. 따라서, 의식 능력은 잠재의식으로의 접근을 통제하는 외부 경비원이라고 할 수 있다.

   인간은 오감을 통해 잠재의식에 접근하는 모든 것을 완전히 통제할 수 있도록 지어졌다. 그렇다고 해서 인간이 항상 이런 통제력을 발휘하는 것은 아니다. 대부분은 통제력을 발휘하지 못하며, 그렇기에 많은 이들이 가난 속에서 살아가고 있어야 한다.

   잠재의식은 비옥한 정원 부지와도 같다고 말한 것을 떠올려 보라. 그곳에 좋은 씨를 뿌리지 않는다면 잡초만이 풍성하게 자라게 된다. 자기암시는 제어 기구와도 같아서, 이를 통해 개인은 스스로 창조적인 생각들을 잠재의식에 공급하거나, 방심하는 틈에 파괴적인 생각이 이 마음이라는 비옥한 정원에 침투하도록 내버려 두기도 한다.

   열망에 관한 장에서 소개된 마지막 6단계에서, 돈에 대한 열망을 적어서 하루에 두 번 큰소리로 읽고, 스스로 그 돈을 이미 소유할 듯 생각하고 느껴보라고 배운 바 있다. 이를 통해, 스스로 열망의 목표를 절대적인 신념을 가지고 잠재의식에게 직접적으로 알려줄 수 있다. 이 과정을 반복할 때, 열망을 금전적 현실로 변화시키려는 노력을 뒷받침해줄 사고 습관을 기르게 된다.

   제2장에서 소개된 이 6단계로 돌아가서 이를 자세히 읽어본 후 다음 단계로 넘어가도록 하자. 그러다가 체계적인 계획에 관한 장에서 소개된 "조력 집단(Master Mind)"을 조직하기 위한 4가지 지침 부분에 다다르게 되면, 잘 읽어보도록 하자. 자기암시에 관한 이 두 종류의 지침을 비교해 보면, 이 지침들이 결국 자기암시의 원칙을 적용하는 방법임을 알게 될 것이다.

그러므로, 열망에 관한 선언문을 큰 소리로 낭독할 때 (이 과정을 통해 당신은 "부에 대한 의식을 기르게 된다), 감정과 느낌을 싣지 않고 단순히 읽기만 하면 아무런 소용이 없다. 그 유명한 에밀 쿠에의 "나는 날마다, 모든 면에서, 점점 더 좋아지고 있다."라는 자기암시도, 감정과 느낌을 싣지 않는다면 아무런 효과도 얻을 수 없다. 잠재의식은 감정이나 느낌과 잘 조화를 이룬 생각들에만 반응하기 때문이다.

이는 매우 중요한 사실이며 거의 모든 장에서 반복해서 다루어져야 한다. 이 사실을 이해하지 못하기 때문에 자기암시의 원칙을 사용하는 대부분 사람이 효과를 보지 못하는 것이다.

무미건조하고 감정이 배제된 말들은 잠재의식에 영향을 끼치지 못한다. 믿음으로 인해 감정이 고양된 생각과 말들을 통해서 잠재의식에 손을 뻗을 때만이 원하는 결과를 얻을 수 있을 것이다.

처음 시도할 때 감정을 제어하거나 마음대로 조종할 수 없다고 해서 실망할 필요는 없다. 대가 없이 얻어지는 것은 없다는 점을 기억하라. 잠재의식에 영향을 끼칠 수 있는 능력을 얻으려면 대가를 치러야 한다. 속임수는 통하지 않는다. 그 대가는 이 책에 소개된 원칙들이 끝없는 인내심을 가지고 적용하는 것이다. 원하는 능력을 싸게 얻는 방법은 없다. 당신이 원하는 보상(부에 대한 의식)을 얻기 위해 노력해서 그 대가를 치를 것인지 말 것인지는 오직 당신만이 결정할 수 있다.

지혜와 "영리함"만으로는 돈을 끌어당기고 유지할 수 없다. 평균적으로 이런 방법을 통해서 돈을 끌어당기는 것이 보통인 아주 드문 경우를 제외하고는 말이다. 여기에 소개된 돈을 끌어당기는 방법은 평균의 법칙에 좌우되지 않는다. 이 방법은 사람을 차별하지도 않는다. 한 사람에게 효과가 있듯이 다른 사람에게도 효과가 있을 것이다. 누군가 실패한다면, 그것은 방법이 잘못된 것이 아니라 그 개인이 실패한 것이다. 이 방법을 시도했다가 실패한다면, 성공할 때까지 계속 노력하라.

당신이 자기암시의 원칙을 사용하여 성공하느냐 마느냐는, 열망에 집중해서 그 열망을 불타는 집념으로 바꿀 수 있는 능력에 달려있다.

2장에 소개된 6단계의 지침을 실행할 때는 집중의 원칙을 사용해야 한다.

여기에서는 효율적으로 집중하는 방법을 제안해 보고자 한다. 6단계 중 첫 번째 단계는 바라는 정확한 액수를 마음에 단단히 품는 것이다. 먼저 눈을 감고, 그 돈의 물리적 형상이 실제로 떠오를 때까지 그 생각을 머릿속에서 놓치지 마라. 이를 최소한 하루에 한 번 실천하라. 이때 신념에 관한 장에서 지시했듯이, 실제로 그 돈을 소유했다고 생각해야 한다.

가장 중요한 사실은, 잠재의식은 절대적인 신념을 가지고 내린 명령이라면 어떤 것이든 받아들이고 실행한다는 점이다. 잠재의식이 그 명령을 해석할 때까지 몇 번이고 반복해서 명령을 내려야 해도 말이다. 앞선 내용을 따라, 잠재의식에 합법적인 "사기(trick)"을 치는 방법도 생각해 보라. 당신이 상상한 돈을 반드시 손에 넣게 될 것이라고 스스로 믿기에 잠재의식도 믿도록 만들고, 그 돈이 이미 당신이 소유권을 주장할 때까지 기다리고 있으며, 그러기에 잠재의식이 이미 당신

것이나 다름없는 그 돈을 손에 쥘 수 있는 실용적인 계획을 건네주어
야만 한다고 잠재의식에 교묘하게 속임수를 쓰는 것이다.

앞선 문단에서 제안된 생각을 당신의 상상력으로 넘겨주도록 해라.
그리고 그 상상이 어떻게 열망의 실현을 통해 부를 일굴 만한 실용적
인 계획을 세우게 되는지 지켜보라.

어떤 서비스나 재화를 대가로 주고, 상상한 돈을 벌어들인다는 식
의 계획을 세우지는 마라. 지금 당장 그 돈을 손에 쥔 자신의 모습을
머릿속에 그리고, 잠재의식이 당신이 필요로 하는 그 계획을 넘겨주
도록 요구하고 기대하라. 정신을 차리고 이 계획들이 나타나길 기다
렸다가, 그것이 나타나면 즉시 실행에 옮겨라. 이런 계획들은 머릿속
에 "영감"의 형태로 "번쩍" 떠오르곤 한다. 이런 영감은 무한 지성으로
부터 직접 전송된 전보나 메시지와 같다. 계획을 정중하게 받아들이
고 곧바로 실행에 옮겨라. 그러지 않으면 성공에 큰 차질이 생기게 된
다.

6단계 중 네 번째는, "열망을 실현할 확실한 계획을 세우고, 곧장 그
계획을 실행에 옮기는 것"이다. 앞선 문단에 소개된 방법대로 이를 행
하도록 해라. 열망의 실현을 통해 부를 일구는 계획을 세울 때는 자신
의 "이성"을 믿지 마라. 이성은 불완전하다. 더구나, 합리적인 추론 능
력은 게으름을 부릴 수도 있기에, 그에 전적으로 매달리면 실망하게
될 수도 있다.

부를 일구겠다는 의도를 지니고 상상할 때, (눈을 감은 채로) 그 부에
대한 대가로 스스로가 노동력이나 상품을 제공하는 모습을 떠올려라.

이는 매우 중요하다!

요약

이 책을 읽고 있는 독자라면 진심으로 지혜를 찾고 있는 사람일 것이다. 그리고 그 지혜를 배우고자 하는 사람일 것이다. 배우고자 하는 마음이 있다면, 그간 알지 못했던 많은 것을 이 책을 통해 배울 수 있을 것이다. 하지만 이는 겸손한 마음으로 이 책을 대할 때만 가능하다. 여기에서 지시하는 내용 중 몇 가지만 따르고 나머지는 무시한다면, 당신은 실패할 것이다! 만족스러운 결과를 얻기를 원한다면 모든 지시사항을 신념을 가지고 따라 하도록 하라.

다음은 2장에서 소개된 6단계 지침들을 이 장에서 다루어진 원칙들과 혼합하여 정리한 것이다.

첫째. 누구에게도 방해받지 않을 조용한 장소에서 (밤에 잠자리에 들 때가 좋겠다), 눈을 감고 큰 목소리로 (스스로 하는 말을 들을 수 있도록) 모으고 싶은 액수와 그 돈을 모을 기한, 그리고 자신이 어떤 노동이나 제품을 제공해서 그 돈을 벌 것인지에 대해 쓴 선언문을 반복해서 읽어라. 이때, 이미 자신이 그 돈을 가지고 있다고 상상하라.

예를 들어, 지금부터 5년 후 1월 1일까지 5만 달러를 모으겠다고 결심하고, 영업 사원으로 일하면서 그 돈을 벌겠다고 결심했다고 가정

생각하라 그리고 부자가 되어라

하자. 목표 선언문은 다음과 같을 것이다.

"_____년 1월 1일까지 나는 5만 달러를 모으게 될 것이며, 이 돈은 그때까지 다양한 액수로 모이게 될 것이다.

이 돈에 대한 대가로 나는 할 수 있는 가장 효율적인 노동력을 제공할 것이다. _____(판매하고자 하는 서비스나 제품)을 판매하는 영업사원으로서 최대한 많은 양과 가능한 가장 좋은 서비스를 제공할 것이다.

나는 그 돈이 내 수중에 들어오게 될 것을 믿는다. 이에 대한 내 신념이 너무나 강해서, 그 돈을 눈앞에 볼 수 있을 정도이다. 손에서 돈의 촉감이 느껴질 정도이다. 그 돈은 정해진 때에, 내가 제공한 서비스에 걸맞은 액수로 나에게 넘겨지길 기다리고 있다. 나는 그 돈을 모을 계획을 기다리고 있으며, 계획이 떠오르는 즉시 따를 것이다."

둘째. (상상 속에서) 원하는 액수의 돈이 실제 눈앞에 나타날 때까지 이 선언문을 잠들기 전과 아침에 일어났을 때 반복해서 읊는다.

셋째. 이 선언문을 밤낮으로 볼 수 있는 곳에 붙여두고, 외울 수 있게 될 때까지 잠자리에 들기 전과 아침에 일어났을 때 읽도록 해라.

이 지침을 실행할 때, 자기암시의 원칙을 적용해서 잠재의식에 명령을 내리게 된다는 점을 기억해라. 또한, 잠재의식은 강한 감정, "느낌"을 가지고 전달된 지시에만 반응한다는 것 역시 염두에 두어라. 신념은 모든 감정 중 가장 강력하고 생산적인 감정이다. 감정에 대한 장에서 지시한 대로 실천하도록 하라.

이 지침은 어찌 보면 추상적으로 보이기도 한다.

그렇다고 해서 불안해하지는 마라. 겉으로 보기에 얼마나 추상적이고 비실용적으로 보이든 간에 그 지침을 따르라. 행동만이 아니라 머리 속으로도 이 지침을 따른다면, 완전히 새로운 능력의 세상이 당신 앞에 펼쳐질 것이다.

인간은 어떤 아이디어에든 회의적인 태도를 지닌다. 하지만 이 지침을 따른다면, 회의적인 태도가 물러가고 그 자리에 믿음이 들어설 것이다. 그리고 머지않아 이 믿음은 확고한 신념으로 굳어질 것이다. 마침내 당신은 "난 내 운명의 주인이고, 내 영혼의 선장이다!"라고 외칠 수 있게 될 것이다.

많은 철학자가 인간은 자기 운명의 주인이라고 말하지만, 어째서 그렇게 되는지는 이야기하지 않았다. 인간이 이 땅에서의 자신의 존재에 대해, 특히 재정적인 상태에 대해, 주인이 될 수 있는 이유는 이번 장에서 자세히 설명되었다. 인간이 자기 자신의 주인, 자기 환경의 주인인 이유는, 자신의 잠재의식에 영향을 미쳐서 무한 지성의 협조를 얻어낼 수 있는 능력을 지니고 있기 때문이다.

이번 장은 이 철학의 핵심을 담고 있다. 열망을 돈으로 바꾸기 위해서는 이번 장에서 제시된 지시를 이해하고 끈기를 가지고 적용하도록 하라.

생각하라 그리고 부자가 되어라

열망을 돈으로 전환하는 능력은 자기암시에서 나온다. 자기암시를 통해 잠재의식에 접근하고 영향을 미칠 수 있다. 다른 원칙들은 자기암시를 활용하는 단순한 도구에 지나지 않는다. 이 생각을 늘 염두에 두고, 이 책에서 제안하는 방법을 통해 부를 일구는 모든 과정에서 자기암시가 중요한 역할을 한다는 사실을 기억해라.

어린아이가 하듯 이 지시를 따르라. 어린아이와 같은 신념을 가지고 노력하라. 본 저자는 돕고자 하는 신실한 열망을 가졌기에, 비실용적이라고 생각되는 제안은 하지 않도록 노력했다.

이 책을 다 읽고 나면, 이번 장으로 돌아와 마음과 행동으로 다음의 지침을 따르도록 해라.

"이 장 전체를 매일 밤 한 번씩 큰 소리로 읽어라. 자기암시의 원칙이 타당하다는 확신이 들고, 자신이 생각하는 모든 일이 이루어질 거라는 확신이 들 때까지 읽어라. 읽는 동안, 마음에 드는 인상적인 문장에는 연필로 밑줄을 그어라."

이 지시를 문자 그대로 따르라. 그러면 성공의 원칙을 완전히 이해하고 익히게 될 것이다.

THINK & GROW RICH

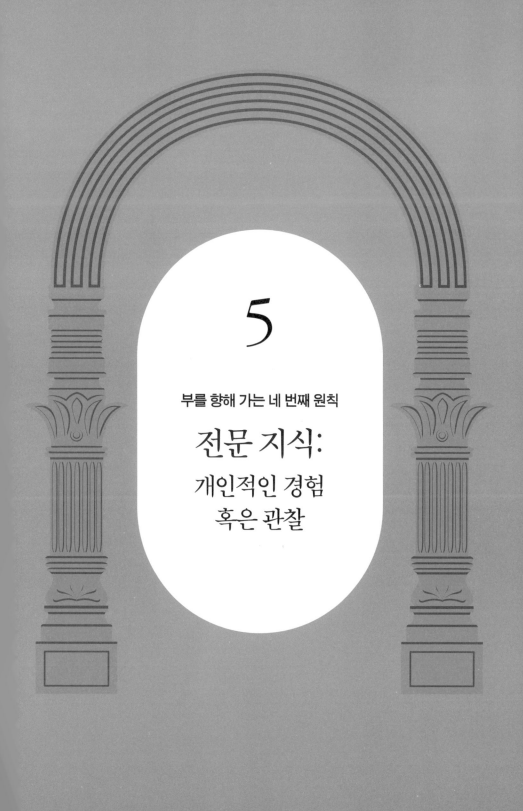

5

부를 향해 가는 네 번째 원칙

전문 지식:
개인적인 경험
혹은 관찰

지식의 종류에는 두 가지가 있다. 하나는 일반 지식이고, 다른 하나는 전문화된 지식이다. 일반 지식은 그 지식의 양이 얼마나 많거나 폭넓은지에 관계없이, 부를 일구는 데는 별 쓸모가 없다. 유명 대학의 교수들은 세상에 알려진 거의 모든 형태의 일반 지식을 갖추고 있다. 하지만 대부분 교수는 큰돈을 벌지 못한다. 이들은 지식을 가르치는 데는 특화되어 있지만, 지식을 조직화해서 사용하는 데는 서투르다.

지식은 부의 축적이라는 확고한 목적을 지닌 실용적인 계획을 통해 체계적으로 수립되고 현명하게 활용되지 않는 한 돈을 끌어당기지 못한다. 이 사실을 이해하지 못했기에, "아는 것이 힘이다."라고 믿는 많은 사람이 혼란을 겪었다. 이는 잘못된 믿음이다! 지식은 단지 잠재적인 능력일 뿐이다. 명확한 행동 계획 아래에서 조직화되어 확고한 목표를 향해 활용될 때만 진정한 능력으로 발휘될 수 있다.

오늘날 모든 교육 체계에는, 학생들이 얻은 지식을 어떻게 체계적으로 꾸리고 사용해야 하는지 가르쳐 주는 지침이 빠져 있다.

많은 사람이 헨리 포드가 학교를 제대로 다니지 못했기 때문에 무식한 사람일 거라고 추측하는 실수를 범한다. 이렇게 생각하는 사람들은 헨리 포드를 제대로 알지 못할뿐더러, "교육하다"라는 단어의 진정한 의미도 이해하지 못하는 사람들이다. 이는 라틴어인 "에두코(educo)"에서 유래한 말로, "잠재력을 끌어내다.", 즉 내면으로부터 무언가를 계발한다는 의미를 담고 있다.

'학식이 있다'라는 말은 반드시 일반 지식 혹은 전문 지식을 많이 보유하고 있음을 뜻하지는 않는다. 학식 있는 사람이란, 마음속의 지혜를 계발하여 다른 사람의 권리를 침해하지 않고 원하는 것을 얻어내는 사람이다. 헨리 포드는 이런 사람 중 하나이다.

제1차 세계대전 중, 시카고의 한 신문에 헨리 포드가 "무식한 평화주의자"라는 논설이 실린 적이 있다. 포드는 이에 이의를 제기하고, 신문사를 명예훼손으로 고소했다. 법원에서 재판이 진행될 때, 신문사 측 변호인들은 그 표현의 정당성을 주장하며, 포드 자신을 증언석에 세웠다. 그가 무식하다는 사실을 배심원들에게 보여주기 위해서였다. 그들은 포드에게 엄청나게 다양한 질문을 던졌다. 모두 포드가 자동차 공정에 관한 전문 지식은 갖추고 있을지 몰라도, 다른 부분에는 무지하다는 점을 입증하기 위한 질문이었다.

그들이 포드에게 퍼부은 질문은 다음과 같은 것들이었다.

"베니딕트 아놀드가 누구입니까?" 혹은 "1776년 독립전쟁 당시 영국이 미국에 파병한 군사의 수는 얼마입니까?"

마지막 질문에 대한 답으로 포드는 다음과 같이 대답했다.

"영국이 정확히 몇 명을 파병했는지는 모르지만, 귀환한 숫자보다는 월등히 많은 수였다고 들었습니다."

마침내 포드는 이런 질문들이 지긋지긋해졌다. 그리고 특히나 무례했던 질문을 받았을 때, 앞으로 기대어서, 그 질문을 한 변호사를 손가락으로 가리키며 말했다.

"당신의 그 질문 같지도 않은 질문에 내가 정말로 대답하고 싶다면, 내 책상에 있는 여러 개의 버튼 중 하나만 누르면 그 대답을 해 줄 사람을 호출할 수 있다는 사실을 기억하시오. 내가 온 노력을 쏟고 있는 사업들에 대한 대답도 그렇게 얻을 수 있소. 자, 이제 내가 묻겠소. 내가 필요로 하는 지식을 전해줄 사람들에 둘러싸여 사는 내가, 뭣 때문에 질문에 답하기 위해 내 머릿속을 일반 지식으로 어지럽혀야 하겠소?"

확실히 앞뒤가 맞는 대답이었다.

그 대답에 변호사는 말문이 막혔다. 재판정에 있는 사람들 모두 그의 대답이 무식한 사람이 아닌 학식 있는 사람만이 할 수 있는 대답임을 깨달았다.

어떤 지식이 자신에게 필요할 때, 그것을 어디서 찾을지 알고, 지식을 명확한 실행 계획으로 조직하는 방법을 아는 것, 이것이 박식하다는 의미이다. 자신이 보유한 걸출한 인재들로 구성된 "조력 집단 그룹 (Master Mind group)"의 도움을 받아, 헨리 포드는 온갖 전문 지식을 다루어서 미국에서 가장 부유한 인물이 되었다.

지식이 그의 머릿속에 들어 있는지는 중요하지 않았다! 이 책을 읽을 정도의 의향과 지식을 갖춘 사람이라면 이 사실의 중요성쯤은 이해할 수 있으리라고 본다.

열망을 재화로 바꾸려면, 그에 대한 대가로 지불할 서비스나 제품, 일에 관해 전문 지식이 필요할 것이다. 때로는 당신의 현재 능력보다 훨씬 더 전문화된 지식이 필요한 때도 있다. 이런 경우, "조력 집단 그룹"의 도움을 통해 그 약점을 보완할 수 있다.

앤드루 카네기는 자신은 철강 사업의 기술적인 면에 대해서는 전혀 알지 못한다고 말한 바 있다. 더구나 그것에 대해서 알려고 하지도 않았다. 철강 제조와 판매에 관해 필요했던 전문 지식은 자신의 조력 집단 그룹의 각 구성원을 통해서 얻었다.

막대한 부를 일구려면 힘이 필요하다. 그리고 힘은 전문 지식을 고도로 조직하고 영리하게 지시할 때 얻을 수 있다. 하지만 부를 일구려는 당사자가 반드시 그 지식을 소유하고 있어야 하는 것은 아니다.

부를 일구고 싶지만, 전문 지식을 쌓을만한 필수 "교육"을 받지 못한 사람이라면, 앞선 문단의 내용이 희망과 격려로 다가올 것이다. 때때로 사람들은 자신이 많이 배우지 못했다는 이유로 "열등감 콤플렉스"에 시달리곤 한다. 하지만 부의 축적에 필요한 지식을 지닌 "조력 집단 그룹"을 조직하고 지시할 수 있는 사람은, 그 그룹 내의 사람들만큼이나 박식한 사람이라고 할 수 있다. 스스로 교육받지 못했다고 해서 열등감에 시달리고 있다면, 이 사실을 기억하길 바란다.

토마스 A. 에디슨은 평생 3개월밖에 학교에 다니지 못했다. 하지만 그는 교육이 부족하지도, 가난 속에 생을 마감하지도 않았다.

헨리 포드는 6학년도 채 마치지 못했지만, 재정적으로 꽤 성공을 이룰 수 있었다.

전문 지식은 가장 풍부하고 저렴한 형태의 서비스가 되었다! 대학 교수들의 급여 명세서를 보면 알 수 있다.

지식을 사는 방법을 알아두면 도움이 된다

우선, 자신의 목적에 부합하고 필요한 전문 지식이 무엇인지 정확히 아는 것이 중요하다. 인생의 주된 목적과 자신이 나아가고자 하는 곳이 어디인지를 알면 대체로 어떤 지식이 필요한지 결정할 수 있을 것이다. 이런 문제들이 해결되면, 다음으로는 믿을만한 지식을 얻을 출처에 대한 정확한 정보가 필요하다. 이 중 중요한 것들을 정리하면 다음과 같다.

① 자신의 경험과 배움
② 타인의 조력을 통한 경험과 배움(조력 집단 그룹)
③ 대학
④ 공공 도서관(모든 지식을 찾을 수 있는 책이나 잡지)

⑤ 전문 교육 과정(야간 대학이나 통신 교육)

지식을 얻으면 명확한 목적과 실행 계획 아래에 조직하고 사용하여야 한다. 가치 있는 목적을 위해 사용되지 않으면 지식은 아무 가치도 없다. 바로 이것이 대학 졸업장이 가치 있게 여겨지지 않는 이유이다. 잡다한 지식을 소유했다는 점을 증명하는 것 빼고는 아무런 의미도 없기 때문이다.

어떤 분야에서건 성공한 사람들은 자신의 주된 목적이나 사업, 직업과 관련된 전문 지식을 끊임없이 습득한다. 성공하지 못한 사람들은 학교를 졸업함과 동시에 배움이 끝난다고 믿는 오류를 범하곤 한다. 사실 학교 교육은 실용적 지식을 습득하는 방법을 가르치는 역할을 할 뿐인데 말이다.

이 변화된 세상에서는 교육의 내용도 변해야 한다. 현재는 전문화의 시대다! 이 사실은 컬럼비아 대학의 취업 담당관인 로버트 P. 무어가 강조한 바 있다.

전문가의 시대

"인재를 채용하고자 하는 회사들은 특히 몇몇 분야의 전문성을 지닌 후보들을 선호한다. 회계나 통계에 능한 경영학 전공자나, 다양한 분양의 엔지니어들, 저널리스트, 건축가, 화학자, 그리고 또한 졸업생 중 우수한 리더와 행동가들을 찾고 있다.

학교 활동에서 적극성을 보인 사람, 성격상 모든 사람과 두루 어울리는 사람, 그리고 적절한 학업 성적을 받은 사람이 공부만 잘한 학생보다 채용될 확률이 훨씬 높다. 이런 성향의 사람들은 그 다재다능함 덕분에 여러 곳에 동시에 채용되기도 하며, 그중 몇몇은 여섯 곳에 채용되기도 했다."

전 과목 A 학점의 학생이 좋은 직장을 가질 확률이 더 높다는 생각에서 벗어나, 무어는 대부분 회사는 학업 성적뿐 아니라, 학생의 활동 기록과 성격도 본다고 말했다.

업계의 리더격인 한 대기업은 무어에게 쓴 편지에서 졸업을 앞둔 취업 준비생들에 대해 다음과 같이 말했다.

"우리 회사는 관리 업무에 있어서 놀라운 성과를 보여줄 수 있는 사람들을 찾고 있습니다. 따라서 학벌보다는, 성격, 지적 능력, 인격 등의 자질들에 더 관심을 기울이고 있습니다."

수습제도

무어는 여름방학 동안 사무실이나 가게, 산업 현장에서 학생들이 수습 경험을 쌓는 시스템을 제안하였다. 그는 대학에서 2~3년을 보내고 난 후, 모든 학생이 의무적으로 확고한 미래에 관련된 과목을 듣도록 해야 한다고 했다. 만일 학생이 아무런 목적 없이 비전문적인 커리큘럼을 전전하며 허송세월하고 있다면, 학교를 그만두도록 해야 한다고 했다.

"대학들은 현재 모든 직업에서 전문성이 요구되고 있다는 사실에 현실적으로 대처해야만 한다."라고 무어는 말했다. 교육 기관들이 학생들의 취업에 있어서 더 직접적으로 책임을 져야 한다고 강조한 것이다.

전문 교육해야 하는 이들에게 가장 믿을만하고 실용적인 지식을 얻을 수 있는 곳은 대도시에서 운영되고 있는 야간 대학들이다. 통신 교육 기관 역시 우편 배송이 가능한 곳이라면 어디에서든지 모든 분야에 대한 교육을 제공한다. 통신 교육의 이점 중 하나는 학습 프로그램을 융통성 있게 운용할 수 있어서 여유 시간에 공부할 수 있다는 점이다. 통신 교육이 또 다른 커다란 이점은 (제대로 된 학교를 선택했다면), 대부분의 수업이 상담 기회도 제공한다는 점이다. 이는 전문 지식이 있어야 하는 학생들에게는 매우 큰 이점이다. 어디에 살고 있든지 이 이점을 누릴 수 있다.

노력이나 대가 없이 얻는 것은 대개 하찮게 여겨지거나 신빙성이 없다고 여겨지기도 한다. 공교육이라는 훌륭한 기회에서 얻는 게 적은 이유는 이 때문일지도 모른다. 비용을 치르지 않고 지식을 이용할 수 있었을 때 그 기회를 낭비해서 후에 부족함을 메우고자 하는 사람

생각하라 그리고 부자가 되어라

들은, 전문 교육과정을 통해 얻어지는 자기절제를 통해 어느 정도 보충할 수 있다. 통신 과정은 고도로 조직화한 비즈니스 집단이다. 수업료가 매우 싼 탓에 납부 기일이 매우 짧은 편이다. 성적이 좋건 나쁘건 간에, 일단 수업료를 내도록 안내받으면 평소 같으면 그만두었을 수업들도 끝까지 계속 듣게 된다. 통신 교육 기관은 이 점에 대해 충분히 강조하고 있지는 않지만, 사실 통신 학교의 학비 수납처만큼 신속한 결정과 실행, 일단 시작한 일을 끝까지 끝내는 버릇을 가르치는 데 능숙한 곳은 없다.

25년 전 나는 경험을 통해 이 사실을 배웠다. 광고에 대한 통신 교육 과정을 신청했을 때였다. 8회차에서 10회차 정도 수강한 후, 나는 공부를 중단했지만, 학교는 계속해서 수업료 청구서를 보내왔다. 내가 공부를 계속하든 안 하든 수업료는 내야 한다고 종용했다. 나는 기왕에 수업료를 내야 한다면 (그게 법정 의무였다), 끝까지 완료하고 본전을 뽑으리라고 마음먹었다. 그 당시에는 학교의 수업료 징수 체계가 지나치다고 생각했지만, 후에 돌아보니 그 경험은 매우 값진 경험이었다. 수업료를 내야만 했기에 계속해서 수업을 마무리할 수 있었다. 후일 나는 이 학교의 효율적인 수업료 징수 체계 때문에 마지못해서나마 광고 수업을 끝마치고, 그 덕분에 돈을 벌 수 있었다는 점을 볼 때 가치 있는 일이었다고 생각하게 되었다.

미국은 세계 최고의 공교육 시스템을 제공하고 있다. 멋진 건물에 엄청난 금액을 투자하고, 시골 지역 아이들도 좋은 학교에 다닐 수 있도록 편리한 교통수단도 제공하고 있다. 하지만 이 멋진 시스템에는 놀라운 단점이 있으니, 바로 공짜라는 점이다! 인간의 이상한 습성 중 하나는, 대가를 제공한 것만 가치 있게 여긴다는 점이다. 무상 교육과 공짜 공립 도서관은 공짜이기에 사람들에게 인정받지 못한다. 이런 이유로, 사람들은 학교를 그만두고 일을 하다가, 추가적인 교육을 받으려 하는 것이다. 그리고 이런 이유로, 고용주들은 집에서 통신 교육을 수강하는 직원들을 배려하고 있다. 경험상, 집에서 여유 시간을 들여서 무언가를 배우려는 야망이 있는 사람이라면 리더가 될 수 있는 자질을 지니고 있다는 사실을 알고 있어야 한다. 이는 고용주의 관대한 제스처가 아니라, 철저한 사업적 계산에 의한 행동이다.

오늘날 사람들에게는 치료 방법이 없는 약점이 하나 있다. 바로 야망이 부족하다는 점이다! 자신의 여유 시간을 할애해서 공부하는 사람들, 특히 월급쟁이 중, 계속 낮은 직급에 머물러 있는 사람들은 거의 없다. 그들의 적극성 덕분에 더 높은 위치로 오르게 되고, 도중에 마주하는 장애물들을 치울 수 있으며, 그들에게 기회를 제공할 힘을 가진 이들의 호의를 끌어들이게 된다.

경제공황 이후의 전반적인 경제 여건으로 인해 수많은 사람이 추가적인 혹은 새로운 수입원을 찾아야만 하는 상황이다. 이들 대부분에게 있어 해결책은 전문 지식을 습득하는 것뿐이다. 직업 자체를 바꿔야 하는 사람들도 적지 않다. 특정 판매 상품이 잘 팔리지 않을 때 상인은 잘 팔리는 상품으로 대체한다. 서비스를 제공하는 사업을 하는 사람들도 상인처럼 대처해야 한다. 어떤 서비스 분야의 실적이 좋지 않을 경우, 더 많은 기회가 있는 다른 분야로 옮겨가야 한다.

스튜어트 오스틴 위어는 건설 엔지니어가 될 준비를 하며 그 분야의 경력을 쌓고 있었다. 하지만 경제공황으로 인해 일거리가 줄어들고 충분한 돈을 벌지 못하게 되었다. 그는 스스로를 돌아보았고, 법률쪽으로 직업을 전환하기로 마음먹었다. 학교로 돌아간 그는 전문가 과정을 수료하며 회사 변호사가 될 준비를 하였다. 공황이 끝나기도 전이었지만, 그는 과정을 수료하고 변호사 시험을 통과하여, 텍사스 주의 댈러스시에서 빠르게 경력을 쌓았다. 현재는 일거리가 너무 많아서 거절해야 하는 상황이다.

"부양할 가족이 있어서 학교에 다닐 수 없어.", 혹은 "난 너무 나이가 많아."라고 핑계를 댈 사람들에 대비해서 말해두자면, 위어가 학교로 돌아갔을 때 그는 40이 넘은 나이였고 결혼한 상태였다. 더구나, 고도로 전문화되는 과정을 선택하고 그 과정을 가장 잘 가르칠 수 있는 대학을 선택함으로써, 위어는 대부분 법대생이 4년에 마칠 수 있는 과정을 2년에 끝냈다. 지식을 잘 사는 방법을 알아두는 것도 쓸모가 있다!

학교를 졸업했다고 해서 더는 배우지 않는 사람들은 어떤 일을 하든지 성공하지 못하고 그저 그런 삶을 살 수밖에 없다. 성공하려면 계속해서 새로운 지식을 추구해야 한다.

한 사례를 들어보도록 하자.

경제공황 기간 중 실직한 한 식료품 가게 판매원의 이야기이다. 회계 장부 관리 경험이 있었던 그는 회계에 관련된 전문가 과정 수업을 듣고, 최신 회계 기기와 사무기기를 섭렵한 후, 혼자서 사업을 시작했다. 그가 예전에 일했던 식료품 가게를 필두로 100개가 넘는 소상공인들과 아주 저렴한 월회비를 받고 회계 관리 계약을 맺었다. 그의 실용적인 아이디어로 인해, 곧 작은 배달 트럭에 이동형 사무실을 차리고 최신 회계 관리 기계들로 채웠다. 현재는 일단의 이런 이동형 사무실에 많은 수의 직원을 고용해서, 소상공인들에게 최고의 회계 서비스를 매우 저렴한 비용에 제공하고 있다.

전문 지식에 상상력이 더해져서 이처럼 독특하고 성공적인 사업이 생겨날 수 있었다. 지난해, 이 사업의 소유주는 자신이 일하던 식료품 가게 주인이 낸 세금의 10배가량의 소득세를 냈다. 공황 기간에 그에게 닥친 일시적인 불운은 불행을 가장한 축복이었다.

이 성공적인 사업의 출발점은 아이디어(혹은 생각)였다!

그 실직한 판매원에게 아이디어를 준 것은 영광스럽게도 나였다. 그리고 현재 나는 그보다 더 큰 소득을 가능케 할 다른 아이디어를 제안하고자 한다. 이는 이 서비스해야 하는 많은 이들에게 매우 유용할 것이다.

이 아이디어는 판매직을 그만두고 도매상들의 회계 장부 관리 사업을 시작했던 그 판매원에게서 나온 것이다. 내가 그의 실직 상태를 해결하기 위한 계획을 제안했을 때 그는 곧바로 이렇게 불평했다.

"아이디어는 좋아요. 하지만 전 그 아이디로 어떻게 돈을 벌지 모르겠어요."

다시 말해, 그는 회계 공부를 마친 후 어떻게 그 지식을 이용해서 돈

생각하라 그리고 부자가 되어라

을 벌지 모르겠다고 불평한 것이다.

이로써 해결해야 할 문제가 하나 더 생겼다. 우리는 손글씨를 잘 쓰고 이야기를 잘 구성해 내는 능력을 갖춘 젊은 타이피스트를 고용해서, 새로운 회계 시스템의 장점을 설명하는 매력적인 책 한 권을 만들어 냈다. 깨끗하게 타이핑되고 평범한 스크랩북에 정리된 그 책은 새로운 비즈니스를 효율적으로 설명하는 조용한 세일즈맨의 역할을 해내서, 그 사업주는 현재 감당할 수도 없을 만큼 많은 일거리를 가지게 되었다.

개인 능력 홍보를 위한 매력적인 소개자료를 만들어 낼 수 있는 판매 전문가의 도와야 하는 사람들은 전국적으로 많다. 이런 서비스를 통해 창출되는 연간 소득을 합하면 가장 큰 규모의 직업소개소의 소득보다 많을 것이다. 또한 서비스 구매자에게 있어서는 직업소개소를 통해 얻는 이득보다 이런 서비스를 통해 얻는 이득이 훨씬 클 것이다.

여기에서 소개된 아이디어는 긴급한 상황을 해결해야 할 필요 때문에 생겨났지만, 한 사람만 돕는 데서 끝나지 않았다. 이 아이디어를 창안한 여성은 깊은 상상력의 소유자였다. 그녀는 자신의 새로운 아이디어가 새로운 직업을 만들어 내서, 개인 능력 홍보에 있어서 실제적인 가이드를 필요로 하는 수많은 사람에게 귀한 도움을 줄 수 있으리라고 보았다.

자신의 첫 번째 아이디어인 "개인 능력 홍보를 위한 계획"의 빠른 성공에 힘입어, 이 활발한 여성은 비슷한 상황에 마주한 자기 아들의 문제로 눈길을 돌렸다. 막 대학을 졸업한 그녀의 아들은 일자리를 찾지 못하고 있었다. 그녀가 아들을 위해 마련한 대안은 내가 이제까지 본 노동력 홍보 방안 중 가장 훌륭한 것이다.

그 계획서의 완성본은 50페이지에 가까운 분량으로, 그녀의 아들의 타고난 재능, 학업, 경험, 그리고 일일이 설명하기에는 너무 방대한 분량의 정보를 담고 있었다. 계획서에는 아들이 원하는 직위와 어떻게 일을 해나갈지에 대한 정확한 계획을 생생하게 설명하고 있었다.

몇 주에 걸쳐 공을 들여 계획서를 준비하는 동안, 그녀는 아들을 거의 매일 공공 도서관으로 보내서 몸값을 올릴 정보를 수집하도록 하였다. 또한 목표로 삼고 있는 회사의 경쟁사들에도 보내서 회사 경영에 대한 정보를 얻도록 했는데, 이들 정보는 나중에 채용되었을 때 실무를 진행하는 데 매우 값진 정보가 될 터였다. 이 계획서의 완성본에는 아들이 취직하고자 하는 회사에 실제로 도움이 될 만한 6가지 이상의 자세한 제안들이 포함되어 있었다. (그리고 그 회사는 이 제안을 받아들여 실행에 옮겼다.)

"취직하기 위해 그렇게까지 해야 하나요?"라고 묻는 이들도 있을 것이다. 이에 대한 대답은 간결하다. 그리고 드라마틱하기도 하다. 개인의 노동력 제공을 통해서 수입을 얻어야 하는 많은 사람이 접하는 비극을 다루고 있기 때문이다.

그 대답은 바로 이렇다.

"일을 제대로 하는 것이 지나친 일은 아니다. 이 여성이 아들을 위해 준비한 계획안은 아들이 원하는 직장을 얻게 해 주었다. 그것도 첫 번째 면접에서 원하는 연봉에 말이다."

또한 중요한 점은, 그가 제일 낮은 직급에서 시작하지 않았다는 사실이다. 간부급 연봉을 받으며, 중간 관리자의 직책에서 시작하였다.

아직도 "꼭 그렇게까지 해야 하나요"라고 묻고 싶은가?

한 가지 알려주자면, 잘 짜인 입사지원서 덕분에 이 청년은 "바닥부터 시작해서 올라갔을 때 비해" 10년의 세월을 단축해서 그 위치에 올라갈 수 있었다는 사실을 기억하라.

바닥부터 시작해서 한 단계씩 올라가는 것이 견고해 보일 수는 있지만, 이에 대한 가장 큰 반증은 이것이다. 바로, 바닥부터 시작한 많은 이들이 기회를 포착할 수 있을 만큼 높이 오르지 못하는 탓에 바닥에 머무르고 마는 경우가 많다는 사실이다. 또한 기억해야 할 사실은, 바닥에서 보는 전망은 그다지 밝거나 희망적일 수 없다는 점이다. 이로 인해 야망이 죽어버리곤 한다. 이를 흔히 "틀에 박힌 삶"이라고 부르는데, 바로 일상의 버릇들이 너무 굳어져서 떨쳐버리기 쉽지 않게 되고, 그로 인해 자신의 운명을 받아들이고 순응하게 된다는 의미이다. 바닥에서 한 두 단계 위에서 시작하는 것이 좋은 것은 바로 이런 이유에서이다. 이를 통해, 주변을 돌아보고, 다른 사람들이 어떻게 앞서 나가고 있는지 관찰하며, 기회를 포착하고 주저 없이 그 기회를 잡는 버릇을 가지게 되기 때문이다.

댄 할핀이야말로 이에 대한 멋진 예일 것이다. 대학 시절, 그는 현재는 고인이 된 너트 로킨이 이끄는 1930년 노트르담 대학 미식축구팀의 매니저였다.

아마도 할핀은 그 위대한 코치로부터 원대한 꿈을 꾸도록 영감을 받은 것 같다. 그리고 일시적 패배를 실패로 착각하지 말라고 말이다. 위대한 기업가인 앤드루 카네기가 젊은 직원들에게 원대한 목표를 가지라고 영감을 주었던 것처럼.

어쨌거나, 할핀이 대학을 졸업했을 때는 경제 상황이 너무나 좋지 못했다. 경제공황으로 인해 직업을 찾기 어려웠다. 투자은행과 영화 산업에서 잠시 일한 후, 그는 자신의 미래를 위한 첫 가능성이라고 여기는 직장에 들어갔다. 전기 보청기를 판매하고 판매 수수료를 받는 일이었다. 그런 일이야 누구나 할 수 있는 일이었고, 할핀도 그 사실을 알고 있었다. 하지만 그에게는 기회의 문을 열기에 충분한 일이었다.

거의 2년 동안 할핀은 마음에 들지 않는 일을 계속했다. 그가 이런 실망스러운 상황을 해결하고자 아무것도 하지 않았다면, 그는 절대 승진할 수 없었을 것이다. 처음에 그는 영업팀 대리의 직책을 목표로 삼았고, 이를 이루어 냈다. 그 한 계단을 올라가서 다른 이들보다 높은 곳에 섰을 때, 그곳에서 더 나은 기회를 볼 수 있게 되었다. 그리고 기회도 그를 볼 수 있었다.

할핀의 판매 실적이 너무나 좋았던 탓에, 할핀이 근무하던 회사의 경쟁사인 딕토그래프 사의 회장인 A.M. 앤드루스는 오랜 역사를 지닌 자신의 회사의 실적을 빼앗아 가고 있는 이 젊은이에 대해 궁금해졌다. 그는 사람을 보내 할핀을 만났다. 면담이 끝났을 때, 할핀은 보청기 부서의 새로운 판매부장이 되어 있었다. 그리고 할핀의 정신력을

생각하라 그리고 부자가 되어라

시험하려는 의도로, 앤드루스는 석 달간 플로리다로 떠났다. 할핀이 새로운 직책에서 살아남는지 보기 위함이었다. 그리고 할핀은 살아남았다! "세상은 승자를 사랑하고, 패자에게 관심을 기울이지 않는다." 라고 말한 너트 로킨의 정신이 그에게 강한 영감을 주었다. 그는 최선을 다해 직무를 수행했고, 최근 회사의 부사장이자 보청기와 무음 라디오 부서의 부장으로 선임되었다. 보통 사람들이 10년 동안 충성스럽게 일해서 얻는 영광스러운 자리였다. 할핀은 이를 불과 6개월여 만에 해냈다.

칭송받아야 하는 이가 앤드루스인지 할핀인지는 딱 잘라 말하기 어렵다. 둘 다 풍부한 상상력이라는 귀한 자질을 지니고 있었기 때문이다. 앤드루스는 젊은 할핀에게서 "강인한 성공 의지"를 보았다. 할핀은 원치 않는 직업을 받아들이고 계속하며 삶과 타협하지 않았다는 점에서 인정받을 만하다. 그리고 바로 이 점이 이 책을 통해 강조하고자 하는 주된 요점이다. 우리가 높은 위치에 오르느냐 낮은 곳에 머무르느냐는, 제어할 수 있는 상황을 제어하느냐 마느냐에 달렸다는 것이다.

내가 강조하고자 하는 또 다른 요점은, 성공과 실패가 습관에 달려 있다는 점이다! 나는 댄 할핀이 가까이 지냈던 위대한 미식축구 코치 로킨으로부터 영향을 받아, 노트르담 대학 미식축구팀을 세계적으로 유명하게 만들었던 그 승부욕을 가지게 되었다고 확신한다. 사실 '영웅 숭배'가 도움이 될 때도 있다. 그 영웅이 승자라면 말이다. 할핀의 이야기를 통해 볼 때, 로킨은 역사상 가장 훌륭한 리더 중 하나임이 틀

림없다.

성공하든 실패하든 사업에서의 관계가 중요하다는 나의 믿음은 최근 내 아들 블레어가 댄 할핀과 연봉 협상을 할 때 드러났다. 할핀은 아들이 경쟁사에서 받을 수 있는 연봉의 반액을 제시했다. 부모로서 나서고 싶은 마음을 억누르며, 나는 할핀이 제시한 조건을 받아들이도록 아들을 설득했다. 마음에 들지 않은 조건과 타협하지 않는 사람과 가까이 지내는 것이 돈으로는 환산할 수 없는 귀중한 자산이라고 생각했기 때문이었다.

바닥은 누구에게나 지루하고, 암울하며, 소득이 없는 곳이다. 제대로 된 계획을 통해 높은 곳에서 시작할 수 있음을 장황하게 설명한 것은 이런 이유에서였다. 아들이 좋은 출발을 할 수 있도록 멋진 계획서를 만들었던 그 여인에 의해서 창안된 이 새로운 직업에 대해 많은 지면을 할애해서 설명하고 있는 것도 같은 이유에서이다.

세계 경제 붕괴에 동반한 변화된 상황들로 인해 새롭고 더 나은 방법으로 개인의 능력을 홍보할 필요가 생겨났다. 이 엄청날 필요성을 왜 더 일찍 발견하지 못했는지 모르겠다. 다른 어떤 분야보다도 노동자에 대한 임금이 더 많이 지불되고 있는데 말이다. 임금 노동자들에게 지불되는 급여를 다 합하면 월간 수억 달러에 달하며, 연간 수십억 달러에 달한다.

여기에서 간단히 소개된 아이디어를 통해 자신이 열망하는 부의 핵심을 발견하는 이도 있을 것이다! 이보다 뒤처지는 아이디어를 통해서도 막대한 부가 생겨나기도 했다.

이번 장에서의 제안을 통해 기회를 포착했다면, '체계화된 계획'에 대한 장에서 귀한 도움을 받을 수 있을 것이다. 그리고 노동력을 효율적으로 홍보해 줄 수 있는 능력을 갖춘 사람이라면, 자신의 능력을 잘 홍보해서 좋은 직장을 잡으려는 사람들에게 점점 더 일거리를 많이 얻게 될 것이다.

조력 집단 원칙을 적용함으로써, 이에 적합한 능력을 갖춘 사람들이 모여 함께 일함으로써 빠르게 수익을 늘려나갈 수도 있다. 한 사람은 광고와 판촉에 걸맞은 글솜씨를 지니고 있고, 다른 사람은 타이핑과 손글씨에 능하며, 다른 한 사람은 이 서비스에 대해 알리고 일거리를 받아오는 능력이 있다면 좋을 것이다. 한 사람이 이 모든 능력을 갖추고 있다면, 혼자서 일거리를 감당하기 힘들 때까지는 단독으로 일할 수도 있을 것이다.

아들을 위해 "개인 능력 홍보 계획"을 준비했던 그 여성은 현재 전국에서 구직이나 연봉 인상에 필요한 자기소개서 작성을 요청받고 있다. 그녀가 거느리고 있는 전문 타이피스트와 아티스트, 작가들은 각각의 케이스를 흥미롭게 구성해 내는 능력을 갖춘 덕에, 이들 서비스를 이용한 사람들은 업계 평균보다 높은 임금을 받고 취직을 하고 있다. 그녀는 자신의 서비스에 확신하고 있으며, 이런 이유로 서비스 비용의 대부분을 인상된 임금의 일부로 받고 있다.

그녀의 계획서가 단순히 의뢰인이 같은 노동을 하고 이전 직장과 비교해 임금만 높게 받도록 해주는 영리한 영업전략만은 아니라는 점을 알아두자. 그녀는 고용주와 구직인이 각각 원하는 바를 따져보고, 고용인이 추가로 지불하는 임금에 대한 대가를 받을 수 있도록 계획서를 준비한다. 어떻게 이렇게 놀라운 결과를 얻을 수 있는지는 그녀가 의뢰인에게만 공개하는 비밀이다.

당신에게 상상력이 있다면, 그리고 당신이 제공하는 노무에 대해 더 높은 임금을 받을 수 있는 직장을 찾고 있다면, 이 사례는 자극제가 될 것이다. 아이디어 하나가 몇 년간 대학에서 전문 교육을 받은 의사, 변호사, 기술자의 '평균' 급여보다 더 높은 수입을 벌게 해 줄 수 있다. 이 아이디어는 관리직과 경영직에 새로이 취직하고자 하는 사람들과 현재 직위에서 임금 조정을 원하는 모든 이들에게 어필할 만하다.

견고한 아이디어에는 값어치를 매길 수 없다!

모든 아이디어의 뒤에는 전문 지식이 뒷받침되어야 한다. 하지만 부를 일구지 못하는 사람들은 아이디어보다는 전문 지식이 풍부한 경우가 많다. 이 때문에, 개인의 능력을 더 유리한 조건으로 팔고자 하는 사람들에게 더 많은 기회가 생겨나고 있다. 능력은 상상력을 의미하며, 이 상상력이 있으면 전문 지식과 아이디어를 결합해서 체계화된 계획을 작성하고, 그로 인해 부를 낳게 된다.

상상력이 있는 사람이라면, 이번 장을 통해 자신이 열망하는 부를 일구기 시작할 충분한 아이디어를 얻었을 것이다.

기억하라, 아이디어가 가장 중요하다. 전문 지식은 쉽게 어디서나 얻을 수 있다!

생각하라 그리고 부자가 되어라

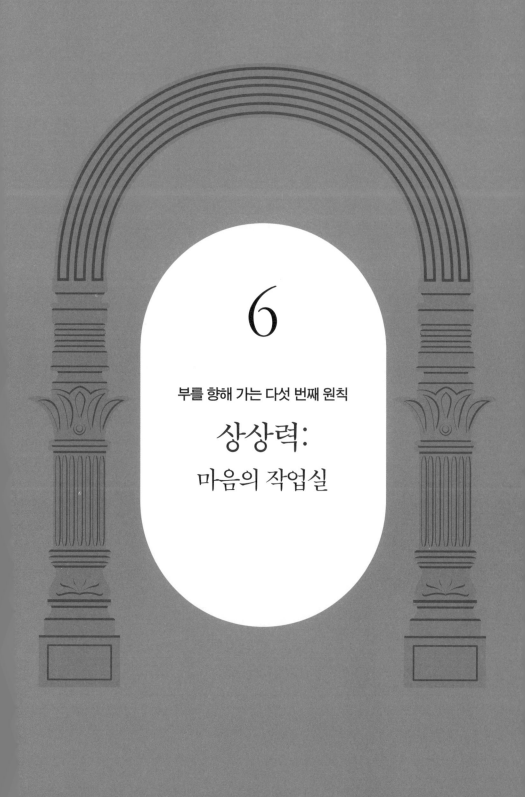

6

부를 향해 가는 다섯 번째 원칙

상상력:
마음의 작업실

상상력은 계획을 만드는 작업실이다. 뭔가를 하고자 하는 충동, 그 열망은 상상력의 도움을 받아 그 형태가 갖추어지고 행동으로 나타난다.

인간은 상상할 수 있는 것이라면 뭐든지 만들어 낼 수 있다고들 말한다.

역사를 통틀어, 변화가 빠르게 진행되고 있는 지금처럼 상상력을 발달시키기 좋은 시기는 없었다. 상상력을 발달시킬 수 있는 자극제가 곳곳에 널려있다.

상상력의 도움으로 인간은 최근 50년간 그전의 역사를 통틀어 이룬 것보다 더 많이 자연의 힘을 발견하고 이용하게 되었다. 그리고 지금까지 이룬 일을 가지고 무슨 일이든 한계 없이 해낼 수 있게 되었다. 하늘을 완전히 장악한 인간에게 새는 하늘을 나는 데 상대가 되지 않는다. 대기를 이용해서, 세상 어디와도 즉각적으로 통신할 수 있는 수단으로 삼았다. 수백만 마일 떨어진 태양을 분석하고 무게를 측정해서, 상상력의 도움을 받아, 태양을 구성하는 물질을 밝혀냈다. 뇌가 사고를 내보내고 받아들이는 장소임을 발견했고, 이 발견을 실용적으로 사용할 방법을 알아내고 있다. 증기 기관차의 속도를 높여서 이제는 시간당 300마일의 속도로 여행할 수 있게 되었다. 언젠가는 뉴욕에서 아침 식사를 한 후, 샌프란시스코에서 점심을 먹을 수 있는 날이 올 수도 있을 것이다.

유일한 한계는 상상력을 넓히고 사용하는 데 이성의 제약을 받는다는 것뿐이다. 인간은 아직 상상력을 최대로 활용하지 못하고 있다. 이제야 상상력을 아주 초보적인 방식으로 이용하기 시작했을 뿐이다.

상상력의 두 가지 형태

상상력은 두 가지 형태로 작동한다. 한가지는 "합성적 상상력(synthetic imagination)"이고 다른 하나는 "창조적 상상력(creative imagination)"이다.

합성적 상상력: 이는 과거의 개념, 아이디어, 계획 등을 새로운 요소와 결합하는 능력이다. 합성적 상상력은 뭔가를 '창조하는' 것은 아니다. 경험, 교육, 관찰한 내용을 자양분으로 삼아 작동할 뿐이다. 이는 발명가들이 주로 사용하는 능력인데, "천재들"은 예외이다. 천재들은

합성적 상상력을 통해 문제를 해결하지 못할 때, 창조적 상상력을 끌어낼 줄 안다.

창조적 상상력: 창조적 상상력을 통해 유한한 인간의 정신은 무한 지성과 직접 소통할 수 있게 된다. 또한 "예감"과 "영감"을 얻기도 한다. 창조적 상상력은 기초적인, 혹은 새로운 아이디어가 전달되는 통로가 되기도 한다. 또한 다른 사람이 풍기는 낌새를 감지하고, 상대의 잠재의식에 감응하거나 소통할 수 있게 해 준다.

창조적 상상력은 자동으로 발휘되며, 그 방법은 뒤에서 설명될 것이다. 이는 강렬한 열망이 치솟을 때처럼 의식 수준에서 무척이나 강렬한 인지가 일어나야 자극되어 힘을 발휘하고 활성화된다.

창조적 상상력은 앞서 언급된 원인에 반응하는데, 사용(USE)을 통해 얼마나 계발되었느냐에 따라 더 예민하게 반응한다. 이는 매우 중요한 사실이다! 이 점에 대해 깊이 생각해 보도록 하라.

이 원칙들을 실행에 옮길 때 기억해야 할 점은, 열망을 부로 전환하는 전체 스토리를 한 문장으로 요약하기는 힘들다는 점이다. 모든 원칙을 숙지하고, 몸에 익히고, 사용하기 시작할 때에서야 이 이야기는 완성된다.

비즈니스와 산업, 재무 분야의 리더들과 위대한 예술가들, 음악가들, 시인들과 작가들이 위대하게 될 수 있었던 것은 창조적 상상력이라는 도구를 계발했기 때문이다.

합성적 상상력과 창조적 상상력 모두 사용하면 할수록 예리해진다.

근육과 신체 기관들이 사용할수록 발달하듯이 말이다.

열망은 생각이고 자극일 뿐이다. 모호하고 일시적이다. 열망은 추상적이며, 그것이 물리적 실체로 변형되기 전까지는 가치가 없다. 열망을 돈으로 바꾸는 과정에서는 합성적 상상력이 주로 사용되기는 하지만, 창조적 상상력도 요구되는 상황이 있을 수도 있다는 사실을 기억해라.

상상력은 사용하지 않으면 약해진다. 하지만 사용하게 되면 상상력은 되살아나고 예리해진다. 상상력은 사용 빈도가 낮으면 둔해지긴 하지만 없어지지는 않는다.

열망을 돈으로 바꾸는 데 있어서 합성적 상상력을 더 자주 사용하게 될 것이기에, 지금 당장은 합성적 상상력을 계발하는 데 집중하도록 해라.

열망이라는 무형의 자극을 돈이라는 유형의 현실로 바꾸는 데는 계획이 필요하다. 이 계획을 세울 때는 상상력, 특히 합성적 상상력의 도움이 필요하다.

이 책을 끝까지 읽고, 다시 이 장으로 돌아와서, 상상력을 발휘하여 열망을 돈으로 전환할 계획을 세워라. 계획을 세울 때 도움이 될 사례와 지침은 이 책 전반에 걸쳐 제시되고 있다. 당신의 필요에 맞는 지침을 수행하고, 계획을 글로 정리하라. 이렇게 하고 나면, 무형의 열망이 확실한 형상을 띠게 될 것이다. 이제 앞선 문장을 다시 한번 읽어보라. 큰 소리로, 매우 천천히 말이다. 그 과정에서 기억해야 할 것은, 당신의 열망과 그것을 실현할 계획을 글로 쓴 순간, 생각을 물리적 실체로 변화시키는 과정의 여러 단계 중 첫 번째 걸음을 뗀 거나 다름없다는 사실이다.

당신이 사는 지구와 당신, 그리고 다른 모든 물질은 진화 과정의 결과물이다. 그 과정에서 미세한 물질 입자들이 질서정연하게 조직되고 배열된 것이다.

여기에 더해서 매우 중요한 사실은, 이 지구와 우리 몸을 구성하는 수십억 개의 세포 하나하나, 그리고 물질을 구성하는 원자 하나하나가 본래 눈에 보이지 않는 에너지에서 시작되었다는 점이다.

열망은 사고 자극이다! 사고 자극은 에너지의 한 형태이다. 부를 축적하겠다는 열망, 혹은 사고 자극으로 시작할 때, 당신은 대자연이 이 지구와 우주의 모든 형태의 물질—사고 자극이 활동하는 몸과 뇌를 포함하여—을 창조할 때 사용했던 것과 같은 "것(stuff)"을 끌어들여 사용하게 된다.

과학이 규정하는 바에 따르면, 온 우주는 물질과 에너지라는 두 가지 요소로만 구성되어 있다.

에너지와 물질을 결합함으로써, 하늘의 거대한 별과 땅의 사람에 이르기까지 인간의 눈에 보이는 모든 것들이 창조되었다.

이제 당신은 대자연과 같은 방법으로 이익을 취하려 하고 있다. 열망을 물질적 혹은 금전적 실체로 변화시키려 노력함으로써 당신은 스스로를 대자연의 법칙에 맞추려 하는 것이다. (그 과정을 신실하고 진심 어린 태도로 임하길 바란다) 당신은 해낼 수 있다! 당신 이전에도 많은 이들이 해낸 일이다!

당신은 이 불변의 법칙의 도움을 받아서 많은 부를 일굴 수 있을 것이다. 하지만 먼저, 이 법칙들을 익히고 사용법을 배워야만 한다. 이 법칙들을 반복해서 이야기하고, 다양한 각도에서 접근함으로써, 저자는 막대한 부를 이루는 비밀을 독자에게 알려주고자 한다. 이상하고 역설적으로 들릴 수 있겠지만, 이 "비밀"은 실은 비밀이 아니다. 대자연은 우리가 사는 지구를 통해, 우리가 볼 수 있는 별과 행성들을 통해, 우리 주변의 요소들을 통해, 풀잎과 눈에 보이는 모든 생명체를 통해 이 비밀을 명백히 보여주고 있다.

대자연은 이 "비밀"을 생물학의 언어로 알려준다. 핀 끝에서 잃어버릴 수도 있을 만큼 작은 세포가 이 책을 읽고 있는 독자로 변화되는 과정을 통해 말이다. 열망이 물리적 실체로 변화되는 과정도 비슷한 원리이다!

이 모든 말들을 전부 이해하지 못한다고 해서 실망할 필요는 없다. 정신에 관해 오랫동안 연구해온 사람이 아니라면, 이 장의 내용을 한 번만 읽고 바로 적용할 수는 없다.

하지만 시간이 흐르면서 발전할 것이다.

뒤따라 소개될 원칙들은 상상력에 대한 이해를 넓힐 수 있는 길을 터 줄 것이다. 이 철학을 처음 접한다면 이해할 수 있는 만큼 스스로에게 적용해보라. 그리고 난 후, 다시 읽고 공부하는 과정에서, 깨달음을 통해 차차 이해를 넓혀가게 되고, 마침내는 전체를 폭넓게 이해하게 될 것이다. 무엇보다도, 중도에 포기하지 마라. 이 책을 최소 3번 읽을 때까지는 탐구를 계속하라. 마침내는 절대 중단하고 싶지 않게 될 것이다.

어떻게 상상력을 활용할 것인가

모든 부는 아이디어에서 시작한다. 아이디어는 상상력의 산물이다. 막대한 부를 낳은 몇몇 유명한 아이디어에 관해 연구해 보기로 하자. 이 사례들을 통해 상상력을 통해 부를 이루는 방법에 대한 확실한 정보를 얻게 되길 바란다.

마법의 주전자

5년 전, 한 나이 든 시골 의사가 말을 타고 마을로 가서, 조용히 약국의 뒷문으로 들어가더니, 젊은 약국 점원과 "흥정"을 시작했다.

그는 훗날 많은 이들에게 엄청난 부를 안겨줄 아이디어를 가지고 있었다. 남북전쟁 이후의 미국 남부지역에 가장 큰 이익을 가져다줄 아이디어였다.

한 시간이 넘도록 노 의사와 점원은 조제실 뒤에서 낮은 목소리로 이야기를 나눴다. 그리고 의사는 마차로 가더니, 크고 오래된 주전자와 나무로 된 주걱(주전자 안의 내용물을 휘젓는 데 쓰이는)을 가지고 와서는, 가게 뒤에 놓았다.

점원은 주전자를 자세히 살피더니 주머니에서 지폐 꾸러미를 꺼내서 의사에게 주었다. 정확히 500달러였다. 점원의 전 재산이었다!

의사는 비밀 제조법이 적힌 종이를 한 장 건넸다. 그 작은 종이 한 장에 적힌 단어들은 엄청난 가치가 있었지만, 그 의사는 이 사실을 몰랐다! 그 마법의 단어들이 주전자 속에서 약품들을 끓여낼 것이지만, 의사나 젊은 점원은 그 주전자 속에서 얼마나 엄청난 부가 흘러나오게 될 것인지 알지 못했다.

노 의사는 집기들을 500달러에 팔게 되어서 흡족해했다. 그 돈으로 빚을 갚고 마음의 평안을 얻을 수 있었다. 반면 전 재산을 털어 종잇조각과 낡은 주전자를 산 점원에게는 큰 모험이었다. 그의 투자를 통해 알라딘의 마법 램프를 능가하는, 금이 넘쳐 흘러나오는 주전자를 사게 되리라고는 꿈도 꾸지 못한 터였다.

그 점원이 산 것은 아이디어였다!

낡은 주전자와 나무 주걱, 그리고 종이에 적힌 비밀 메시지는 부수적이었다. 그 주전자가 신비한 마법을 부리기 시작한 것은, 노 의사가 알지 못한 재료를 그 비법에 섰을 때였다.

이 이야기를 자세히 읽고 상상력을 발휘해 보라! 젊은 점원이 종이에 적힌 비법 외에 첨가한 것이 무엇이었길래 그 주전자가 부를 이루어 내게 되었는지 알아맞혀 보라. 단, 이 이야기가 아라비안나이트의 동화가 아니라는 점만 기억해라. 이는 한 아이디어에서 시작된, 동화보다도 더 허구 같은 실화이다.

이 아이디어가 낳은 막대한 부에 대해 살펴보자. 그 주전자에서 만들어진 내용물을 판매하는 전 세계의 수많은 사람에게 부를 가져다주었고 이는 현재도 지속되고 있다.

그 낡은 주전자는 오늘날 전 세계에서 가장 큰 설탕 구매자 중 하나이며, 사탕수수 농장과 설탕을 정제하고 판매하는 시장을 키웠으며, 수천 명의 사람에게 일자리를 제공하고 있다.

그 낡은 주전자는 연간 수백만 명의 유리병을 소비하여 수많은 유리 제조인들에게 일자리를 제공했다.

그 낡은 주전자는 전국적으로 많은 직원, 속기사, 카피라이터, 광고 전문가에게 일자리를 제공하고 있다. 이 상품을 멋지게 그려낸 아티스트에게도 부와 명성을 안겨주었다.

이 낡은 주전자는 미국 남부의 소도시를 남부 산업의 중심지로 탈바꿈시키고, 직간접적으로 그 도시의 산업을 부흥시키고 주민들에게 많은 이익을 가져다주었다.

이 아이디어는 손댄 모든 사람에게 끊임없이 이익을 창출해주고, 전 세계 문명국들에게 이익을 가져다주었다.

이 주전자에서 나온 황금으로 남부에서 가장 유명한 대학 한 곳이 설립되어, 이곳에서 수천 명의 젊은이가 성공에 필수적인 트레이닝을 받고 있다.

그 낡은 주전자는 다른 놀라운 일도 해냈다.

경제공황의 기간에, 수천 개의 공장과 은행, 기업들이 사업을 접고 문을 닫을 때, 이 마법 주전자의 주인은 사업을 지속해서, 전 세계 많은 사람에게 지속적인 일자리를 제공했을 뿐 아니라, 오래전 그 아이디어에 믿음을 보여주었던 이들에게 추가 수익을 지급하기도 했다.

그 낡은 황동 주전자에서 나온 상품이 말을 할 수 있었더라면, 온갖 언어로 무척이나 흥미로운 이야기를 들려주었을 것이다. 사랑 이야기, 사업 이야기, 그리고 날마다 그 안에서 자극받으며 살아가는 전문가들에 관한 이야기 말이다.

나 역시 그 주전자에서 나온 흥미로운 이야기 하나를 알고 있다. 점원이 주전자를 샀던 약국에서 그리 멀리 떨어지지 않은 곳에서 시작된 그 이야기에는 나도 등장한다. 그곳은 내가 아내를 처음 만난 곳이며, 그녀는 내게 처음으로 마법 주전자 이야기를 들려준 사람이다. 그리고 내가 아내에게 프러포즈할 때, 우리가 마시고 있던 것이 바로 그 주전자에서 나온 상품이었다.

이제 그 마법 주전자의 내용물이 세계적으로 유명한 음료임을 알게 되었다. 그리고 그 음료의 고향에서 내가 아내를 얻었을 뿐 아니라, 그 음료 덕분에 나는 술을 마시지 않고도 사고 자극을 얻을 수 있다는 얘기도 덧붙이고자 한다. 이는 내가 일에서 최고의 성과를 내는 데 필요한 상쾌한 정신상태를 유지하도록 도와준다.

당신이 어떤 사람이든, 어디에 살든, 어떤 직업을 가지고 있든, "코카콜라"라는 단어를 접할 때, 그 어마어마한 부의 제국과 막대한 영향력이 단 하나의 아이디어에서 자라났음을 기억하길 바란다. 그리고 약국 점원 아사 캔들러가 비밀 제조법에 섞어 넣은 그 신비한 재료는 상상력이었다는 점도 말이다!

잠시 멈춰서 이 점에 대해 생각해 보도록 하자.

코카콜라가 전 세계의 도시, 마을, 골목에까지 영향력을 뻗칠 수 있었던 방법은 이 책에서 소개된 부를 이루는 13가지 단계와 동일한 원칙이었음을 기억하도록 해라. 그리고 코카콜라처럼 견고하고 가치 있는 아이디어라면 어떤 것이라도 이 전 세계적인 갈증 해소제만큼이나 엄청난 성과를 얻을 수 있다는 점도 말이다.

생각은 실체이며, 그 실행 영역은 온 세상이다.

내게 만약 백만 달러가 있다면

"뜻이 있는 곳에 길이 있다"라는 속담이 진리임을 보여주는 사례가 있다. 교육자이자 목회자인 프랭크 W. 건솔러스가 들려준 이야기로, 그는 시카고의 한 목축장 지역에서 목회 일을 시작했다.

대학 시절, 건솔러스는 교육 시스템에 문제가 많다고 느꼈다. 그리고 자신이 대학 총장이 된다면 그 문제점을 바로잡을 수 있으리라 믿었다. 건솔러스는 젊은이들이 경험을 통해 배울 수 있는 교육기관의 총괄 책임자가 되고 싶다는, 열망에 사로잡혀 있었다.

그는 정통적인 교육 방식에 얽매이지 않고 자기 생각을 실행할 수 있는 새로운 대학을 세우기로 마음먹었다.

이 프로젝트를 실현하기 위해서는 백만 달러가 필요했다! 어디서 그렇게 큰 액수의 돈을 얻을 수 있을 것인가? 이 야망에 찬 젊은 목회자의 머릿속은 이 질문으로 가득 찼다.

하지만 어떤 해결책도 나오지 않았다.

매일 밤 그는 잠자리에 누워서도 이에 대해 고민했다. 아침에 일어날 때도 이 생각뿐이었다. 어디를 가나 이 생각에 사로잡혔다. 마음속에서 계속 생각한 끝에 그를 사로잡는 집념이 되어 버렸다. 백만 달러는 큰 액수이다. 그도 이 사실을 알고 있었다. 하지만 그는 한계는 스스로 정하는 것일 뿐이라는 것도 알고 있었다.

철학자이자 목회자로서, 건솔러스는 목표를 명확히 세우는 것이 모든 일의 시작점임을 알았다. 성공한 사람들이 대개 그러하듯 말이다. 또한 그 목적을 물질적 실체로 바꾸어 줄 불타는 열망이 뒷받침되면, 생동력과 생명력, 그리고 힘이 생겨난다는 사실도 알았다.

이 모든 위대한 진리를 알고 있긴 했지만, 여전히 어디에서 어떻게 백만 달러를 손에 넣을 수 있을지는 알지 못했다. 보통 사람이라면 이쯤에서 "뭐, 아이디어는 좋지만, 필요한 백만 달러를 구할 방법이 없으니 어쩔 수 없지."라고 말하며 포기했을 것이다. 대부분 사람이 이렇게 얘기했을 것이다. 하지만 건솔러스 박사는 달랐다. 그가 했던 말과 행동이 너무나 중요하기에 여기서 소개하려 한다.

"어느 토요일 오후, 방에 앉아서 계획을 실행할 돈을 모을 방법과 수단에 대해 생각하고 있었습니다. 2년에 가까운 시간 동안 그 생각을 했지만, 생각하는 일 말고는 아무 일도 하지 않았죠.

이제 생각을 행동(ACTION)으로 옮길 때가 되었습니다!

바로 그때, 일주일 내에 백만 달러를 만들고 말겠다는 결심을 하게 되었습니다. 어떻게 마련할지는 걱정하지 않았습니다. 중요한 건, 정

생각하라 그리고 부자가 되어라

해진 시간 내에 돈을 마련하겠다는 결심이었어요. 그리고 정한 시간 내에 돈을 마련하겠다는 확고한 결심에 이르자마자, 이전에는 겪어보지 못한 확신이라는 신비한 감정이 나에게 다가왔어요. 마치 내 안에서 누군가가 '어째서 그 결정을 이제야 한 거야? 돈은 이미 오랫동안 널 기다리고 있었다고!'라고 말하는 것만 같았어요.

그리고 급속도로 일이 진행되기 시작했습니다. 나는 신문사에 연락해서 다음 날 아침에 '내게 백만 달러가 있다면'이라는 제목의 설교를 할 거라고 발표했습니다.

그러고 나서 당장 일어나 설교를 준비했는데, 사실 그 일은 조금도 힘든 일이 아니었습니다. 이미 2년 가까이 준비해왔던 설교였기 때문이죠. 그 설교의 주제가 되는 정신은 이미 내 일부가 되어 있었습니다!

자정이 되기 훨씬 전에 설교 원고를 끝마쳤습니다. 나는 침대로 가서 확신하고 잠이 들었습니다. 나 스스로가 이미 백만 달러를 가졌다고 느꼈기 때문이죠.

다음 날 아침 나는 일찍 일어나서 욕실로 가서 설교문을 읽고, 무릎을 꿇고, 내 설교가 필요한 돈을 제공할 수 있는 사람의 관심을 끌게 해달라고 기도했습니다.

기도하는 동안 나는 돈을 가지게 될 거라는 확신의 감정을 다시 한 번 느낄 수 있었습니다. 흥분한 나머지 나는 설교문을 잊고 나갔고, 강단에 서서 설교를 시작하는 순간까지 그 사실을 모르고 있었습니다.

설교 노트를 가지러 가기에는 너무 늦었습니다. 그리고 그게 축복이었죠! 설교문을 대신해, 내 잠재의식이 필요한 재료들을 내어놓았으니까요. 설교하기 위해 자리에서 일어났을 때, 나는 눈을 감고, 나의 꿈에 대해 열과 성을 다해 이야기했습니다. 청중들뿐 아니라, 하나님에게도 이야기하고 있다고 상상했습니다. 만일 백만 달러가 내 손에 주어진다면 무얼 할지에 대한 설교였습니다. 나는 내 마음속에 가지고 있던, 젊은이들이 실용적인 내용의 교육을 받으면서 심성을 배양할 수 있는 위대한 교육기관을 조직하는 계획에 관해 이야기했습니다.

설교를 마치고 자리에 앉았을 때, 뒤에서 세 번째 줄에 앉아있던 한 사람이 천천히 자리에서 일어나 강단 쪽으로 걸어왔습니다. 그가 뭘 하려는 건지 궁금했어요. 그는 강단으로 와서 손을 내밀고 말했습니다. '목사님, 설교가 너무 좋았습니다. 목사님이 말씀하신 일을 모두 이루실 수 있으리라고 믿습니다. 백만 달러만 있다면요. 목사님과 설교 내용에 대한 제 믿음을 증명하고 싶습니다. 내일 아침 제 사무실로 오시면 백만 달러를 드리겠습니다. 제 이름은 필립 D. 아머입니다.'"

젊은 건솔러스는 다음 날 아머의 사무실로 가서 백만 달러를 기부받았다. 그 돈으로 그는 아머 공과 대학(Armour Institute of Technology)을 세웠다.

이는 대부분 목회자가 평생에 걸쳐 구경할 수 있는 돈보다도 큰 액수이지만, 이 돈을 얻게 한 생각은 젊은 목회자의 마음속에서 순식간에 생겨난 것이었다. 백만 달러는 생각의 결과로 얻어졌다. 그 생각을 뒷받침한 열정은 젊은 건솔러스의 마음속에서 2년에 가까운 시간 동안 키워진 것이었다.

생각하라 그리고 부자가 되어라

여기서 중요한 사실은, 건솔러스가 돈을 구하고 말겠다는 확고한 결심을 한 후 36시간 안에 그 돈을 얻어냈다는 점이다. 결과를 만들어 낼 확고한 계획과 함께 말이다!

백만 달러에 대한 젊은 건솔러스의 희미한 생각에는 전혀 새로울 것도 특이한 점도 없다. 힘없이 원하기만 할 뿐이다. 그의 이전에도, 그리고 그 후에도, 비슷한 생각이 있는 사람들은 많았다. 하지만 그 기념할만한 토요일에 도달한 결정에는 무언가 특별하고 다른 점이 있다. 그가 모호함을 제치고, "일주일 내로 그 돈을 얻고 말겠어!"라고 확고하게 말했던 일 말이다.

하나님은 자신이 원하는 것을 분명히 알고, 그것을 가지기로 한 사람의 편에 서는 것 같다.

더구나 건솔러스 박사가 백만 달러를 얻어낸 원리는 지금도 유효하다! 당신에게도 이 원리는 열려있다! 이 보편적 법칙은 젊은 목회자가 이를 성공적으로 사용했던 때나 오늘날이나 똑같이 유용하다. 이 책에서는 이 위대한 법칙의 13가지 요소들을 단계별로 설명하고, 그 사용법에 대해 제안하려 한다.

아사 캔들러와 프랭크 건솔러스 박사 사이에 한가지 공통점이 있다. 두 사람 모두, 분명한 목적과 확고한 계획이 있다면 생각을 돈으로 바꿀 수 있다는 놀라운 진리를 알고 있었다는 점이다.

근면 성실하게 일하기만 하면 부자가 되리라고 믿고 있다면, 그 생각을 버려라! 이는 진실이 아니다! 부는, 그것도 막대한 부는, 열심히 일한다고 해서 얻어지는 것이 아니다! 부는 명확한 원칙에 따라 분명한 요구를 해야만 찾아온다. 우연히 이루어지는 게 아니다.

일반적으로 말해, 아이디어는 상상력을 불러일으켜 행동을 촉구하는 사고 자극이라고 할 수 있다. 영업의 달인들은 아이디어가 상품을 팔 수 없는 곳에서 팔리게 할 수 있는 것임을 알고 있다. 평범한 영업 사원들은 이 사실을 모른다. 그래서 그들이 "평범한" 것이다.

염가로 책을 파는 한 출판업자는 출판사들에 크게 이득이 될만한 사실을 발견했다. 많은 사람이 책의 내용이 아니라 제목을 보고 구매한다는 점이었다. 그는 잘 팔리지 않던 책을 제목만 바꾸었고, 그 책의 판매량은 100만 부 이상이었다. 내용에는 전혀 변화가 없었다. 단지 '베스트셀러'라는 문구를 넣어서 새로운 표지를 만들어 씌웠을 뿐이었다.

아주 간단하게 들리겠지만, 이것이 아이디어이다! 상상력이다.

아이디어에는 정해진 가격이 없다. 그 아이디어를 창안해 낸 사람이 가격을 붙이는 것이다. 그리고 영리한 사람이라면, 그 가격을 얻어 낼 수 있다.

영화산업은 한 떼의 백만장자들을 만들어 냈다. 그들 대부분은 아이디어를 만들어 낼 능력은 없지만, 아이디어를 알아보는 상상력을 지니고 있었다.

막대한 부에 대한 거의 모든 이야기는 아이디어의 창안자와 아이디어를 파는 사람이 협력해서 조화롭게 일함으로써 시작되었다. 카네기는 자신이 하지 못하는 일들을 할 수 있는 사람들을 곁에 두었다. 아이디어를 창안하는 사람, 아이디어를 실행하는 사람 말이다. 그리고 이

생각하라 그리고 부자가 되어라

것이 카네기와 그 장본인들을 어마어마한 부자로 만들어 주었다.

많은 사람이 인생에 멋진 "우연"이 있길 기대하며 살아간다. 멋진 우연이 기회를 줄 순 있겠지만, 가장 안전한 계획이란 우연에 의지하지 않는 것이다. 내게도 멋진 우연이 있었다. 그 우연은 내게 인생 최고의 기회를 안겨주었다. 하지만 그 기회가 자산이 되기까지는 25년 동안 단호하게 매진하는 노력이 필요했다.

내 인생에서 "멋진 우연", 즉 행운은 앤드루 카네기를 만나고 그와 함께 일한 것이었다. 이 만남에서, 카네기는 성공의 원칙을 성공철학으로 체계화하는 아이디어를 내 마음에 심어주었다. 많은 사람이 나의 25년에 걸친 연구 결과를 통해 이익을 얻었고, 이 성공철학을 적용함으로써 부를 일구었다. 시작은 단순했다. 누구나 생각해낼 수 있는 아이디어였다.

멋진 우연은 카네기를 통해 왔지만, 결단, 확고한 목표, 목표를 이루겠다는 열망, 25년간의 끊임없는 노력은 필요했다. 평범한 수준의 열망으로는 끊임없이 이어지는 실망이나 낙담, 일시적인 패배, 비판적 생각, 시간 낭비가 아닌가 하는 생각을 이겨낼 수 없다. 오직 불타는 열망, 집념만이 가능하다!

카네기가 내 마음에 처음 아이디어를 심어준 순간부터, 나는 방향타를 잡고, 다스리고, 유도하면서 그 불씨를 살렸다. 아이디어는 점차로 스스로 힘을 지니고 거대해졌고, 마침내는 그것이 나를 조종하고, 다스리고, 이끌었다. 아이디어란 이런 것이다. 처음에는 내가 아이디어에 생명을 주고 그것을 실행하고 이끌지만, 나중에는 그것이 스스로 힘을 발휘하여 모든 저항을 쓸어버린다.

아이디어는 보이지 않는 힘이지만, 이를 탄생시킨 육체적 뇌보다 훨씬 강한 힘을 지니고 있다. 심지어 자신을 창조해낸 뇌가 흙으로 돌아간 뒤에도 살아남는다.

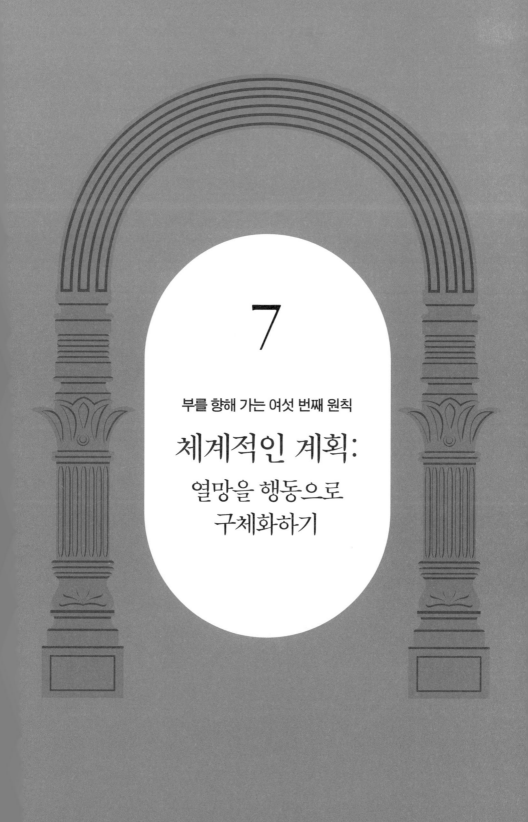

7

부를 향해 가는 여섯 번째 원칙

체계적인 계획:
열망을 행동으로
구체화하기

이제까지 우리는 인간이 만들어 내거나 얻는 모든 것은 열망의 형태로 시작되며, 열망이 추상적 형태에서 구체적 형태로 되는 과정의 첫 단계로, 상상력의 공장에서 열망을 구체화할 계획이 체계적으로 만들어진다는 것을 알게 되었다.

2장에서, 돈에 대한 열망을 재화의 형태로 바꾸는 첫 단계로 6가지의 확실하고도 실용적인 단계를 밟으라고 배웠다. 이 단계 중 하나는, 이런 변화를 일으킬 확실하고도 실용적인 계획을 세우는 일이다.

이제 이렇게 실용적인 계획을 세우는 방법에 대해 배워 보도록 하자.

① 부를 축적하기 위한 계획을 세우고 실행하는 데 필요한 사람들을 최대한 많이 곁에 두어라. 후에 설명될 "조력 집단" 원칙을 이용하라는 뜻이다.

② "조력 집단"을 결성하기에 앞서, 그들의 도움에 대한 대가로 그들

개인에게 어떤 이익을 제공할 수 있는지 결정하라. 대가 없이 무작정 일할 사람은 없다. 양식이 있는 사람이라면 적절한 보상 없이 다른 사람들에게 일을 시키지는 않을 것이다. 그 보상이 꼭 금전적인 것이 아니라 하더라도 말이다.

③ 부를 축적하는 데 필요한 계획을 완벽하게 세울 때까지 "조력 집단"의 사람들과 적어도 한 주에 2번은 만나도록 하라. 가능하다면 더 자주 만나도 좋겠다.

④ "조력 집단"의 사람들과 완벽한 조화를 이루며 지내도록 해라. 이 지침을 그대로 따르지 않는다면 실패를 마주할 것이다. "조력 집단" 원칙은 완벽한 조화가 이루어지지 않는 곳에서는 성공할 수 없다.

다음 사실들을 기억하도록 하라.

첫째. 당신은 매우 중요한 일에 착수하고 있다. 이 일의 성공을 보장하기 위해서는 완벽한 계획이 필요하다.

둘째. 다른 사람의 경험과 교육, 타고난 능력, 상상력을 활용할 줄 알아야 한다. 막대한 부를 이룬 사람들 모두 이런 방법을 사용했다.

타인의 도움 없이, 막대한 부를 보장할 만큼 충분한 경험과 교육, 타고난 능력, 그리고 지식을 지닌 개인은 없다. 부를 이루려 노력하는 과정에서 당신이 채택하는 계획은 당신과 "조력 집단" 구성원들 간의 합작품이어야 한다. 혼자서 계획 전체를 혹은 그 일부분을 만들어 낼 수는 있겠지만 반드시 "조력 집단" 연합의 구성원들에게 그 계획을 검수 받도록 해라.

처음 채택하는 계획이 성공하지 못한다면, 새로운 계획으로 대체하라. 이 새로운 계획도 실패하면, 또다시 대체해서, 당신에게 맞는 계획을 찾을 때까지 계속하라. 바로 여기에 대부분 사람이 실패하는 원인이 있다. 실패한 계획을 대체할 새로운 계획을 만들 만큼 끈질기게 노력하지 않기 때문이다.

아무리 똑똑한 사람이라도 실용적이고 효과적인 계획을 세우지 않으면 부를 이룰 수 없다. 계획이 실패했다고 해도, 일시적인 패배일 뿐이지 영원한 실패가 아님을 기억하라. 단지 그 계획이 견고하지 못했다는 뜻일 뿐이다. 또 다른 계획을 세워라. 다시 시작해라.

토마스 A. 에디슨은 백열등을 발명하기 전에 1만 번의 "실패"를 거듭했다. 이 말은, 그의 노력이 성공의 면류관을 쓰기까지 1만 번의 일시적 패배를 겪었다는 뜻이다.

일시적 패배가 의미하는 바는 한가지 뿐이다. 바로 계획에 문제가 있었다는 점을 확실히 알게 되었다는 것. 수많은 사람이 부를 일굴 확실한 계획이 없으므로 비참하고 가난한 삶을 살아가고 있다.

헨리 포드가 부를 축적할 수 있었던 것은 그가 뛰어나게 똑똑해서가 아니라 견고한 계획을 채택하고 따랐기 때문이었다. 포드보다 더 교육 수준이 높은 무수히 많은 사람이 있지만, 부를 축적할 제대로 된 계획을 세우고 있지 않기 때문에 가난하게 살아가고 있다.

계획이 얼마나 견고하냐에 따라서 성공의 수준이 결정된다. 이는 당연한 소리처럼 들릴지 모르나 사실이다. 사무엘 인셀은 1억 달러가 넘는 자산을 잃었다. 인셀은 견고한 계획 덕분에 부를 이루었다. 경제 공황으로 인해 인셀은 계획을 변경해야만 했는데, 이 새로운 계획이 견고하지 못했던 탓에, "일시적인 패배"를 겪어야만 했다. 현재 인셀은 노령의 나이이고, "일시적인 패배"로 보기보다는 "실패"로 받아들일 수도 있다. 하지만 그의 경험이 실패로 끝이 난다면, 그 이유는 그가 새로운 계획을 세울 불같은 끈기가 부족했기 때문일 것이다.

마음속에서 포기할 때까지는 실패한 것이 아니다.

이 사실은 몇 번이고 반복해서 강조되어야 한다. 패배할 조짐이 보일 때 미리 쓰러져 버리기 쉽기 때문이다.

제임스 J 힐은 동부에서 서부를 가로지르는 대륙 횡단 열차를 건설할 때, 처음에는 자금을 모으는 데 실패했지만, 새로운 계획을 세워 실패를 승리로 바꾸었다.

헨리 포드 역시 자동차업계에 처음 뛰어들었을 때는 물론이고, 최고의 자리에 오르기까지 거듭 실패를 겪었다. 하지만 그는 새로운 계획을 세웠고 경제적 승리를 향해 힘차게 나아갔다.

막대한 부를 일군 사람들을 볼 때, 우리는 대개 그들이 일군 성과만 본다. 거기에 "도달할" 때까지 극복해야 했던 일시적인 패배들은 간과하기 일쑤다.

이 성공철학을 따르면서 한 번도 실패하지 않고 부를 일구리라고 기대하지 마라. 실패하면 지금의 계획이 견고하지 않다는 신호로 받아들이고, 다른 계획을 세우고 목표를 향해 한 번 더 나아가라. 목표에 도달하기 전에 포기한다면 "중도 포기자"가 될 뿐이다. 포기하면 절대 승리하지 못한다. 승리자는 포기하지 않는 사람이다. 이 문장을 종이에 쓰되, 1인치 정도의 글자 크기로 쓰고, 밤마다 잠들기 전에, 매일 아침 출근하기 전에 보이는 곳에 붙여두어라.

조력 집단을 구성할 때, 실패를 심각하게 받아들이지 않는 사람을 선택하라.

어떤 사람들은 어리석게도 돈이 돈을 낳는다고 생각한다. 이는 사실이 아니다! 돈은 성공의 원칙을 통해 열망이 금전적인 형태로 변화된 것이다. 돈은 그 자체로는 아무것도 할 수 없는 비활성 물질일 뿐이다. 돈은 움직이지도, 생각하지도, 말하지도 못한다. 하지만 누군가가 열망을 품고 그것을 부르면 그 소리를 "듣는다"!

노동력 판매 계획

이 장의 나머지 부분에서는 노동력을 어떻게 홍보할 것인가에 대해 다루어 보고자 한다. 여기서 다루어질 정보들은 팔고자 하는 노동력이 있는 사람들에게 실제적 도움을 줄 수 있을 것이고, 이미 정한 직업 내에서 리더가 되고자 하는 이들에게는 말할 수 없는 이익을 안겨줄 것이다.

부를 일구고자 시도하는 어떤 일에서도 현명한 계획은 필수적이다.

개인의 노동력을 팔아서 부를 일구기 시작해야 하는 사람들에게 유용한 자세한 지침이 아래에 제시될 것이다.

거의 모든 막대한 부의 시작이 노동력이나 아이디어를 판매한 데 대한 대가였다는 사실을 알면 기운이 날 것이다. 자산가가 아닌 이상, 아이디어나 노동력 외에 부에 대한 대가로 내놓을 만한 것이 뭐가 있겠는가?

세상에는 크게 두 종류의 사람이 있다. 하나는 리더이고, 다른 하나는 따르는 사람, 즉 팔로워이다. 자신이 선택한 일에서 리더가 될지, 리더를 따르는 사람으로 남을지 결정하라. 이에 대한 보상은 전혀 다르다. 따르는 사람은 리더만큼 많은 보상을 기대할 수 없다. 비록 오늘날 많은 팔로워가 리더만큼 많은 보상을 받기를 바라는 실수를 범하긴 하지만 말이다.

따르는 게 창피한 일은 아니다. 반면, 따르는 사람으로 남는 게 자랑할만한 일도 아니다. 거의 모든 위대한 리더들도 따르는 사람으로 시작했다. 그들은 현명한 팔로워였기에 훌륭한 리더가 될 수 있었다. 몇몇 예외를 제외하면, 리더를 현명하게 따르지 못하는 사람은 효율적인 리더가 될 수도 없다. 흔히 가장 효율적으로 리더를 따르는 사람이 가장 빨리 리더십의 자리에 오르곤 한다. 현명한 팔로워에게는 많은 이점이 있는데, 리더로부터 배울 기회가 있다는 점이 그중 하나다.

리더십의 주된 덕목

다음은 리더십의 중요한 요소들이다.

1. 흔들리지 않는 용기: 용기는 자신과 직무를 아는 것에서 나온다. 자신감과 용기가 없는 리더 밑에 머물기를 원하는 사람은 없다. 영리하지 못한 사람만이 그런 리더 밑에서 오래 머무른다.

2. 자제력: 스스로를 다스릴 수 없는 사람은 다른 사람도 다스리지 못한다. 자제력이란 따르는 사람들에게 강력한 모범을 보이는 것이다. 똑똑한 사람이라면 이를 따라 하게 될 것이다.

3. 예리한 정의감: 리더에게 공정함과 정의감이 없다면, 따르는 사람들에게 그 어떤 지시를 할 수도, 존경을 받을 수도 없다.

4. 확고한 결심: 결심이 흔들리는 사람은 자기 자신에 대한 확신이 없다는 뜻이다. 그러면 사람들을 제대로 이끌 수도 없다.

5. 명확한 계획: 리더는 할 일을 계획하고, 계획에 따라 일한다. 실용적이고 명확한 계획 없이 어림짐작으로 움직이는 리더는 방향타 없이 움직이는 배와 같다. 언젠가 암초에 부딪히게 될 것이다.

6. 보상보다 더 많이 일하는 습관: 리더가 져야 할 불이익이 있다면, 그것은 그가 따르는 사람보다 더 많은 일을 기꺼이 해야 한다는 점이다.

7. 매력적인 성격: 리더는 사람들에게 존경을 불러일으켜야 한다. 리더에게서 매력을 발견하지 못한다면, 사람들은 그를 존경하지 않

는다.

8. 공감과 이해 능력: 리더는 따르는 사람들에게 공감할 줄 알아야 한다. 더 나아가 그들과 그들이 지닌 문제를 이해해야 한다.

9. 세부 사항까지 파악하는 능력: 리더는 리더의 자리에서 모든 일을 세세하게 완전히 알고 있어야 한다.

10. 책임을 온전히 감수할 것: 리더는 따르는 사람들이 저지른 실패와 문제를 기꺼이 책임져야 한다. 리더가 누군가에게 책임을 전가하려 들면 그 자리를 지킬 수 없다. 따르는 사람이 실수를 저지르거나 능력이 없다면, 그 실패가 자신의 실패라고 생각해야 한다.

11. 협력: 리더는 협력의 원칙을 이해하고 적용해야 한다. 따르는 사람들 역시 그렇게 하도록 이끌어야 한다. 리더십에는 힘이 필요하며, 힘은 협력에서 나온다.

리더십에는 두 가지 종류가 있다. 하나는 따르는 사람들에게 동의를 얻고 그들에게 공감하는 것이다. 이 리더십은 무척 효율적이다. 다른 하나는 공감이나 동의가 없는 강압에 의한 리더십이다.

역사는 강압에 의한 리더십이 오래가지 못함을 보여준다. 독재자나 왕이 몰락하고 사라지는 것을 보라. 사람들은 힘으로만 밀어붙이는 리더를 언제까지고 따르지 않는다.

세계는 리더와 팔로워 사이의 새로운 관계의 시대로 들어섰다. 이제 비즈니스와 산업에 있어서 새로운 리더와 새로운 형태의 리더십이 요구되고 있다. 예전의 강압에 의한 리더십을 고수하던 사람들은 새로운, 협력에 의한 리더십을 습득하거나, 평범한 팔로워의 자리로 내

생각하라 그리고 부자가 되어라

려서는 수밖에 없다. 이를 피해갈 방법은 없다.

리더와 팔로워라 할 수 있는 고용주와 고용인 사이의 관계는 장차 이익의 평등한 분배에 기반한 상호 협력 관계로 변화될 것이다. 미래의 노사관계는 과거에 비해 파트너십에 가까운 사이가 될 것이다.

나폴레옹, 독일의 카이저 빌헬름, 러시아의 차르, 스페인 국왕은 강압에 의한 리더십의 대표적인 예들이다. 이런 리더십은 이제 한물갔다. 미국의 사업, 금융, 노동계 과거 리더 중에서 이런 리더십을 발휘한 예는 쉽게 찾아볼 수 있다. 그들은 이제 자리에서 쫓겨나 내쳐졌다. 이제는 따르는 이들의 동의에 의한 리더십만이 버틸 수 있는 시대다!

사람들은 강압적인 리더십을 잠깐은 따를 수 있지만, 기꺼이 그렇게 하지는 않는다.

성공한 리더는 앞서 소개한 리더십의 11가지 덕목을 포용해야 한다. 물론 다른 요소들도 필요하다. 이런 덕목에 기초해 리더십을 발휘하는 사람은 인생의 어느 방면에서든 리더가 될 기회를 발견하게 될 것이다. 경제공황의 기간이 길어진 것은, 세계가 새로운 종류의 리더십을 가지지 못했기 때문이다. 공황이 끝난 지금, 새로운 리더십 방법을 사용할 줄 아는 실력 있는 리더가 부족한 상황이다. 구식의 리더들이 스스로를 재정비하고 새로운 형태의 리더십에 적응하겠지만, 전반적으로 세계는 새로운 리더십의 재목을 찾아야 할 것이다.

이런 필요가 당신에게 기회가 될 수 있다!

리더십이 실패하는 10가지 주된 이유

다음은 실패하는 리더가 저지르는 잘못들이다. 무엇을 해야 할지 아는 것만큼이나 무엇을 하지 말아야 할지 아는 것도 중요하다.

1. 조직력 부족: 유능한 리더라면 세부적인 부분까지 세심하게 조직하고 완벽히 숙지하는 능력이 필요하다. 리더든 따르는 사람이든 간에 "너무 바빠서" 계획을 변경할 수 없다거나 긴급 상황에 신경쓸 여력이 없다고 말한다면, 무능함을 인정하는 것이나 다름없다. 리더는 리더로서 해야 할 일을 모두 파악하고 있어야 한다. 즉, 세세한 부분은 능력이 있는 중간 관리자에게 일임할 줄도 알아야 한다는 의미이기도 하다.

2. 허드렛일을 꺼리는 태도: 정말 위대한 리더들은 필요한 경우 다른 사람들에게 시킬만한 고된 노동을 기꺼이 수행한다. "너희 중에 큰 자는 너희를 섬기는 자가 되어야 하리라"라는 성경 구절은 모든 리더가 존중하고 받아들여야 하는 진리이다.

3. 아는 것을 행하기보다 "아는" 것에 대해 보상받으려는 태도: 세상은 "아는" 것에 대해 보상해주지 않는다. 세상은 우리가 행하는 것, 다른 사람들이 행동할 수 있도록 이끄는 것에 대해 보상해준다.

4. 따르는 사람들을 경쟁 상대로 두려워하는 태도: 따르는 사람이 자기 자리를 차지할까 봐 두려워하는 리더는 곧 그 두려움이 현실화할 것이다. 유능한 리더는 세부 업무를 나눠서 할 수 있도록 사람들

생각하라 그리고 부자가 되어라

을 훈련한다. 리더가 스스로 능력을 배가시키고, 많은 일을 하고, 한 번에 여러 일에 주의를 기울이려면, 그렇게 해야만 한다. 리더의 노력으로만 얻을 수 있는 것보다는, 다른 사람들이 일해내도록 만드는 능력이 리더에게 더 큰 보상을 준다. 유능한 리더는 직무에 대한 지식, 매력 있는 인품으로 사람들이 최고로 효율성을 발휘하게 하며, 또한 그들이 리더의 도움 없이도 더 많이, 더 멋지게 일을 해낼 수 있게 만든다.

5. 상상력 부족: 상상력이 없는 리더는 위급 상황에 대처하지 못하거나 사람들을 효율적으로 이끌 수 있는 계획을 세우지 못한다.

6. 이기심: 모든 일에서 팔로워들의 공을 독차지하려는 리더는 결국 분노를 사게 된다. 진정으로 위대한 리더는 성과를 주장하지 않는다. 그들은 그 공이 아랫사람들에게 가는 것을 바라보는 데 만족한다. 사람들이 돈이 아니라 칭찬받고 인정받고 싶은 마음에서 더욱 열심히 일한다는 사실을 알기 때문이다.

7. 무절제: 사람들은 무절제한 리더를 존경하지 않는다. 또한 어떤 부분에서든 절제하지 못하는 사람은 인내심을 발휘하지 못하고 자멸을 초래한다.

8. 불성실: 어쩌면 이 요소가 목록의 제일 앞에 와야 할지도 모른다. 의무에 충실하지 않은 리더, 동료와 상사, 부하에게 성실하지 못한 리더는 리더의 자리를 오래 유지하지 못한다. 불성실한 태도는 그를 먼지만도 못한 존재로 전락시키고 다른 사람들의 경멸을 받게 만든다. 인생의 어느 단계에서든 성실함은 성공과 실패를 가르는 주요 요인이다.

9. 리더의 "권위"만 강조하는 태도: 유능한 리더는 사람들에게 공포심을 심어주는 것이 아니라, 격려하여 이끈다. 자기의 권위를 강조하는 리더는 강압에 의해 다스리려는 리더에 속한다. 진정한 리더라면 자신이 리더임을 동네방네 떠벌리기보다는, 자신이 하는 일로 리더임을 보여줄 것이다. 그러니까 공감하고 이해하고, 공정한 태도를 보이며, 자기 직무를 잘 알고 있다는 사실을 보여준다는 말이다.

10. 지위(title)에 연연하는 태도: 유능한 리더는 아랫사람의 존경을 얻기 위해 "지위"를 필요로 하지 않는다. 지위를 지나치게 강조하는 사람은 보통 그것 외에는 보여줄 것이 없는 경우가 많다. 진정한 리더는 자신의 사무실을 항상 개방하고, 직무 공간을 형식이나 가식이 없는 곳으로 만든다.

이 10가지 항목은 리더십이 실패하는 가장 흔한 요인들이다. 당신이 이 중 하나라도 잘못을 저지르고 있다면 리더로서 실패할 확률이 높아진다. 리더가 되고자 한다면, 이 목록을 잘 살펴보고 자신이 이런 잘못을 저지르고 있지는 않은지 살펴보라.

원하는 일자리를 얻는 법

누구나 자신에게 가장 잘 맞는 일을 하고 싶어 한다. 화가는 그림 그

생각하라 그리고 부자가 되어라

리기를 좋아하고, 공예가는 손으로 작업하는 일을 좋아하며, 작가는 글쓰기를 좋아한다. 이에 비해 뚜렷한 재능이 다소 적은 사람은 비즈니스나 산업 분야에서 일하려고 할 것이다. 미국의 좋은 점은, 다양한 직업군이 존재한다는 점이다. 농업이든 제조업이든 홍보직이든 말이다.

첫째. 어떤 직업을 원하는지 확실히 정하라. 존재하지 않는 직업이라면 스스로 만들면 된다.

둘째. 일하고 싶은 회사나 사람을 고른다.

셋째. 일하고 싶은 회사의 정책이나 직원들, 승진 기회 등을 조사하라.

넷째. 자신이 어떤 사람인지부터 시작해서 재능, 능력 등을 분석해보고, 자신이 회사에 무엇을 제공할 수 있는지 살펴본다. 자신이 회사에 이바지할 수 있는 이점, 능력, 발전 상황, 아이디어를 어떻게 전달할 것인지 구체적인 수단과 방법을 고안하라.

다섯째. "직업"을 찾는 것에 연연하지 마라. 일자리가 있는지 없는지는 신경을 쓰지 마라. "제가 일할 자리가 있을까요?"라는 구태의연한 말은 지워라. 당신이 회사에 이바지할 수 있는 것에 집중해라.

여섯째. 머릿속에 계획이 떠올랐다면, 종이에 깔끔하고 상세하게 옮겨 적어라.

일곱째. 고용 권한이 있는 사람에게 그 계획을 제시하라. 그러면 나머지는 자동으로 해결된다. 어떤 회사든 가치 있는 아이디어나 능력을 지닌 유능한 사람을 찾는다. 어떤 회사든 회사에 이익이 되는 명확한 실천 계획을 지닌 사람에게 내어줄 자리는 있다.

이 절차를 실행하는 데는 며칠 혹은 몇 주가 걸릴 수도 있다. 하지만 이 시간이 수입과 승진 등에서 차이를 차이로 만들어 내어, 적은 보수를 받고 말단에서 힘들게 일하는 시간을 줄여줄 것이다. 여기에는 많은 이점이 있다. 그중 가장 중요한 것은, 원하는 목표에 도달하는 데까지 1~5년의 세월을 절약해 준다는 점이다.

세심하고 신중한 계획을 통해, 성공의 사다리를 올라가는 과정에서 절반을 건너뛸 수 있다. (물론, 사장의 아들은 예외이다.)

당신의 "QQS(질, 양, 직업정신)" 점수는

효율적이고 지속해서 노동력을 홍보하여 성공하려면 어떤 것에 유의해야 하는지 살펴보았다. 성공을 가능케 하는 이 원인을 살펴보고 분석하고 이해하여 적용하지 않고서는, 누구도 자신의 노동력을 효율적으로 홍보할 수 없다. 모두가 스스로의 세일즈맨이 되어야 한다. 일반적으로 노동력의 질(QUALITY)과 양(QUANTITY), 그리고 일을 수행하는 직업정신(SPIRIT)이 임금과 고용 지속성을 결정짓는다. 노동력을 효율적으로 홍보하기 위해서는 (즉, 만족할 만한 임금 수준으로 즐거운 환경에서 지속해서 일하기 위해서는), "QQS 공식"을 따라야 한다. QQS 공식이란 질(QUALITY)과 양(QUANTITY), 그리고 적절한 협력 정신(SPIRIT)이 있을 때 노동력을 가장 잘 홍보할 수 있다는 뜻이다.

생각하라 그리고 부자가 되어라

"QQS 공식"을 기억하라. 아니, 습관처럼 몸에 익혀라!

이 공식을 분석해서 그 뜻을 정확히 이해해 보도록 하자.

1. 노동력의 질(QUALITY)은 자신의 직책과 관련된 모든 세부 사항을 좀 더 효율적인 방법으로 수행하겠다는 목표를 가지고 현재 가능한 가장 효율적인 방법으로 수행하는 것을 의미한다.

2. 노동력의 양(QUANTITY)은 항상 능력이 닿는 모든 일을 하는 습관을 들이되, 연습과 경험을 통해서 역량이 늘어나게 되면 일의 양을 늘리겠다는 목표를 세우는 것이다. 여기에서 키워드는 습관이다.

3. 직업정신(SPIRIT)이란 동료들로부터 협력을 끌어낼 수 있는 쾌활하고 조화로운 행동과 태도를 보이는 습관을 의미한다.

노동력의 질(QUALITY)과 양(QUANTITY)이 충분하다고 해서 지속적인 고용을 보장하지는 않는다. 일을 수행하는 직업정신(SPIRIT) 혹은 태도가 당신이 받게 될 임금과 고용 기간을 결정하는 데 결정적인 역할을 한다.

일자리 시장에서 성공하기 위한 요소들을 가장 강조한 이는 앤드루 카네기였다. 그는 몇 번이고 "협력"을 강조했다. 협력 정신으로 일하지 않는 사람이라면, 아무리 업무의 질과 양이 좋더라도 고용하지 않을 것이라고 강조한 바 있다. 카네기는 쾌활한 성격도 강조했다. 그가 이 점을 무척 중요하게 여겼음을 증명이나 하듯, 이 기준에 적합한 많은 사람에게 막대한 부를 이룰 기회를 허용했다. 그렇지 못한 사람들은 다른 이들에게 자리를 내어줘야만 했다.

유쾌한 성격이 중요한 이유는 유쾌한 사람은 적합한 직업정신을 가지고 일할 수 있기 때문이다. 쾌활한 성격을 가지고 협력하며 일하는 사람은, 비록 업무 수행 능력이 양적, 질적으로 부족해도 보완할 수 있다. 하지만 쾌활한 태도를 대신할 수 있는 것은 없다.

실패의 30가지 원인

무엇이 당신의 발목을 붙잡고 있는가

인생의 가장 큰 비극은 열과 성을 다했지만 실패하는 경우가 있다는 사실이다! 성공하는 사람에 비해 실패하는 사람의 수가 압도적으로 많다는 점이다.

수천 명의 사람들을 분석한 결과 그중 98%는 "실패"한 사람으로 분류되는 이들이라는 사실을 발견했다. 98%의 사람들이 실패자로 인생을 살아가야 한다니, 이 사회와 교육 시스템에 뭔가 단단히 잘못된 점이 있는 게 분명하다. 하지만 세상의 옳고 그름을 논하려고 이 책을 쓴 것은 아니다. 그 주제를 위해서는 이 책 분량의 백 배가 넘는 지면을 할애해야 할 것이다.

분석을 통해서 나는 인생의 실패에는 30가지 원인이 있으며, 부를 축적하는 데는 13가지의 주된 원칙이 있다는 점을 밝혀냈다. 이번 장에서는, 실패의 30가지 주된 요인에 대해 살펴볼 것이다. 목록을 하나하나 살펴보면서, 이 중 몇 개나 당신과 성공 사이를 가로막고 있는지 스스로 확인해 보라.

1. 불리한 태생적 환경: 지능에 문제를 가지고 태어난 사람들에게는 대안이 별로 없다. 이 약점을 극복할 방법으로는 조력 집단의 도움을 받는 것밖에는 없다. 하지만 이는 누구나 쉽게 바로잡을 수 있는 30가지의 실패 유발 요인 중 하나일 뿐이라는 사실을 기억하고 힘을 내라.

2. 정확한 삶의 목표 부재: 삶의 중심이 되는 정확한 목표가 없는 사람은 성공하기 어렵다. 내가 분석한 100명 중 98명은 그런 목표를 갖고 있지 않은 사람들이었다. 아마도 이 점이 그들의 주된 실패 요인이었을 것이다.

3. 평범을 거부하는 야망의 결여: 발전하고 싶지 않거나 무관심한 사람, 그리고 성공의 대가를 치르길 거부하는 사람은 성공할 수 없다.

4. 낮은 교육 수준: 이는 상대적으로 극복하기 쉬운 핸디캡이다. 나는 자수성가하거나 독학을 통해 배운 사람들이 가장 학식 있는 사람인 경우가 많다는 사실 경험을 통해 터득했다. 교양있다는 것은 단순히 대학 졸업장이 있다는 뜻이 아니다. 타인의 권리를 침해하지 않으면서 삶의 목표를 이루는 방법을 안다는 의미이다. 교육은 지식의 전달뿐 아니라, 지식이 효율적이고 지속해서 적용되어야 한다. 사람들은 단순히 자신이 알고 있는 지식이 아니라, 그 지식으로

무엇을 하느냐에 따라 보상을 받게 되는 것이다.

5. 자제력 부족: 절제는 자기 통제 능력에서 온다. 이는 자신의 모든 부정적인 특성을 다스려야 한다는 뜻이다. 환경을 제어하기 전에 스스로를 먼저 제어해야 한다. 자기 통제는 가장 힘든 작업이다. 스스로를 정복하지 않으면 스스로에게 정복당하게 된다. 거울 앞에 섰을 때 당신이 보는 것은 당신의 가장 좋은 친구이자 가장 강한 적이 될 수도 있는 존재이다.

6. 건강 상태: 건강이 좋지 못하면 빼어난 성공을 거두기 어렵다. 건강을 해치는 요인들은 제어하고 다스릴 수 있다. 그 주된 요인들은 다음과 같다.

① 건강에 좋지 않은 음식들을 과식하는 것

② 잘못된 사고 습관: 부정적 사고방식

③ 성적인 탐닉

④ 운동 부족

⑤ 잘못된 호흡법으로 인해, 신선한 공기를 충분히 마시지 않는 것

7. 유년기의 불우한 환경: "잔가지가 휜 것처럼, 나무도 그렇게 키운다." 범죄 성향을 지닌 사람들 대부분은 유년 시절 불우한 환경과 좋지 않은 친구들의 영향으로 그렇게 된다.

8. 일을 미루는 버릇: 이는 실패의 가장 흔한 원인 중 하나다. 누구나 미루는 습관이 있고, 이로 인해 성공할 기회를 망칠 수 있다. 대부분 사람이 실패하며 살아가는 이유는, 가치 있는 일을 시작할 만한 적절한 때를 기다리기 때문이다. 기다리지 마라. "딱 맞는" 때는 없다. 지금 있는 곳에서 자신이 가진 것을 가지고 일하기 시작해라.

일해 나가면서 더 좋은 도구를 찾게 될 것이다.

9. 인내심 부족: 대부분 사람이 시작은 잘하지만 시작한 것을 잘 끝맺지 못한다. 게다가 실패의 조짐이 보이면 바로 포기하곤 한다. 인내심을 대체할 수 있는 것은 없다. 인내심을 좌우명으로 삼고 살아가게 되면 실패하는 습관이 떨어져 나가게 된다. 실패는 인내심을 이길 수 없다.

10. 부정적인 성향: 부정적인 성향으로 주변 사람들을 내치는 사람은 성공할 수 없다. 성공은 힘을 사용할 때 오며, 그 힘은 주변 사람들의 협력으로부터 얻어진다. 부정적인 성향으로는 다른 사람들의 협력을 얻을 수 없다.

11. 성적 충동의 자제력 부족: 성적 에너지는 사람들에게 동기를 부여하는 가장 강력한 자극이다. 가장 강력한 감정이기에 다른 통로를 통해 우회되어 표출되거나 전환되는 등의 방법으로 제어되어야 한다.

12. "대가 없이 얻으려는" 열망: 도박성 역시 흔한 실패 요인이다. 수많은 사람이 주식 차익을 노리고 도박에 가깝게 돈을 걸다가 월스트리트 주식시장이 1929년 붕괴하였던 일이 그 좋은 예이다.

13. 확고한 결단력 부족: 성공한 사람들은 즉시 결단은 내리고 그 결심을 바꾸기까지 오랜 시간이 걸린다. 실패하는 사람은 결단을 내리는 데 오랜 시간이 걸리는 반면, 그 결심을 바꾸는 데는 무척이나 빠르며 그 횟수도 잦다. 우유부단함과 일을 미루는 버릇은 단짝처럼 붙어 다닌다. 실패의 쳇바퀴에 얽히지 않으려면, 이 단짝을 제거해야만 한다.

14. 두려움: 여섯 가지 인간의 기초적인 두려움에 대해서는 뒤따르는 장에서 다루게 될 것이다. 당신의 노동력을 효율적으로 팔기 위해서는 먼저 이 두려움들을 극복해야 한다.

15. 잘못된 배우자 선택: 이 역시 가장 흔한 실패 요인이다. 결혼 관계는 사람들을 서로 가까이 붙어 지내게 만든다. 이 관계가 조화롭지 않으면 실패가 뒤따를 확률이 높아진다. 게다가 결혼에서의 실패는 사람들을 비참하고 불행하게 만들어서 모든 야망을 꺾어 버린다.

16. 지나친 조심성: 모험을 하지 않는 사람은 남들이 선택하고 남은 것을 가질 수밖에 없다. 조심성이 지나친 것은 조심성이 부족한 것만큼이나 나쁘다. 둘 다 피해야 할 극단적 형태이다. 인생은 기회로 가득 차 있다는 사실을 기억하라.

17. 잘못된 동업자 선택: 사업에서 실패하는 가장 흔한 요인이다. 직업을 구할 때, 당신에게 영감을 주며, 영리하며 성공한 고용주를 선택하도록 신중히 처리하여라. 사람들은 가까이 지내는 사람들을 따라 하는 경향이 있다. 따라 할 만한 가치가 있는 고용주를 선택하도록 하라.

18. 미신과 편견: 미신은 두려움이 형상화된 것이며, 무지의 소산이기도 하다. 성공하는 사람은 열린 마음을 유지하고 아무것도 두려워하지 않는다.

19. 잘못된 직업 선택: 싫어하는 일에서 성공할 수는 없다. 노동력을 파는 데 있어서 가장 중요한 단계는 자신을 온전히 내던져 일할 수 있는 직업을 선택하는 것이다.

20. 집중적인 노력 부족: "팔방미인"은 어느 하나도 잘하지 못한다. 확고하고 주된 한 가지 목표에 모든 노력을 집중하도록 하라.

21. 무분별한 소비 습관: 낭비벽이 있는 사람들은 성공할 수 없다. 항상 가난에 대한 두려움에 쫓기게 되기 때문이다. 체계적인 저축 습관을 길러서 수입의 일정 비율을 저축하도록 해라. 통장 잔고가 많으면 임금 협상 때 당당한 태도로 임할 수 있게 된다. 돈이 없으면, 액수를 제시하는 대로 감사하며 수용할 수밖에 없다.

22. 열정 부족: 열정이 없이는 다른 이에게 확신을 심어줄 수 없다. 게다가 열정은 전염성이 있어서, 열정을 지니고 그것을 조절할 줄 아는 사람은 대체로 어디에서나 환영받는다.

23. 편협함: 어떤 주제에 "닫힌" 마음을 가진 사람은 발전할 수 없다. 편협함을 보이는 사람은 지식을 얻으려 하지 않는 사람이다. 편협한 태도 중 가장 해로운 것은 종교, 인종, 정치적 견해의 차이를 대할 때 나타난다.

24. 무절제: 가장 해로운 무절제의 형태는 과식, 과음, 성적 무절제이다. 이런 것들에 지나치게 탐닉하게 되면 성공에 악영향을 끼친다.

25. 협력적 태도 부족: 많은 이들이 이 이유로 인생에서 큰 기회를 놓치고 자리를 놓치곤 한다. 다른 이유를 다 합쳐도 이 요소에 의한 손해에 못 미친다. 양식 있는 사업가나 리더라면 이 단점을 용납하지 않는다.

26. 노력을 통해 얻지 않은 힘 (부유층 자제이거나 스스로 일해서 벌지 않은 돈을 상속받은 사람들이 해당한다.): 노력을 통해 점차 얻지 않은 힘은 성공에 치명적인 영향을 끼치곤 한다. 벼락부자가 되는

것이 가난한 것보다 더 위험하다.

27. 고의적인 거짓: 정직함을 대신할 수 있는 것은 없다. 물론 살아가면서 스스로 통제하지 못하는 상황 때문에 정직하지 못하게 굴 때가 있다. 이는 지속해서 해를 끼치지는 않는다. 하지만 스스로 정직하지 않은 태도를 선택했다면 그에게는 희망이 없다. 빠르든 늦든 언젠가 그가 한 일이 그의 발목을 잡을 것이다. 그때는 명예가 실추되거나 자유를 구속당하는 등 대가를 치르게 될 것이다.

28. 이기주의와 허영심: 이 두 가지 요소는 사람들이 떠나게 만드는 경고등과도 같다. 성공에 치명적인 영향을 끼치게 된다.

29. 생각하기보다 추측에 의존하는 태도: 대부분 사람들은 무관심이나 게으름 때문에 사실을 파악해서 정확하게 생각하지 않는다. 대신 추측이나 찰나의 판단으로 이루어진 "의견"에 따라 행동하곤 한다.

30. 자본 부족: 사업을 처음 시작할 때 많은 사람이 이로 인해 실패한다. 명성을 쌓을 때까지 실수를 저질러도 그 충격을 흡수하고 계속 사업을 해 나갈 수 있을 만큼의 여유 자금을 가지고 있어야 한다.

앞선 목록에 포함되어 있지 않지만, 당신이 경험한 특별한 실패 요인이 있었다면 여기에 적도록 해라.

위의 실패를 일으키는 30가지 주된 요인에서는 시도와 실패를 겪은 거의 모든 사람이 겪는 삶의 비극이 소개되었다. 당신을 잘 아는 사람과 함께 그 목록을 살펴보고 실패의 30가지 요인에 근거해서 당신을 분석해보도록 해라. 혼자서 스스로 분석해보는 것도 도움이 된다. 하지만 대부분 사람은 다른 사람들이 보는 것만큼 자신을 잘 판단하지 못한다. 당신이 그런 사람일 수도 있다.

"너 자신을 알라!"라는 오래된 격언이 있다. 상품을 잘 판매하려면 상품에 대해 잘 알아야 한다. 노동력을 팔 때도 마찬가지이다. 자신의 단점에 대해 잘 알아서 보완하거나 완전히 제거할 수 있어야 한다. 장점도 잘 파악해서 그쪽으로 주의를 끌어야 한다. 정확한 분석을 통해서만이 자신을 잘 알 수 있다.

유명 기업에 지원한 한 젊은이의 이야기는 스스로에 대해 무지하면 어떤 실수를 하게 되는지 보여준다. 매우 좋은 인상을 남긴 그에게, 면접관은 얼마만큼의 월급을 원하는지 물었다. 젊은이는 마음속에 정한 액수가 없다고 대답했다. (명확한 목표의 부재) 면접관은 "1주일간 일해보고, 능력에 알맞은 액수로 책정하도록 하죠."라고 말했다.

"그렇게는 안 됩니다."라고 젊은이는 대답했다.

"지금 다니고 있는 직장보다는 더 많이 받고 싶거든요."

현재 직책에서 임금을 재협상하거나 다른 곳에서 일자리를 알아보기 전에, 지금 받는 임금보다 더 나은 실력을 갖추도록 하라.

돈을 원하는 것과―모든 사람이 그렇다―더 높은 임금을 받을 가치가 있는 사람이 되는 것은 별개의 이야기다! 많은 사람이 자신이 원하는 만큼 당연히 받아야 한다고 착각하는 우를 범한다. 재정적 욕구와 자신의 가치는 무관하다. 당신의 가치를 결정짓는 것은 얼마나 유용한 노동력을 제공하느냐, 혹은 다른 사람이 능력을 발휘하도록 이끌 수 있느냐이다.

자신의 능력에 대한 목록을 작성하라

스스로에게 물어야 할 28개의 질문

자신의 능력을 효율적으로 팔려면 매년 자기 분석을 해보는 게 좋다. 자신을 상품이라고 생각하고 매년 재고 목록을 만들어 볼 수도 있을 것이다. 연간 자기 분석은 실수를 줄이고 장점을 끌어올려 준다. 작년보다 많이 발전했는지, 정체 중인지, 후퇴했는지 알 수 있는 것이다. 물론 목표는 발전하는 것이다. 연간 자기 분석은 그런 발전이 이루어졌는지, 그렇다면 얼마나 많은 발전이 있었는지를 밝혀준다. 또한 후퇴하는 부분은 어떤 것이었는지도 밝혀준다. 효율적인 노동력 판매를 위해서는 발전해야만 한다. 그 나아가는 속도가 느리더라도 말이다.

이런 자기 분석은 연말에 시행하는 게 좋다. 그래야 분석 결과가 나타내는 바에 따라 신년 계획에 개선 사항을 포함할 수 있기 때문이다. 다음의 질문을 통해 자신을 점검해 보라. 스스로를 속이지 않고 정확하게 분석할 수 있도록 누군가의 도움을 받도록 하라.

개인 능력 목록 작성을 위한 자기 분석 질문들

1. 올해 설정한 목표를 달성했는가? (인생의 커다란 주요 목표에 따라 분명한 연간 목표를 세우고 달성해야 한다.)

2. 최선을 다해 최고의 재능을 발휘했는가, 아니면 개선해야 할 점이 있는가?

생각하라 그리고 부자가 되어라

3. 최선을 다해 많은 일을 했는가?

4. 항상 조화롭고 협조적인 태도로 일했는가?

5. 일을 미루는 습관 때문에 효율적이지 못하게 일을 했는가? 그렇다면 어느 정도까지 효율성에 영향을 미쳤는가?

6. 성격을 개선했는가? 그렇다면 어떤 면에서 나아졌는가?

7. 끈기를 가지고 계획한 바를 끝까지 완성했는가?

8. 항상 즉각적이고 확고한 결정을 내렸는가?

9. 여섯 가지 기본적인 두려움 중 어떤 것 때문에 효율성이 떨어지진 않았는가?

10. 지나치게 조심스럽게 행동하거나, 조심성이 부족했던 적은 없는가?

11. 동료들과의 관계가 즐거웠는가, 불편했는가? 불편한 관계였다면 그 원인은 전적으로, 혹은 부분적으로라도 나에게 있었는가?

12. 노력을 집중시키지 못해서 에너지를 낭비하지 않았는가?

13. 매사에 열린 마음으로 인내심을 보였는가?

14. 어떤 면에서 직무 능력이 발전했는가?

15. 무절제한 습관을 보이지는 않았는가?

16. 공공연히 혹은 비밀스럽게 자기중심적인 모습을 보인 적은 없는가?

17. 내 근무 태도로 인해 동료들이 존경심을 가지게 되었는가?

18. 의견과 결정이 추측에 의한 것인가, 아니면 정확한 분석과 사고에 의한 것인가?

19. 시간과 지출 비용, 수입을 계획적으로 사용했는가, 그리고 아껴

서 사용했는가?

20. 성과 없이 시간만 낭비한 적은 없었는가? 그 시간을 더 유익한 곳에 쓸 수 없었는가?

21. 내년에는 더 효율적으로 생활하기 위해 어떻게 시간을 안배하고 습관을 바꿔야 할 것인가?

22. 양심에 거스르는 행동을 한 적이 있는가?

23. 어떤 부분에서 보수보다 더 질적, 양적으로 나은 능력을 제공했는가?

24. 누군가를 부당하게 대우한 적이 있는가? 그렇다면 어떤 면에서 그러했는가

25. 만일 내가 한 해 동안 나를 고용했다면, 내가 제공한 노동력에 만족하겠는가?

26. 나에게 맞는 일을 하고 있는가? 아니라면 그 이유는 무엇인가?

27. 내가 제공한 서비스의 구매자가 만족했는가? 아니라면 그 이유는 무엇인가?

28. 성공의 기본 원칙에 근거할 때 내 현재 점수는 어떠한가? (공정하고 솔직하게 점수를 내고, 솔직하고 과감하게 얘기해 줄 수 있는 사람에게 검증받도록 해라.)

이번 장에서 다루어진 정보들을 읽고 소화했다면, 당신은 이제 당신의 노동력을 홍보할 실용적인 계획을 세울 준비가 된 것이다. 이번 장에서는 노동력을 팔 계획을 세우는 데 있어서 필수적인 모든 원칙을 자세히 다루었다. 여기에는 리더십의 주된 요소들, 리더십이 실패

생각하라 그리고 부자가 되어라

하는 주된 원인, 리더를 위한 기회의 장, 삶의 전반에 있어서 실패하는 주된 원인, 그리고 자기 분석 시 물어봐야 할 중요한 질문들 등이 있다.

이렇게 정확한 정보들을 광범위하게 자세하게 기록한 이유는, 노동력을 팔아서 부를 일구고자 하는 모든 이들에게 필요한 내용이기 때문이다. 재산을 잃은 사람들과 이제 막 돈을 벌기 시작한 사람들에게는 노동력 외에는 부를 일굴 만한 수단이 없다. 따라서 노동력을 최대한 수익을 내며 팔기 위해서 실용적인 정보들을 알고 있어야 한다.

이번 장에서 소개된 정보들은 어떤 직업에서든 리더가 되기를 원하는 사람들에게 매우 도움이 될 것이다. 특히 기업의 임원직에 지원하는 사람들에게 말이다.

여기에서 소개된 정보들을 체득하고 이해하면 노동력을 팔 때는 물론이고, 다른 사람들을 분석하고 판단할 때도 도움이 될 것이다. 특히 인사 담당자나 고용 매니저, 그리고 기타 직원 채용을 담당하거나 효율적인 조직 관리의 책임이 있는 임원들에게 매우 귀한 정보이다. 여기에 소개된 내용의 신빙성에 의심이 간다면, 28문항의 자기 분석 질문에 답해 보라. 꼭 그렇지 않다고 하더라도, 이 질문들에 답해 보는 것이 흥미롭고 이득이 될 것이다.

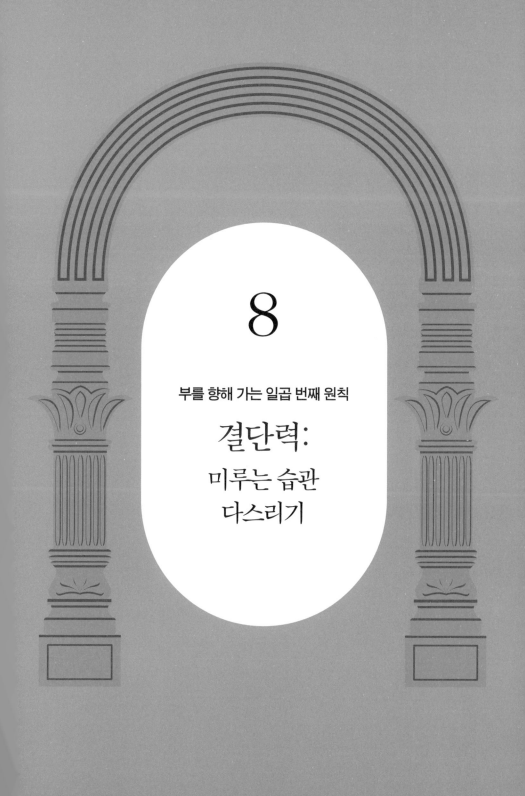

8

부를 향해 가는 일곱 번째 원칙

결단력:
미루는 습관
다스리기

실패를 경험한 2만 5천 명 이상의 사람들을 분석한 결과, 실패의 30가지 주된 요인 중 결단력 부족이 높은 순위를 차지했다. 이는 이론이 아닌 명백한 사실이다.

결단력의 반대말은 꾸물거림이다. 이는 우리가 모두 반드시 정복해야만 하는 공공의 적이다.

이 책을 다 읽고 나면 자신에게 신속하고 분명하게 결단을 내리는 능력이 있는지 시험해 볼 기회가 있을 것이다. 그러고 나면 성공의 원칙들을 실천할 준비가 된 것이다.

수백만 달러 이상의 부를 일군 수백 명의 사람을 분석해 보니, 그들 모두 즉시 결정을 내리는 것이 습관화되어 있고, 그 결정을 바꿀 때는 오랜 시간 신중하게 생각한다는 사실을 알았다. 부를 일구는 데 실패한 사람들은 거의 예외 없이 결단을 내리는 데는 오랜 시간이 걸리는 반면, 결정을 무척이나 빠르고도 자주 뒤집었다.

헨리 포드의 가장 뛰어난 자질은 신속하고 분명하게 결단을 내리고, 결단을 바꿀 때는 신중하다는 점이었다. 이 점에 있어서 워낙 확고한 탓에, 포드는 완고하다는 소리를 듣게 되었다. 이런 점 덕분에 (세계에서 가장 못생긴 차라고 불리는) 모델 T를 제조할 때, 주변의 모든 조언자, 자동차 제조업자들이 계획을 바꾸라고 했음에도 그 프로젝트를 끈질기게 밀어붙일 수 있었다.

포드가 너무 늦게 모델 T에 변화를 주는 결정은 내린 것도 사실이지만, 모델 변화가 필요해지기 전까지, 포드의 완고한 결심은 막대한 부를 창출해 냈다. 누군가는 포드의 확고한 결심을 단순한 고집일 뿐이라고 말하기도 하지만, 느리게 결정을 내리고 잽싸게 마음을 바꾸는 것보다는 훨씬 낫다.

필요한 만큼의 부를 일구는 데 실패한 사람들은 대체로 다른 사람들의 "의견"에 많은 영향을 받는다. 이들은 소문이나 타인의 의견을 그대로 수용하고, 뉴스에서 나온 이야기들을 자기 의견이라고 생각한다. "의견"이란 이 지구상에서 가장 값싼 상품이다. 누구나 주변 사람들에게 말해줄 의견을 한 보따리씩 지니고 있다. 결정을 내릴 때 다른 사람의 의견에 지나치게 영향을 받는다면, 어떤 일에서도 성공할 수 없으며 열망을 재화로 바꾸기도 어렵다.

다른 사람의 의견에 지나치게 휘둘리다 보면 결국 당신 자신의 열망을 잃어버리고 만다.

내면의 조언을 들어라. 성공 원칙들을 실천할 때, 결단을 내릴 때, 자기 자신에게만 기대고 자신이 내린 결정을 따르라. "조력 집단"을 제외하고 누구도 당신의 확신을 건드리지 못하게 하여라. 또한 조력자들을 선택하는 데도, 당신의 목표에 완벽하게 공감하고 조화를 이루는 사람들로 골랐는지 확인해야 한다.

가까운 친구나 친지들은 의도하지 않았다 하더라도 "의견"을 통해 방해를 할 수 있다. 때로는 유머라고 던진 말이 조롱이 되기도 한다. 많은 사람이 평생 열등감을 가지고 살아가는데, 이는 어떤 악의는 없지만, 무지한 사람이 "의견"과 조롱을 통해서 그들의 자신감을 파괴했기 때문이다.

누구나 자신만의 머리와 생각이 있다. 이를 이용해 스스로 결정을 내려라. 결정을 내리는 데 도움을 받기 위해 다른 사람에게서 정보를 얻어야 한다면, 목적은 밝히지 말고 필요한 정보만 조용히 얻어내라.

수박 겉핥기식의 얕은 지식만 가진 사람들은 많이 안다고 과시하려고 애쓰곤 한다. 그런 사람들은 일반적으로 지나치게 말이 많으며 남의 말에 귀 기울이지 않는다. 즉각적으로 결정을 내리는 습관을 들이고 싶다면, 눈과 귀를 열고 지켜보라. 입은 닫아라. 말이 지나치게 많은 사람은 행동하지 않는다. 듣기보다 말을 더 많이 하면 유용하고 중요한 정보를 놓치기 쉽다. 지나치게 말을 많이 하면, 당신을 질투하고 쓰러뜨리고 기뻐할 적에게 목적과 계획을 노출할 수 있다.

또한 기억할 점은, 지식이 많은 사람 앞에서 입을 열 때마다, 그 사람에게 당신이 정확히 얼마만큼 알고 있는지, 즉 얼마만큼 '모르고' 있는지를 보여주는 꼴이라는 점이다! 진짜 많이 아는 사람들은 보통 겸손하고 조용하다.

또 한 가지 염두에 둘 점은, 당신이 만나는 모든 사람도 당신처럼 부를 추구하고 있다는 점이다. 계획을 너무 떠벌리면 다른 사람이 그 계획을 가로챌 수 있다. 나중에 그 모습을 보고 놀라지 말라.

처음 내린 결심을 입안에 감춰두고 눈과 귀를 열어라.

이 점을 기억하기 위해, 대문자로 다음의 조언 내용을 써서 매일 볼 수 있는 자리에 붙여두어라.

"무엇을 하려는지 세상에 말하지 마라. 먼저 그것을 행동으로 보여 주어라."

즉, "가장 중요한 건 말이 아니라 행동이다."라는 말과 같은 소리다.

자유 혹은 죽음의 결정

결정을 내리는 데 얼마나 큰 용기가 필요하냐에 따라 그 결정의 가치를 매길 수 있다. 문명의 기초를 세운 위대한 결정들은 큰 위험을 무릅쓰고 내려진 것들이었다. 때로는 죽음도 불사해야 했다.

미국에서 흑인들에게 자유를 부여한 링컨의 유명한 노예 해방령을 발표할 당시, 링컨은 이로 인해 수많은 친구와 지지자들을 잃게 될 거라는 사실을 알고 있었다. 또한 이 선언으로 인해서 전장에서 수많은 사람이 목숨을 잃게 될 거라는 사실도 알았다. 결국 링컨 자신도 이로 인해 목숨을 잃었다. 분명 용기가 필요한 일이었다.

자신의 신념을 포기하지 않고 독배를 마시기로 한 소크라테스의 결정에도 용기가 필요했다. 이 덕분에, 시간상 천 년 후에나 태어날, 사상과 표현의 자유에 대한 권리를 사람들에게 선포할 수 있었다.

로버트 E. 리 장군이 북부 연합군을 떠나 남부와 대의를 함께 하기로 했을 때도 용기가 필요했다. 그 결정으로 인해 자신의 목숨도, 다른 사람들의 목숨도 위태로워질 수 있다는 것을 잘 알고 있었기 때문이다.

하지만 미국인들에게 있어 역사상 가장 용감한 결정은, 1776년 7월 4일 필라델피아에서 내려졌다. 그날은 56인의 사람들이 미국에 자유를 가져다줄 문서에 서명을 한 날이었다. 이들 모두는 이 행동으로 인해 교수형에 처할 수 있음을 알고 있었다!

이 문서가 바로 미국 독립선언문이다. 하지만 이 위업과 관련된 너무도 평범하지만 위대한 교훈도 알고 있는가?

우리는 모두 이 중대한 결정이 내려진 그 날을 알고 있다. 하지만 거기에 얼마만큼의 용기가 필요했는지 아는 사람은 많지 않다. 우리는 역사에 대해 배운 내용, 날짜와 인물들의 이름을 기억하고 있다. 포지 계곡과 요크타운, 조지 워싱턴과 콘월리스 장군의 이름을 외우고 있다. 하지만 그 이름과 날짜, 장소의 이면에 자리한 진정한 힘에 관해서는 잘 알지 못한다. 워싱턴의 군대가 요크타운에 도달하기 오래전에도 이 나라에 독립이 주어질 것임을 보장한, 그 보이지 않는 힘에 대해서는 알지 못한다.

미국의 독립에 대한 역사를 배우면서 우리는 조지 워싱턴이 미국의 아버지이며 그가 미국에 자유를 가져다주었다고 착각을 하곤 한다. 하지만 그는 역사의 자리에 있었을 뿐, 그의 군대의 승리는 콘월리스 장군이 항복하기 오래전부터 이미 예정된 것이었다. 미국이 칭송하는 워싱턴의 업적을 깎아내리려는 것이 아니다. 그가 승리할 수 있었던 진정한 원인이 되는 놀라운 힘에 대해서 자세히 살펴보려는 것이다.

미국의 독립과 자유는 지구상 모든 국민에게 독립의 새로운 기준을 세워주었다. 그리고 그 뒤에는 이를 가능케 한 거부할 수 없는 힘이 있었다. 역사가들이 이 힘에 대해 전혀 언급하지 않았다는 점은 비극이다. 비극이라고 하는 이유는, 똑같은 힘을 개인들이 이용할 때 삶의 어려움을 극복하고 인생에서 원하는 대가를 얻어낼 수 있기 때문이다.

이 힘을 탄생시킨 사건에 대해 간략히 살펴보도록 하겠다.

이 사건은 1770년 3월 5일 보스턴에서 시작되었다. 영국군들이 시민들에게 위협적인 분위기를 풍기며 거리를 활보하고 있었다. 식민지 주민들은 무장한 군인들이 주민들 사이를 행진하는 것을 싫어했다. 그들은 불만을 표시하며 행진하는 군인들에게 욕설과 함께 돌을 던졌다. 마침내 총사령관은 발포 명령을 내리기에 이르렀다.

전투가 시작되었고, 많은 사상자를 내었다. 주민들의 불만이 극도에 달하자, 저명한 식민지 주민들로 구성된 지역 의회가 소집되었고, 확고한 대처를 하기로 했다. 그 의회에는 존 핸콕과 사무엘 애덤스가 포함되어 있었다. ─그 이름이 역사에 오래 기억되길! 그들은 용감하게 목소리를 내어 영국군을 보스턴에서 몰아내자고 주장했다.

기억하라. 단지 두 사람의 마음속에 있던 결정이 미국이 현재 누리고 있는 자유의 시작이었다는 점을. 그리고 또 기억하라. 이 두 사람이 내린 결정에는 위험이 따르기에 신념과 용기가 필요했다는 점을 말이다.

생각하라 그리고 부자가 되어라

의회가 해산되기 전에, 그들은 사무엘 애덤스를 뽑아서 지역 주지사인 허친슨을 만나 영국군의 철수를 요구하도록 했다.

그들의 요구는 수용되었고 군대는 보스턴에서 철수했다. 하지만 사건이 종결된 것은 아니었다. 이 사건으로 인해 문명의 흐름을 바꾸어 놓을만한 상황이 발생한 것이다. 미국의 독립과 세계 대전 같은 거대한 변화가 사소해 보이는 상황에서 시작된다는 점이 흥미롭지 않은가? 또한 이렇게 중요한 변화들이 소수 사람의 마음속에 자리 잡은 확고한 결정에서 시작된다는 것도 흥미롭지 않은가? 존 핸콕, 사무엘 애덤스, 그리고 버지니아 지역의 리처드 헨리 리가 진정한 미국 건국의 아버지라는 사실을 알 만큼 역사를 잘 이해하고 있는 이는 드물다.

여기에서 리처드 헨리 리가 중요한 인물로 떠오른다. 그와 사무엘 애덤스는 자주 서신을 주고받으면서 자신들의 지역 주민들의 삶에 대한 두려움과 희망을 자유로이 교환했다. 이에 착안해, 애덤스는 13개 식민지가 서로 서신을 주고받음으로써 자신들의 문제를 해결하기 위해 필요한 협력을 끌어낼 수 있으리라는 생각을 하게 되었다. 보스턴에서 군대와의 충돌이 있은 지 2년이 지났을 때(1772년 3월), 애덤스는 이 아이디어를 의회에 제출했다. 식민지 간에 연락 위원회를 조직하고 각 식민지에 연락 담당자를 지정한다는 내용이었다. "영국령 아메리카 식민지의 발전을 위해 협력할 목적"을 위해서라는 명목하에 말이다.

이 사건에 주목하라! 이것이 당신과 나에게 자유를 가져다준 그 거대한 힘의 시작이었다. 애덤스, 리, 핸콕으로 구성된 조력 집단(Master Mind)이 이미 결성되어 있었다. "진실로 다시 너희에게 이르노니 너희 중 두 사람이 땅에서 합심하여 무엇이든지 구하면 하늘에 계신 내 아버지께서 그들을 위하여 이루게 하시리라."라는 성경 구절이 이루어지는 순간이었다.

연락 위원회가 조직되었다. 이로 인해 모든 식민지에서의 인원이 추가되어 조력 집단의 힘이 더 강해지게 되었다. 이 과정은 불만에 찬 식민지 주민들에 의해 진행된 첫 번째 조직화한 계획이었다.

사람들이 연합하면 힘이 생긴다! 식민지 시민들은 영국군을 상대로 보스턴 궐기 때와 같은 비조직적인 전투를 해왔을 뿐, 아무런 소득을 얻지 못하고 있었다. 개인적인 불만이 하나의 조력 집단의 지휘 아래 규합되지 못했기 때문이었다. 영국과의 문제를 확실히 해결하겠다는 하나의 확고한 기치 아래 개인들의 몸과 마음을 뭉치지 못하고 있었다. 애덤스와 핸콕, 리가 뭉치기 전까지는 말이다.

이 일이 진행되는 동안 영국도 손을 놓고 있지는 않았다. 그들도 나름대로 계획을 세우고 있었다. 재정과 조직화한 군대의 뒷받침으로 말이다.

영국 국왕은 매사추세츠 주지사로 허친슨 대신 게이지를 임명했다. 새로 임명된 주지사가 처음 한 일 중 하나는 사무엘 애덤스에게 칙사를 보내어 반대 운동을 그만하라고 협박한 것이었다.

그 만남의 분위기가 어땠는지는 펜톤 대령과 애덤스 사이에 오간 대화 내용을 보면 알 수 있을 것이다.

펜톤 대령: "난 게이지 주지사의 대리인으로 이 자리에 왔소. 애덤스

씨, 주지사는 당신이 정부의 정책에 반대하는 태도를 그만둔다면 만족할만한 사례를 할 수 있는 권한이 있소. 주지사는 당신이 국왕 폐하의 심기를 건드리는 일을 그만두기를 권고하고 있소. 당신이 하는 일은 헨리 8세 법에 따라 처벌될 수 있소. 주지사의 재량에 따라 영국으로 송환되어 국가 반역죄로 재판에 돌려보낼 수도 있다는 말이오. 하지만 당신이 정치적 방향을 바꾼다면, 개인적으로 막대한 이득을 얻을 뿐 아니라, 영국과도 화해할 수 있을 것이오."

사무엘 애덤스에게는 두 개의 선택지가 있었다. 영국에 대항하기를 그치고 개인적 이득을 얻거나, 교수형에 처할 각오로 계속하느냐였다!

애덤스가 목숨을 건 결정을 즉각적으로 내려야만 하는 순간이 온 것이었다. 대부분 사람이라면 그런 결정을 내리기 힘들어했을 것이다. 대부분 사람이라면 애매한 답변을 보냈을 테지만, 애덤스는 달랐다! 그는 펜톤 대령에게 그가 하는 말을 토씨 하나도 빠뜨리지 않고 그대로 주지사에게 전하겠다고 맹세할 것을 요구했다.

애덤스의 답변: "그렇다면 게이지 주지사께 전해 주시오. 나는 이미 오랫동안 왕 중의 왕이신 하나님과 평화롭게 지내왔다고 말이오. 내 사심을 위해서 내 나라를 위한 정의로운 명분을 포기할 순 없소. 또한, 게이지 주지사에게 나 사무엘 애덤스의 권고를 전해 주시오. 다시는 성난 국민의 감정을 모욕하지 말라고 말이오."

그가 어떤 성격의 사람이었는지는 언급할 필요도 없을 듯하다. 이 놀라운 메시지를 읽는 사람들이라면 모두 그가 충성심이 높은 사람임을 알 수 있을 것이다. 이는 중요한 사실이다. (협잡꾼들과 거짓말쟁이 정치인들은 애덤스가 목숨을 걸고 지킨 명예를 헌신짝처럼 팔아버리곤 한다.)

애덤스의 신랄한 답변을 받은 게이지 주지사는 떨 듯이 분노했고, 다음과 같은 선언문을 발표하기에 이르렀다.

"영국 국왕의 이름으로 약속하노니, 당장 무기를 버리고 평화롭게 본연의 자리로 돌아오는 모든 이들에게 관대함을 베풀겠다. 다만 사무엘 애덤스와 존 핸콕은 사면에서 제외될 것이다. 그들은 극악무도한 죄를 저질렀기에 그에 상응하는 처벌을 받게 될 것이다."

오늘날의 표현대로 하자면, 애덤스와 핸콕은 "현장에 있었다"! 분노한 주지사의 협박으로 인해 이 두 사람은 또 한 번 위험한 결정을 내리기에 이르렀다. 그들은 서둘러 비밀리에 충직한 동지들을 소환했다. 모두 모이자 애덤스는 문을 걸어 잠그고 주머니에 열쇠를 넣고는, 참석자들에게 식민지 주민들의 의회를 조직할 것을 주장하고, 결론이 나기까지 누구도 방에서 나갈 수 없다고 말했다.

엄청난 동요가 뒤따랐다. 몇 사람은 이 급진적인 결정으로 어떤 일이 일어날지 따져보았다. 몇 사람은 영국에 반기를 드는 일이 현명한 결정인지 의구심을 제기했다. 그 잠긴 방 안에서 두려워하지 않고 실패를 생각하지 않았던 사람은 핸콕과 애덤스 두 사람뿐이었다. 이들의 생각에 영향을 받아서, 나머지 사람들도 결국 식민지 연락 위원회를 통해 1774년 9월 5일에 필라델피아에서 최초의 대륙 의회를 개최하는 데 동의하기에 이르렀다.

이 날짜를 기억할 필요가 있다. 1776년 7월 4일보다 더 중요한 날이다. 대륙 의회가 개최되지 않았더라면 독립 선언서에 서명할 수도 없었을 것이다.

처음으로 새로운 의회가 소집되기 전에 다른 지역에서 또 다른 리더 한 사람이 "영국령 아메리카의 권리에 대한 개요"를 출간하려 하고 있었다. 바로 버지니아 지역의 토머스 제퍼슨이었다. 그와 던모어 경(영국 국왕이 임명한 버지니아 대표)과의 관계는 핸콕과 애덤스가 게이지 주지사와 사이가 안 좋았던 그것만큼이나 험악한 사이였다.

그의 유명한 권리 개요가 출간되고 얼마 지나지 않아, 제퍼슨은 영국 정부에 대한 반역죄로 기소되었다는 통고를 받았다. 이런 위협에 고조되어, 제퍼슨의 동료인 패트릭 헨리가 대담한 연설을 했는데, 그 마지막 문장은 지금까지도 명문으로 일컬어진다.

"이것이 반역이라면, 가장 훌륭한 반역이 되도록 해보자."

식민지의 운명을 고뇌하며 대륙 의회를 개최하고 2년 동안 간헐적인 싸움을 계속해 낸 이들은 힘도, 권력도, 군사력도, 돈도 없는 사람들이었다. 마침내 1776년 6월 7일, 리처드 헨리 리가 위원장으로 지명된 후, 이렇게 선포했다.:

"여러분, 우리 식민 주 연합은 자유롭고 독립적인 주가 될 권리를 가지고 있습니다. 따라서 영국 왕실과의 모든 주종관계에서 벗어나고, 대영제국과의 모든 정치적 관계를 끊어야 한다고 주장합니다."

리의 놀라운 선언으로 인해 격렬한 논쟁이 일어났다. 논쟁이 길어지면서 리는 인내심을 잃기 시작했다. 며칠 간의 격론 끝에 그는 마침내 다시 한번 연단에 올라가 분명하고 단호한 어조로 말했다.

"의장님, 우리는 이 문제를 가지고 며칠이나 논의했습니다. 우리가 나아갈 길은 이제 이것 하나뿐입니다. 어째서 지체하는 겁니까? 더 생각할 필요가 있습니까? 오늘은 미 공화국이 탄생하는 행복한 날로 만듭시다. 파괴와 정복이 아닌, 평화와 법이 다스리는 국가로 재건합시다. 모든 유럽인이 우리에게 주목하고 있습니다. 독재가 만연해 가는 세상에서, 시민의 행복을 위한 자유의 살아있는 상징이 되어주길 바라고 있습니다."

하지만 리는 이 선언이 표결에 부쳐지기 전에 가족이 위급한 병을 앓고 있다는 소식을 받고 버지니아로 돌아갔다. 떠나기 전, 그는 친구 토머스 제퍼슨의 손에 이 일을 위임했고, 제퍼슨은 끝까지 싸워 승리할 것을 약속했다. 얼마 후, 의장 핸콕은 독립선언문을 기초할 위원회 의장으로 제퍼슨을 지명했다.

위원회는 온갖 노력을 기울여 오랜 시간 동안 선언문을 작성했다. 이 선언문이 의회에서 승인되는 순간, 거기에 서명한 모든 사람은 사형 집행 영장에 서명하는 거나 다름없었다. 연합군이 대영제국에서 패배할 때 말이다. 그리고 그럴 가능성이 매우 컸다.

독립선언문의 초안이 작성되고, 6월 28일에 의회에서 낭독되었다. 며칠 동안 그들은 이를 주제로 토론하고, 수정하고, 마침내 완성하였다. 1776년 7월 4일, 토머스 제퍼슨은 식민 주 의회 앞에 서서 담대하게 역사상 가장 기념비적인 결정문을 읽어내려갔다.

"인류의 역사에서 한 민족이 다른 민족과의 정치적 결합을 해체하고, 세계의 여러 나라 사이에서 자연법과 자연의 신의 법이 부여한 독립, 평등의 지위를 차지하는 것이 필요하게 되었을 때, 우리는 인류의 신념에 대해 엄정하게 고려해 보면서, 독립을 요청하는 여러 원인을 선언할 수밖에 없게 되었다."

제퍼슨이 선언문 낭독을 마치자, 이 선언문은 표결에 부쳐졌고 승인되었고, 56명이 자신의 목숨을 걸고 서명하였다. 이 결단으로 인류에게는 의사 결정의 자유를 부여하는 국가가 생겨났다.

독립 선언서가 탄생하기까지 이어진 사건들을 살펴보면, 세계적으로 존경받고 힘을 발휘하는 이 나라가 생겨난 것은 56명으로 이루어진 조력 집단의 결단 덕분이었다. 또 주목해야 할 사실은, 이 결단을 끌어낸 정신이 워싱턴과 함께 싸운 모든 병사의 마음속에 자리 잡아 실패를 모르는 정신력이 되어 워싱턴의 부대를 승리로 이끌었다는 사실이다.

또 한 가지 주목할 점은, 이 나라에 자유를 가져다준 그 힘은 스스로 결정하고자 하는 사람이라면 누구나 사용할 수 있다는 사실이다. 이 힘을 구성하는 것은 이 책에 소개된 성공 법칙들이다. 그 법칙 중 독립 선언서를 통해 최소 6개의 법칙을 어렵지 않게 찾아낼 수 있다. ― 바로 열망, 결단력, 신념, 끈기, 조력 집단, 그리고 체계화된 계획이다.

강렬한 열망에 입각한 생각은 그 자체로 실체를 갖추게 된다. 미국 건국 이야기와 미국 철강회사의 이야기는 생각이 놀라운 변화를 일으키는 과정을 완벽하게 보여주는 사례라 할 수 있다.

이 방법의 비밀을 찾으려 할 때 기적을 바라지는 마라. 그런 기적은 없다. 단지 불변의 자연법칙만을 찾게 될 것이다. 이 법칙은 그 법칙을 이용하려는 신념과 용기가 있는 사람이라면 누구나 사용할 수 있다. 국가에 자유를 가져다주거나 부를 일구는 데도 사용할 수 있다. 이를 이해하고 유용하는 데 필요한 시간을 제외하면 비용도 들지 않는다.

신속하고 확고한 결정을 내리는 사람들은 자신이 뭘 원하는지 알고 보통 그것을 쟁취한다. 모든 분야의 리더들은 빠르고 확실한 결정을 내린다. 이것이 그들이 리더가 된 주된 이유이다. 세상은 확실한 목표를 가지고 말하고 행동하는 사람들에게 기회를 제공하곤 한다.

우유부단함은 흔히 어렸을 때 생기는 버릇이다. 이 버릇은 삶의 분명한 목적 없이 초등학교에서, 중고등학교, 대학교를 거쳐 올라가면서 습관으로 굳어지게 된다. 교육 시스템의 가장 큰 약점은 확고한 결정을 내리는 습관을 가르치거나 장려하지 않는다는 점이다.

대학이 신입생들을 선발할 때 대학 졸업장을 따는 분명한 목적이 있는지를 기준으로 삼는다면 좋을 것 같다. 더욱 좋은 방법은, 초등학교에 입학하는 학생들이 결단력을 키우는 훈련을 필수과정으로 받고, 이 과정에서 만족할 만한 점수를 받아야만 학년을 올라갈 수 있도록 하는 것이다.

학교 시스템의 결함으로 인해 체득한 우유부단한 버릇은 직업을 선택할 때도 이어진다. 실제 그가 직업을 선택하기나 한다면 말이다. 보통 학교를 갓 졸업한 젊은이들은 눈앞에 보이는 직업을 아무거나 선택한다. 우유부단한 버릇에 빠졌기에 첫 번째로 잡은 아무 직업이나 바로 시작한다. 직장 생활을 하는 100명의 사람 중 98명은 원하는 직책을 잡으려는 분명한 계획을 세우려는 확고한 결단이 없고, 고용주를 어떻게 선택하는지에 대한 지식이 없었기 때문에 현재의 직업에 머물러 있다.

　확고한 결단을 내리려면 때로는 매우 큰 용기가 필요하기도 하다. 독립 선언서에 서명한 56명의 인물은 목숨을 걸고 그 선언서에 서명하기로 했다. 특정 직업을 취하고 인생에서 원하는 것을 얻어내겠다는 분명한 결심은 목숨을 걸 필요까지는 없다. 경제적 자유가 걸려있을 뿐이다. 경제적 독립, 부, 사업적/직업적 지위는 이를 얻기 위해 기대하고, 계획하며, 주장하지 않는 사람들에게는 먼 나라 일일 뿐이다. 사무엘 애덤스가 식민지 연합에 자유를 바랐던 정신으로 부를 바라는 사람이라면 분명 부를 축적할 수 있을 것이다.

　체계적인 계획에 관한 장에서는, 모든 타입의 노동력을 파는 방법에 대해 꼼꼼히 배우게 될 것이다. 또한 좋은 고용주와 원하는 직업을 선택하는 방법에 대해서도 자세히 알게 될 것이다. 하지만 이 모든 지침도 당신이 이를 체계화해서 실행으로 옮기겠다는 확고한 결심이 없는 한은 무용지물일 것이다.

THINK
& GROW
RICH

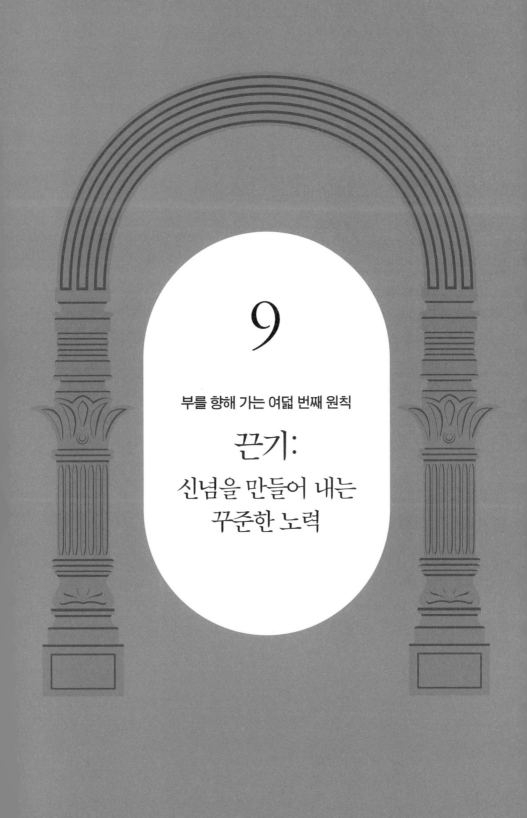

9

부를 향해 가는 여덟 번째 원칙

끈기:
신념을 만들어 내는
꾸준한 노력

열망을 재화로 바꾸는 데 있어 끈기는 필수 요소이다. 끈기는 의지가 바탕이 되어야 한다.

의지와 열망이 적절히 결합하면 강력한 단짝이 된다. 막대한 부를 일군 사람들은 흔히 냉혈한이라거나 무자비하다고 생각되곤 한다. 이는 흔한 오해이다. 그들은 의지가 있을 뿐이고, 이 의지에 끈기를 더해서, 열정을 밀어붙여서 목표를 이루는 것이다.

헨리 포드도 냉혈한에 잔인한 사람이라고 평가됐다. 이 오해는 그가 모든 계획을 추진할 때 끈기 있게 밀어붙이는 버릇이 있었기 때문에 생겨난 것이었다.

대부분 사람은 반대나 어려움에 부딪히게 되면 바로 목표를 포기해 버리곤 한다. 역경에도 불구하고 밀어붙여서 목표를 이루는 사람은 매우 드물다. 포드, 카네기, 록펠러, 에디슨과 같은 사람들이 이런 극소수의 상황에 해당한다.

"끈기"는 영웅적인 특징으로 여겨지지는 않는다. 하지만 끈기는 탄소가 강철을 만들듯, 사람을 강인하게 만들어준다.

일반적으로 부를 일구기 위해서는 성공을 위한 13가지 원칙 모두를 적용해야만 한다. 이 원칙들을 이해하고 끈기 있게 실천해 나가야만 부를 일굴 수 있다.

이 책의 지침들을 실천하려 한다면, 제2장에서 소개된 여섯 단계를 따르려 할 때 처음으로 스스로의 끈기를 시험하게 될 것이다. 이미 확고한 목표를 가지고 그 목표를 이루기 위한 분명한 계획을 세우고 나아가는 극소수의 사람 중 하나가 아닌 이상, 지침을 읽고도 일상을 지내는 과정에서 이 지침들을 따르지 못할 경우가 많을 것이다.

이 시점에서 다시 한번 다짐하도록 하자. 끈기 부족은 실패의 가장 큰 원인 중 하나이다. 더군다나 수천 명의 사람을 만나본 결과 끈기 부족은 대다수 사람의 공통적인 약점임을 알게 되었다. 하지만 이 약점은 노력으로 극복할 수 있다. 얼마나 쉽게 극복하느냐는 개인의 열망 강도에 달려있다.

열망은 모든 성공의 출발점이다. 이 점을 늘 마음속에 기억하라. 열망이 약하면 결과도 미미하다. 작은 불에서는 열이 약하듯이 말이다. 스스로 끈기가 부족하다고 여긴다면, 열망의 불을 부채질함으로써 이 약점을 극복할 수 있다.

이 책을 끝까지 다 읽은 후, 다시 2장으로 돌아가서, 즉시 여섯 단계의 지침을 실천하기 시작하라. 이 지침을 얼마나 열심히 따르느냐가 당신이 얼마나 부를 축적하고 싶은 열망이 강한지를 보여주는 척도가 될 것이다. 돈에 대해 스스로 무관심하다면 아직 "부에 대한 의식"을 키우지 못한 것이다. 부를 축적하고 싶다면 이 의식을 반드시 가지고 있어야 한다.

물이 바다를 향해 가듯이, 부는 부를 "끌어들일" 마음이 준비된 사람들을 향해 간다. 이 책은 어떤 마음가짐을 가져야 열망하는 목표를 이룰 수 있는지에 대해 알려 줄 것이다.

끈기가 부족하다고 느낀다면, "힘"에 관한 장에서 소개된 지침들에 주의를 기울여 보라. "조력 집단"을 주변에 두고, 그들과 협력함으로써, 끈기를 기를 수 있다. 끈기를 기르는 방법에 대한 추가적인 지침은 "자기암시"와 "잠재의식"에 관한 장에서도 찾아볼 수 있다. 이 지침들을 따라 열망하는 목표를 잠재의식 속에 뚜렷이 새겨넣는 습관을 들이도록 하라. 그 이후로는 끈기 부족으로 인해 힘들어하지 않을 것이다.

잠재의식은 깨어 있을 때나 잠들어 있을 때나 쉬지 않고 일한다.

이 원칙들을 드문드문, 가끔 실천해서는 아무 효과도 없을 것이다. 원하는 결과를 얻으려면 이 원칙들이 몸에 완전히 밸 때까지 실천해야 한다. 성공을 위해 필수적인 "부에 대한 의식"을 개발하는 방법은 이것뿐이다.

부가 그것을 끌어당기려고 의도적으로 준비하는 사람들에게 가듯이, 가난도 어울리는 마음가짐을 가진 사람에게 끌린다. 여기에는 같은 법칙이 작용한다. 빈곤 의식은 부에 대한 의식에 사로잡히지 않은 마음을 사로잡게 될 것이다. 빈곤 의식은 그에 어울리는 습관을 일부러 실천하지 않아도 생겨난다. 부에 대한 의식은 그것을 타고나지 않는 한 일부러 발전시켜야 생겨난다.

앞선 문단에서 말한 내용의 중요성을 이해한다면, 부를 축적하는데 있어 끈기가 얼마나 중요한 것인지를 알 수 있을 것이다. 끈기 없이는 시작도 하기 전에 패배하게 된다. 끈기가 있다면 이길 수 있다.

가위에 눌려본 사람이라면 끈기의 가치를 알 수 있을 것이다. 침대에 누워 잠을 자고 있는데, 무언가가 위에서 꽉 누르는 듯한 기분이 들어 반쯤 잠을 깬다. 몸을 돌릴 수도, 꼼짝할 수도 없다. 하지만 몸을 움직여야만 한다는 생각이 든다. 의지를 발휘해 참을성 있게 애쓴 끝에 마침내 손가락 하나를 까딱하게 된다. 점차 손가락을 하나씩 움직일 수 있게 되고, 마침내 팔을 들어 올린다. 그리고 나서 다른 쪽 팔도 움직일 수 있게 된다. 그리고 —의지를 최고로 발휘하여— 몸 근육 전체를 움직일 수 있게 되고, 악몽에서 벗어나게 된다. 한 단계, 한 단계씩 일해낸 것이다.

같은 방법으로 정신적 무력감에서 빨리 벗어나야 한다. 처음에는 천천히, 그러다가 속도를 높여, 마침내 의지를 완전히 다스리게 되는 것이다. 초반에 천천히 움직이더라도 인내심을 가져라. 끈기를 가지면 성공할 수 있다.

조력 집단을 신중하게 골랐다면, 당신이 끈기를 계발하는 데 도움을 줄 사람이 한 사람쯤은 있을 것이다. 어떤 이들은 필요를 따라서 막대한 부를 일구게 된다. 상황에 쫓기다 보니 끈기를 가지게 되었고, 인내심이 버릇처럼 된 것이다.

끈기를 대신할 수 있는 것은 없다! 다른 어떤 자질도 끈기를 대체할 수는 없다! 이 점을 기억하라. 초반에 진전이 더디고 힘들다고 느낄

생각하라 그리고 부자가 되어라

때 용기를 북돋워 줄 것이다.

끈기가 습관처럼 몸에 밴 사람은 실패에 대한 대비책을 즐겁게 세운다. 몇 번을 실패하더라도 성공의 꼭대기에 서고 만다. 때때로 "숨은 인도자"에 의해서 온갖 종류의 실망스러운 경험들에 끌려다니는듯한 느낌이 들 때도 있다. 실패해도 다시 일어서서 계속 도전하고 마침내 성공하는 사람들에게 세상은 이렇게 외친다. "브라보! 네가 해낼줄 알았어!" "숨은 인도자"는 인내를 시험하지 않고 위대한 성공을 이루도록 허락하지 않는다. 이를 견디지 못하면 성공하지 못한다.

견뎌내는 사람들에게는 끈기의 대가로 풍성한 보상이 주어진다. 추구하는 모든 목표를 이루게 되는 것이다. 그게 다가 아니다! 물질적 보상보다 더 중요한 것도 받게 된다. "모든 실패에는 그만큼 값진 성공의 씨앗이 들어있다."라는 깨달음이다.

이 원칙에는 예외가 있다. 끈기의 중요한 경험을 통해 배운 사람들이 있다. 실패를 일시적인 일 이상으로 치부하지 않는 사람들이다. 또한 끈질기게 열정을 품고 시도해서 그 실패를 마침내 성공으로 바꾸어 놓는 사람들이다. 인생의 사이드라인에 서 있는 우리는 너무나 많은 사람이 실패의 나락으로 떨어져서 다시 일어서지 못하는 모습을 본다. 그리고 실패라는 벌을 더 노력하라는 격려로 받아들이는 아주 극소수의 사람들도 본다. 다행스럽게도 이들은 인생에서 후퇴를 인정하지 않는다. 반면, 보이지는 않지만 의심할 수 없는, 좌절에 맞서 싸우는 사람들을 구원해주는 조용하지만 거부할 수 없는 힘이 존재한다는 사실을 간과하곤 한다. 일단 이를 "끈기"라고 부르도록 하자. 한 가지 분명한 사실은, 끈기가 없는 사람은 어떤 일에서도 빼어난 성공을 이룰 수가 없다는 점이다.

이 글을 쓰고 있는 지금, 눈을 들어서 한 블록도 떨어지지 않은 곳에 있는 위대하고도 신비로운 "브로드웨이"를 바라본다. "희망의 무덤"이라고도 "기회의 문"이라고도 불리는 곳이다. 명성과 부, 권력, 사랑, 혹은 흔히 성공이라고 불리는 어떤 것을 꿈꾸며 전 세계로부터 많은 이들이 브로드웨이로 온다. 아주 드물게, 이 긴 행렬에서 한 발짝 앞으로 나서고 세상은 브로드웨이에 스타가 탄생했다고 말한다. 하지만 브로드웨이를 정복하는 길은 쉽지도 빠르지도 않다. 포기하지 않고 노력해야만 재능과 천재성을 인정받고 부를 일굴 수 있다.

그런 사람은 브로드웨이를 정복할 비결을 발견한 것이다. 이 비결은 언제나 한 단어로 귀결된다. 끈기이다!

끈기로 브로드웨이 극장가를 점령한 패니 허스트의 고군분투기는 이 비결에 대해 말해준다.

글쓰기를 통해 부를 이루겠다는 꿈을 품은 그녀는 1915년 뉴욕으로 왔다. 그 꿈은 쉽게 이루어지지 않았지만, 그녀는 결국 해냈다. 4년 동안 그녀는 직접 경험을 통해 "뉴욕의 거리"에 대해 배우게 되었다. 낮에는 돈을 벌기 위해 일을 했고, 밤에는 희망을 품고 글을 썼다. 희망이 아득하게 보일 때도 그녀는 "알았어, 브로드웨이. 네가 이겼어!"라고 말하지 않았다. 대신 그녀는 "좋아, 브로드웨이. 다른 사람들은 몰라도 나는 너한테 당하지 않아. 네가 물러나야 할 거야."라고 말했다.

모닝 포스트의 발행인으로부터 36번의 거절 편지를 받은 끝에, 그녀는 마침내 불가능을 깨고 자신의 원고를 전달하게 되었다. 보통의 소설가라면, 보통의 다른 분야 사람들이 그렇듯이, 첫 번째 거절 편지를 받은 순간 소설가의 직업을 포기했을 것이다. 출판사의 계속되는 거절에도 그녀는 4년 동안 보도블록이 닳도록 출판사를 찾아갔다. 이길 결심이 되어 있었기 때문이었다.

그러자 "보상"의 날이 찾아왔다. 마법이 풀리고, '숨은 인도자'가 패니 허스트를 시험했지만, 그녀는 굴하지 않았다. 그 후로는 출판사들이 그녀를 만나기 위해 보도블록이 닳도록 찾아갔다. 빠르게 부가 쌓여 갔고, 그녀는 그 돈을 계산할 시간조차 없을 정도였다. 그러자 영화계가 그녀에게 접근했고, 버는 돈의 액수가 홍수처럼 불어났다. 그녀의 소설 "Great Laughter"의 영화 저작료는 10만 달러로, 출판 전 소설에 대한 저작료로는 최고 액수라고 한다. 책 판매로 벌게 되는 저작료는 훨씬 큰 액수일 것이다.

이는 끈기로 인해 이룰 수 있는 성공에 대한 예이다. 패니 허스트의 예가 특별한 경우는 아니다. 누군가가 부를 일구었다면 그가 끈기 있는 사람이었다고 확신해도 좋다. 거지도 브로드웨이에서 커피와 샌드위치 정도는 얻을 수 있겠지만, 큰돈을 벌고자 하는 사람이라면 끈기를 가져야만 한다.

케이트 스미스가 이 글을 읽는다면 적극적으로 동의할 것이다. 그녀는 정식으로 무대에 오를 기회를 잡기까지 몇 년 동안 돈도 받지 못하고 노래해야만 했다. 브로드웨이가 그녀에게 "어디 자신 있으면 와서 가져봐."라고 말하는 듯했다. 그녀는 끈기가 있게 버텨냈고, 마침내

지쳐버린 브로드웨이가 그녀에게 말했다.

"다 소용없어. 아무리 때려도 굴하지 않는걸. 원하는 조건을 말하고, 가서 마음껏 일해봐."

스미스는 자신이 원하는 대가를 말했고, 이는 엄청난 액수였다! 그녀가 한 주에 버는 액수가 보통 사람들의 일 년 치 연봉과 맞먹을 정도였다.

진정 끈기는 배신하지 않는다!

그리고 여기, 중요한 제안이 담긴 격려 한마디를 하려 한다. 케이트 스미스보다 훨씬 더 뛰어난 실력을 갖춘 많은 이들이 브로드웨이 근처를 서성이며 기회를 엿보고 있지만, 잡지 못하고 있다. 수많은 다른 사람들도 시도하고 사라졌으며, 그들 중 상당수는 충분한 실력을 갖춘 이들이었다. 하지만 그들은 브로드웨이가 그들을 돌려보내는데 지칠 때까지 버틸 용기가 없었기 때문에 결국 실패했다.

끈기는 노력을 통해 함양할 수 있는 정신상태이다. 모든 정신상태가 그렇듯 끈기도 분명한 원인에 따른다. 그 예는 다음과 같다.

1. 분명한 목적: 자신이 원하는 것을 아는 일은 끈기를 계발하는 데 가장 우선적이고 중요한 일이다. 강한 동기가 있으면 많은 어려움을 극복할 수 있다.
2. 열망: 열망이 강하면 끈기를 가지고 지속해 나가기가 쉽다.
3. 자립심: 스스로 계획을 수행할 수 있다는 믿음이 있으면 끈기를 가지고 끝까지 계획을 이룰 수 있는 용기가 생긴다. (자립심은 자기암

생각하라 그리고 부자가 되어라

시에 관한 장에서 소개된 원칙을 통해 기를 수 있다.)

4. 분명한 계획: 허술하고 비실용적일지라도, 계획을 짜놓으면 끈기를 발휘하게 된다.

5. 정확한 지식: 경험과 관찰을 통해 계획이 견고하다고 믿게 되면 끈기가 생긴다. "앎"이 아닌 "추측"에 의존하면 끈기가 약해진다.

6. 협력: 공감과 이해, 조화에 기초한 타인과의 협력은 끈기를 강화하는 경향이 있다.

7. 의지: 생각을 집중해서 확고한 목표를 이루기 위한 계획을 세우게 되면 끈기가 생겨난다.

8. 습관: 끈기는 습관을 통해 길러진다. 마음은 일상의 경험을 통해 만들어지기도 하면서 동시에 그 경험의 일부가 된다. 가장 큰 적인 두려움을 효과적으로 치유하는 방법은 용기 있는 행동을 반복하도록 강요하는 것이다. 전쟁에 참전해 본 사람들이라면 이 점에 동의할 것이다.

끈기에 관한 주제를 마무리하기 전에, 스스로를 점검해 보고, 끈기를 발휘하는 데 있어서 부족한 점이 무엇인지 체크해 보라. 하나하나 정확히 점검해 보고, 끈기의 8가지 요소 중 몇 가지나 빠져 있는지 알아보라. 이렇게 분석함으로써 스스로를 새롭게 이해하는 계기가 될 것이다.

끈기 부족의 징후들

여기에서는 빼어난 성공을 가로막는 진정한 적들이 누구인지 알아볼 것이다. 끈기 부족을 나타내는 "징후들"뿐 아니라, 끈기를 부족하게 만드는 잠재 의식적인 원인도 알아보려 한다. 내가 누구인지, 또 어떤 능력이 있는지 정확하게 알고 싶다면, 다음의 목록을 곰곰이 살펴보고 스스로를 정면으로 마주하라. 다음의 사항들은 부를 일구고자 하는 사람들이 극복해야 하는 약점들이다.

1. 자신이 무엇을 원하는지 정확하게 파악하지 못했다.
2. 어떤 이유에서, 혹은 아무런 이유가 없어도 일을 미룬다. (대개는 이에 대한 그럴듯한 변명을 하고 있다.)
3. 전문지식을 습득하는 데 관심이 없다.
4. 모든 일에 있어, 문제를 정면으로 마주하기보다는, 결정을 못 내리며 책임을 전가하는 습관이 있다. (여기에도 변명이 있다.)
5. 자기만족. 이는 치료할 방법이 없다. 자기만족에 빠진 사람을 구제할 방법도 없다.
6. 무관심. 역경을 마주하고 싸우려 하기보다는, 쉽게 타협하는 태도를 보인다.
7. 자신의 실수에 대해 남을 탓하고, 역경을 피할 수 없는 것이라고 받아들여 버리는 버릇이 있다.
8. 열정 부족. 행동을 끌어낼 동기를 찾는 데 게을러서 생긴다.

9. 실패의 조짐이 보이면 선뜻 바로 포기할 준비가 되어 있다. (6가지 두려움 중 하나 혹은 그 이상 때문에 보이는 태도이다.)

10. 체계적인 계획 부족. 글로 써두지 않아 계획을 분석할 수가 없다.

11. 아이디어를 실행에 옮기거나 기회가 생겼을 때 그것을 잡는데 안일한 태도를 보인다.

12. 의지를 다지고 해나가기보다는 마음속으로 바라기만 한다.

13. 부를 목표로 삼기보다는 가난과 타협해 버린다. 전반적으로 무언가 되고, 실행하고, 소유하겠다는 야망이 없다.

14. 부를 일구는 지름길만 바라고, 정당한 대가를 지불하지 않고 얻기를 바란다. 대개 도박을 즐기거나 한탕주의를 바라는 습성이 있다.

15. 비판을 두려워한다. 타인의 생각이나 말이 두려워서 계획을 세우고 실행에 옮기지 못한다. 이는 가장 무서운 적이다. 보통의 경우 잠재의식 속에 자리를 잡고 있어서 눈에 띄지 않기 때문이다. (6가지 두려움을 참조하라.)

비판을 두려워하는 증상에 대해 살펴보도록 하자. 대부분 사람은 친구나 친지, 대중들의 영향력을 받아들인 나머지, 그들의 비판이 두려워서 자기의 인생을 맘대로 살지 못한다.

많은 사람이 결혼 생활에서 실수를 저지르고도, 아무것도 하지 않으면서, 비참하고 불행한 삶을 지속해 나간다. 실수를 바로 잡으려 할 때 뒤따를 비판이 두렵기 때문이다. (이런 두려움에 굴복한 사람은 그로 인해 회복할 수 없는 손해를 입게 된다는 사실을 알고 있다. 야망과 자립심, 성취욕을 모두 잃게 되는 것이다.)

많은 이들이 학교를 졸업한 뒤, 다시 학교로 가서 공부하기를 꺼린다. 비판이 두려워서이다.

나이를 불문하고 많은 이들이 "가족의 의무"라는 핑계로 친척들로 인해 삶이 망가지곤 한다. 비판이 두려워서이다. (의무가 있다고 해서, 반드시 개인의 야망이 파괴되고 자신이 원하는 삶을 살 권리를 빼앗겨야 하는 것은 아니다.)

사업에서 기회를 놓치게 되는 것도, 실패할 때 뒤따를 비판이 두려워서이다. 이 경우 비판에 대한 두려움이 성공에 대한 열망보다 더 크다.

많은 이들이 원대한 목표를 세우거나, 심지어는 직업을 선택하는 일조차 게을리한다. 친구나 친지들이 "목표를 너무 높이 세우지 마. 사람들이 미쳤다고 할 테니."라고 비판할 것이 두렵기 때문이다.

앤드루 카네기가 나에게 20년을 들여서 성공의 철학에 관해 정리해 보라고 권했을 때, 내 첫 반응은 사람들의 평가에 대한 두려움이었다. 그 제안은 내가 그때까지 꿈꿨던 것을 훨씬 뛰어넘는 목표였기 때문이었다. 순식간에 내 마음속에서는 비판에 대한 두려움에 기인한 온갖 핑곗거리들이 떠올랐다. 내 마음속의 무언가가 이렇게 말하고 있었다.

'넌 할 수 없어. 너무 크고 시간이 많이 드는 일이야. 친척들이 뭐라고 생각하겠니? 그걸로 어떻게 먹고 살려고 그래? 성공 철학에 대해 정리한 사람은 아무도 없었어. 무슨 근거로 네가 할 수 있다는 거야?

무슨 자신감으로 그렇게 높은 계획을 세우지? 네 빈곤한 태생을 기억해 봐. 네가 철학에 대해 뭘 알아? 사람들이 미쳤다고 할 거야. (그리고 실제로 그랬다) 대체 왜 네 이전에는 그 일을 아무도 해내지 못했을까?'

이런 생각들과 다른 많은 질문이 마음속에 떠올랐고 내 생각을 사로잡았다. 마치 갑자기 온 세상이 내게로 관심을 돌려서 조롱함으로써, 카네기가 제안한 일을 하려는 열망을 꺾으려는 듯 느껴졌다.

피어나지도 못한 내 야망은 그때 꺾여버릴 수도 있었다. 나중에 수천 명의 삶을 분석한 뒤에, 나는 사람들이 품는 대부분 아이디어가 사장되어 버리며, 그 아이디어에 생명을 불어넣으려면 즉시 실행으로 옮길 분명한 계획이 필요하다는 사실을 발견했다. 아이디어가 생기는 순간 그 아이디어를 돌보고 키우기 시작해야 한다. 아이디어를 돌보면 돌볼수록, 그 아이디어가 생존할 가능성이 커진다. 대부분 아이디어가 계획을 세우고 실천을 하기도 전에 파괴되어 버리는 이유는 사람들이 비판을 두려워하기 때문이다.

많은 이들이 물질적 성공은 "행운"의 결과라고 믿는다. 아주 근거 없는 믿음은 아니지만, 하지만 운에만 의존하면 항상 실망하게 마련이다. 성공을 위해서 필요한 중요한 요소를 놓치게 되기 때문이다. "행운"도 이를 통해서 오게 된다.

대공황의 기간 동안, 코미디언인 W.C.필즈는 가진 돈을 모두 잃었고, 생계 수단이었던 공연 자리도 없어져 직업과 수입도 잃게 되었다. 더구나 그는 60세의 늙은 나이었다. 재기하고자 하는 의지가 강했던 그는 새로운 분야인 영화에서 무보수로 일하겠다고 제안했다. 그런데

설상가상 격으로, 그는 넘어져서 목을 다치는 사고까지 당했다. 많은 사람이 그쯤에서 포기하고 그만두었을 것이다. 하지만 필즈는 끈질긴 사람이었다. 계속해서 밀고 나가면 언젠가 "행운"이 찾아올 것이라고 믿었고, 마침내 그렇게 되었다. 하지만 이는 우연에 의한 것이 아니었다.

마리 드레슬러는 60세의 나이에 돈과 직업을 잃고 실의에 빠지고 지쳐있었다. 그녀 또한 "행운"을 뒤쫓았고 행운을 가질 수 있었다. 그녀의 끈기 덕분에 노년에 엄청난 성공을 거두게 된 것이었다. 대부분 사람이 성공의 야망을 거두는 나이에 말이다.

에디 캔터는 1929년 주식시장 폭락 때 대부분 돈을 잃었지만, 끈기와 용기만은 잃지 않았다. 이 끈기와 용기에 예리한 두 눈이 합쳐져, 그는 일주일에 1만 불의 수입을 올리게 되었다! 끈기만 있다면, 다른 자질들이 많지 않더라도 성공할 수 있음을 알 수 있다.

가장 믿을만한 "행운"은 스스로 만드는 "행운"이다. 이 행운은 끈기를 가지고 노력해야만 찾아온다. 그리고 그 시작점은 확고한 목표이다.
당신이 만나는 100명의 사람에게 인생에서 가장 바라는 것이 무엇이냐고 물으면, 그중 98명은 대답하지 못할 것이다. 계속 대답을 종용하면, 안정, 돈, 행복, 명예와 권력, 사회적 인정, 삶의 안락함, 노래, 춤, 글쓰기 능력 등을 말할 것이다. 하지만 누구도 이것들이 정확히 무슨 의미인지, 또한 이 모호한 바람들을 어떻게 이룰 것인지에 대한 계획

생각하라 그리고 부자가 되어라

에 대해서 말할 수는 없을 것이다. 부는 바란다고 해서 얻어지는 것이 아니다.

분명한 열망으로 뒷받침된 확실한 계획을 끈기를 가지고 실행할 때 얻어지는 것이다.

끈기를 기르는 방법

끈기를 습관화하는 방법에는 4가지 단계가 있다. 여기에는 빼어난 지식이나 높은 수준의 교육 수준은 필요 없다. 시간이나 노력도 필요 없다. 요구되는 4단계는 다음과 같다.

1. 명확한 목표를 세우고 이를 이루겠다는 불타는 열망으로 밀어붙이 도록 한다.
2. 확고한 계획을 세우고 지속해서 실행한다.
3. 모든 부정적이고 비관적인 영향력으로부터 마음의 문을 닫는다. 여기에는 친척, 친구, 지인들의 부정적인 제안들도 포함된다.
4. 계획과 목표를 끝까지 완성하도록 용기를 주는 사람들과 친분을 맺는다.

이 4단계는 인생의 모든 성공을 이루는 데 필수적이다. 성공의 13가지 원칙의 전체 목표는 이 4단계를 습관화하는 데 있다.

이 4단계로 자신의 경제적 상황을 다스릴 수 있다.
이 4단계로 자유롭고 독립적으로 사고할 수 있다.
이 4단계로 적든 많든 부를 이룰 수 있다.
이 4단계로 권력과 명성을 쌓고 세상의 인정을 받을 수 있다.
이 4단계로 "행운"을 만들 수 있다.
이 4단계로 꿈을 현실로 이룰 수 있다.
이 4단계로 두려움, 낙담, 무관심을 다스릴 수 있다.

이 4단계를 따르는 사람에게는 막대한 보상이 주어진다. 바로 스스로의 가격표를 쓰고, 그 가격에 걸맞은 삶을 만들어가는 특권이라는 보상이다.

정확한 사실은 모르지만, 월리스 심프슨 여사가 한 남자를 사랑하게 된 것은 우연도 "행운"에 의한 것만도 아니었다. 불타는 열망이 있었고, 매 단계에서 심사숙고가 있었다. 먼저 사랑이 있어야 했다. 세상에서 가장 위대한 것이 무엇인가? 하나님은 사랑이라고 하였다. 사람이 만든 규칙이나 비판, 비난, 정치적 "결혼"이 아닌, 사랑 말이다.

에드워드 8세를 만나기 오래전부터 이미 그녀는 자신이 뭘 원하는지 알고 있었다. 두 번이나 실패했지만, 그녀는 용기를 가지고 원하는 것을 계속 찾았다.

"자신에게 진실하라. 그러면 꼭 밤이 낮을 따르듯. 남에게도 거짓을

행하지 못하게 된다."

그녀는 천천히, 한 단계씩, 끈기를 가지고 시도해서 마침내 유명해지게 되었다! 믿을 수 없는 성공을 거두게 된 것이다. 당신이 누구이든, 윈저공 부인이나 그녀를 위해 왕좌를 포기한 왕에 대해서 어떻게 생각하든, 그녀는 끈기로 승리를 이룬 놀라운 예이자 자기 확신의 스승이며, 전 세계는 그녀의 이야기를 통해 배워야 할 것이다.

윈저공 부인과 관련해서, 그녀가 원하는 것을 알고 이를 위해 지구상 가장 위대한 제국을 저버린 한 사람을 기억해야 할 것이다. 이 세상이 남자들만을 위한 세상이며, 여자에게 불평등하다고 여기는 여성들은 이 특별한 여성의 삶에 관해 연구해 볼 필요가 있다. 대부분 여성이 "늙었다."라고 여기는 나이에 전 세계 여성들이 가장 선망하는 남자의 관심을 사로잡은 그녀에 대한 말이다.

그렇다면 에드워드 왕은 어떠한가? 이 위대한 로맨스에서 그를 둘러싸고 어떤 교훈을 얻을 수 있는가? 원하는 여성의 관심을 얻기 위해 너무 큰 대가를 지불한 것은 아닌가?

이에 대한 대답은 에드워드 왕만이 해줄 수 있을 것이다.

우리는 그저 추측할 수만 있을 뿐이다. 우리가 아는 분명한 사실은, 그가 이 세상에 태어난 것은 스스로의 동의에 의한 것이 아니었다는 점이다. 막대한 부를 타고난 것도 그가 요구한 것은 아니었다. 모든 이들이 그와의 혼사를 원했다. 온 유럽의 정치인들과 유력인사들이 미망인들과 공주들을 그에게 들이밀었다. 그가 장남이었기에 왕좌를 물려받았을 뿐, 왕이 되려고 한 것도 아니었고 원하는 일도 아니었다. 40여 년 동안 그에게는 자유가 없었고, 자신이 원하는 대로 살 수도 없었고, 사생활이라고는 거의 없었다. 그러다가 왕좌에 오르게 되었고 왕의 의무가 그에게 가해졌다.

어떤 이는 "그 모든 좋은 것들을 누리니, 에드워드 왕은 마음도 편하고, 만족스럽고 즐겁게 살았겠네."라고 할 수도 있겠다.

현실은, 그 모든 왕의 특권과 부, 명예, 권력의 뒤에 남는 것은 공허함 뿐이었고, 이는 사랑으로만 채워질 수 있었다.

그의 가장 큰 열망은 사랑이었다. 윈저공 부인을 만나기 훨씬 전에도, 그는 분명히 이 이 위대한 보편적 감정이 그의 마음의 선율을 연주하고, 영혼의 문을 두드리며, 밖으로 표출될 기회를 요구하고 있다는 사실을 알고 있었을 것이다.

그래서 그가 마음이 통하는 영혼을 만났을 때, 상대방도 사랑을 표출할 기회를 원한다는 것을 알아보았고, 두려움이나 망설임 없이 마음을 열고 상대를 받아들인 것이었다. 세상의 어떤 중상 모략꾼들도 이 아름다운 국제적인 드라마에 흠집을 낼 수는 없을 것이다. 두 사람이 만나, 공개적 비판을 마주할 용기를 가지고, 사랑을 위해서 다른 모든 것을 포기한 이야기를 말이다.

에드워드 왕이 세계 최강 제국의 왕좌를 포기하고, 자신이 선택한 여인과 여생을 함께하기로 한 것은 용기가 필요한 일이었다. 이 결정에는 대가가 따랐다. 하지만 감히 누가 너무 큰 대가를 치렀다고 말할 수 있겠는가? 에드워드 왕에게는 가치가 있는 선택이었다. 그는 이렇게 말했다. "너희 중에 죄 없는 자가 먼저 돌로 쳐라."

에드워드 왕이 사랑을 위해서 윈저공 부인에 대한 사랑을 공표하고

생각하라 그리고 부자가 되어라

그녀를 위해 왕좌를 포기한 것에 대해 비난하고 흠잡는 심술궂은 사람들에게 말하고 싶은 것은, 그가 이 관계를 공표할 필요가 없었다는 점이다. 유럽에서 여러 세기 동안 그래왔듯이 은밀한 관계를 유지하면 왕좌도 자신이 선택한 여인도 지킬 수 있었다. 그랬다면 교회와 세상 사람들에게서도 아무 비난도 받지 않았을 것이다. 하지만 그는 보기 드물게 엄격한 사람이었다. 그의 사랑은 깨끗하고 깊고 진실한 것이었다. 그가 진실로 원하는 것이 사랑이었기에, 그는 자신이 원하는 것을 가지고 그에 대한 대가를 치른 것이었다.

에드워드 전 국왕만큼 따뜻한 마음과 정직함을 지닌 지도자가 지난 세기 유럽에 더 있었다면, 탐욕과 미움, 욕망, 이에 대한 정치적 묵인, 그리고 전쟁의 위협으로 들끓는 유럽의 상황이 더 나은 방향으로 달라져 있을 것이다. 미움이 아닌 사랑이 지배적일 것이다.

스튜어트 오스틴 위어의 말에 따라 에드워드 전 국왕과 윈저공 부인에게 다음의 축사를 보내고자 한다.

"소리 없는 생각이 가장 달콤한 생각임을 알게 된 이는 복되도다.
어두운 심해로부터 사랑의 밝은 빛을 보고 이렇게 노래하는 이는 복되도다. '당신에 대한 내 생각은 그 어떤 시보다도 달콤하다네.'"

이를 통해 우리는 인생의 가장 큰 보배를 찾아서 쟁취했다는 이유로 현대 사회 그 누구보다도 심한 비난과 괴롭힘의 대상이 되었던 두 사람에게 경의를 표한다.

대부분 사람은 인내심을 발휘해서 가장 위대한 삶의 보상을 찾아낸 에드워드 왕과 오랜 옛날 윈저공 부인에게 박수갈채를 보낼 것이다. 우리 모두도 삶의 목표를 추구하는 데 있어서 그들을 본보기로 삼아야 한다.

도대체 끈기가 있는 사람들은 어떤 신비로운 힘이 있길래 어려움을 극복해 내는 것일까? 끈기가 사람들의 마음속에 영적, 정신적, 화학적 반응을 일으켜서 초자연적인 힘을 가질 수 있게 해주는 것일까? 아니면 무한 지성이 패배한 후에도 싸움을 멈추지 않고 계속하는 사람의 곁에서 전적인 도움을 주는 것일까?

오직 끈기 외에는 빈털터리나 다름없는 상태로 바닥부터 시작해서 거대한 산업 제국을 건설한 헨리 포드 같은 인물들을 보고 있노라니 이런 질문들이 떠올랐다. 고작 3개월의 정규교육만 받았으면서도 세계 최고의 발명가가 되어 끈질긴 연구를 통해 전화 송신기, 영화기, 전구 등, 50여 개의 유용한 발명품을 만들어 낸 에디슨도 마찬가지이다.

에디슨과 포드를 오랫동안 분석하는 그 특권 같은 시간 동안 그들을 가까이서 연구할 기회를 가질 수 있었다. 그들의 엄청난 성공의 주된 원인으로 끈기 외에는 다른 어떤 자질도 찾아볼 수 없다는 나의 말은 실제 그들을 잘 알기에 하는 말이다.

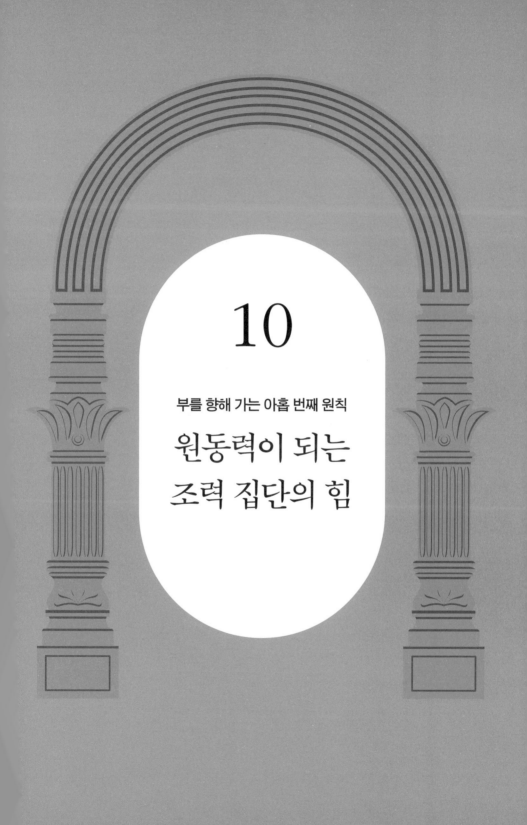

10

부를 향해 가는 아홉 번째 원칙

원동력이 되는
조력 집단의 힘

힘은 부를 일구는 데 있어서 필요하다.

계획은 이를 실행으로 옮길 충분한 힘이 없으면 아무 쓸모가 없다. 이번 장에서는 힘을 얻고 사용하는 방법에 관해 얘기해 보도록 하자.

힘을 정의하면 "체계적이고 지적으로 총괄된 지식"이라고 할 수 있다. 여기에서 말하는 힘은 열망을 재화로 바꿀 수 있는 조직화한 노력을 의미한다. 조직화한 노력은 분명한 목표를 향해서 두 사람 이상이 조화롭게 일해 나갈 때 생겨난다.

힘은 부를 일구는 데 있어서 필요한 것이다! 또한 일군 부를 유지하는 데도 꼭 필요하다!

그렇다면 어떻게 힘을 얻을 수 있는지 확인해 보자. 힘이 "체계적인 지식"이라고 했으니, 그 지식의 근원이 무엇인지 살펴보자.

1. 무한 지성: 이는 다른 장에서 소개된 바와 같이 창의적 상상력의

도움을 받아 다가갈 수 있는 지식이다.

2. 축적된 경험: 인류의 축적된 경험 (혹은, 이런 경험 중 정리되고 기록된 부분)은 공공 도서관에 잘 정리되어 찾아볼 수 있다. 또한 그중 중요한 부분은 학교나 대학에서 체계적으로 분류하여 가르치고 있다.

3. 실험과 연구: 과학 분야뿐 아니라, 사실상 다른 모든 분야에서, 인간은 매일 새로운 사실들을 모으고, 분류하고, 체계적으로 정리하고 있다. "축적된 경험"에서 얻을 수 없는 지식은 여기에서 얻을 수 있다. 이때도 종종 창의적 상상력이 필요하다.

지식은 위의 근원들을 통해 얻을 수 있다. 이를 확실한 계획으로 만들고 그 계획들을 실행할 때, 지식이 힘이 될 수 있는 것이다.

위의 세 가지 지식의 주된 근원에 대해 살펴보면, 혼자만의 노력으로 지식을 모아서 계획을 만들고 실행하려면 얼마나 어려운지 알 수 있다. 계획이 방대할수록, 다른 사람들의 협력을 구해야 그 계획에 힘을 불어넣을 수 있다.

"조력 집단"을 통해 힘을 얻기

"조력 집단"은 다음과 같이 정의할 수 있다. "두 사람 이상이 확고한 목표를 성취하기 위해 조화로운 마음으로 지식과 노력을 합하는 것."

"조력 집단" 없이는 누구도 강력한 힘을 지닐 수 없다. 앞선 장에서 우리는 열망을 재화로 바꿀 계획을 세우는 방법에 대해 배웠다. 끈기를 가지고 지혜롭게 이 지침을 따르고, 분별력을 발휘해서 "조력 집단"을 고르면, 스스로 깨닫지 못하는 사이에 목표의 반은 이루어져 있을 것이다.

신중히 선발한 "조력 집단"을 통해 얻는 힘은 여러 가능성을 지니고 있다. 여기에서는 조력 집단의 두 가지 특징에 관해 이야기한다. 하나는 경제적인 것이고 다른 하나는 정신적인 것이다.

경제적 특징은 자명하다. 누구라도 주변에 조화를 이루며 진심을 담아 조언해주고 협력하는 집단을 두고 있다면 경제적 이익을 얻게 된다. 이런 형태의 협력은 거의 모든 막대한 부의 근간이 되었다. 이 중요한 사실을 이해하면 분명 당신의 재정적 상태를 바꿀 수 있게 된다.

조력 집단 원칙의 정신적인 측면은 훨씬 더 추상적이고 이해하기 힘들다. 인류가 대체로 잘 이해하지 못하는 영적인 힘과 연관되어 있기 때문이다. 다음의 문장에서 이해의 단서를 얻을 수도 있겠다.

"그러므로 두 사람의 마음이 합쳐지려면, 세 번째 정신이라고도 할 수 있는, 보이지도 만질 수도 없는 제3의 힘이 생겨나야 한다."

우주에는 단 두 개의 요소만이 존재한다고 알려져 있는데, 바로 에너지와 물질이다. 물질이 분자와 원자, 전자로 쪼개어질 수 있다는 사실은 알고 있을 것이다. 물질의 단위는 분리되고, 고립되며, 분석될 수 있는 것이다.

이와 비슷하게 에너지에도 단위가 있다.

사람의 마음은 에너지의 한 형태로, 그중 일부는 영적인 특성을 보인다. 두 사람의 마음이 조화를 이루며 합쳐질 때, 각각의 마음속 에너지의 영적인 단위들이 연합을 이루게 되고, 이것이 조력 집단의 "정신적인" 면이 되는 것이다.

조력 집단의 원칙, 아니 그중 경제적인 특징에 내가 주목하게 된 것은 25년 전 앤드루 카네기 때문이었다. 이 원칙을 발견함으로써 나는 내 일생의 과업을 선택하게 되었다.

카네기의 조력 집단은 대략 50명으로 구성되었고, 철강의 제조와 판매라는 분명한 목표를 위해 카네기는 그들과 가까이 지냈다. 그는 자기의 모든 부가 이 "조력 집단"을 통해 얻은 힘 덕분이라고 말했다.

막대한 부를 일구거나 어느 정도의 부를 일군 사람들의 기록을 분석해 보면, 의식적이든 무의식적이든 "조력 집단"의 원칙을 사용하고 있음을 발견할 것이다.

위대한 힘을 얻는 데는 다른 원칙은 없다!

에너지는 어디에나 존재하며 대자연을 구성하는 요소로, 사람과 동물, 식물 등 우주에 존재하는 모든 물질적인 존재들이 이 에너지로 만들어졌다. 오직 대자연만이 알고 있는 신비한 방법으로 이 에너지가 물질화된다.

인간이 사용할 수 있는 대자연의 구성요소로는 사고 과정에 관여하는 에너지가 있다. 인간의 두뇌는 전기 배터리와 같다. 물질의 모든 원자에 스며들어 있는 대기 중의 에너지를 흡수해서 우주 전체를 채운다.

배터리 한 뭉치는 배터리 한 개보다 더 많은 에너지를 낸다. 그리고 각각의 배터리가 내는 에너지의 양은 그 안에 든 셀의 수와 용량에 따라 달라진다.

인간의 뇌도 비슷한 방식으로 작동한다. 이런 이유로 어떤 두뇌가 다른 두뇌보다 뛰어난 것이다. 그리고 다음의 중요한 결론에 도달한다. 한 뭉치의 배터리가 한 개의 배터리보다 많은 에너지를 제공하듯, 여러 두뇌가 조화롭게 협력하면 하나의 두뇌보다 더 많은 사고 에너지를 제공할 수 있다.

이 비유를 통해, 왜 주변에 똑똑한 사람들을 두는 사람이 힘을 가지게 되는지 알 수 있게 되었다. 조력 집단의 원칙 때문이다.

이제 뒤따르는 결론을 통해, 조력 집단의 원칙의 정신적인 면을 더 잘 이해하게 될 것이다. 여러 명의 두뇌가 조화를 이루며 협력하게 되면, 그 연합을 통해 발생하는 에너지는 조력 집단 내 모든 개개인이 이용할 수 있게 된다.

헨리 포드가 가난하고, 교육도 제대로 받지 못하고, 전혀 무지한 상태에서 사업을 시작했다는 사실은 잘 알려져 있다. 그런 그가 10년이라는 짧은 기간 내에 이 모든 핸디캡을 극복하고, 25년 후에 미국 최고의 갑부가 되었다. 여기에 더해서, 포드가 가장 빠른 성장을 보인 것은 토마스 A. 에디슨과 친구가 된 이후부터라는 사실을 볼 때, 한 사람이 다른 사람에게 영향을 끼칠 때 어떤 성공을 이루게 되는지 알 수 있을 것이다. 한 걸음 더 나아가, 포드가 가장 놀라운 성공을 이룬 시기는 하비 파이어스톤, 존 버로우스, 루터 버뱅크(이들 모두 빼어난 지략의 소유자이다)와 같은 사람들과 친분을 쌓은 이후였다는 사실을 보면, 힘은 사람들의 마음이 조화로이 연합될 때 생겨나는 것이라는 사실을 잘 알 수 있게 된다.

헨리 포드가 비즈니스와 산업에 있어서 가장 영리한 사람이라는 점은 의심할 여지가 없다. 그의 부에 관해서도 마찬가지이다. 포드의 친구 중 몇몇은 이미 언급된 바 있는데, 그가 친하게 지내는 친구들에 대해서 분석해 보면 다음의 문장이 무엇을 말하는지 이해하게 될 것이다.

"사람은 자신이 공감하고 조화롭게 지내는 사람들의 성격과 습관, 사고방식의 힘에 영향을 받게 마련이다."

헨리 포드는 위대한 정신을 지닌 사람들과 가까이함으로써 가난과 무지를 타파하고, 그 사람들의 생각을 자신의 것으로 받아들였다. 에디슨, 버뱅크, 버로우스, 그리고 파이어스톤과의 친분을 통해, 포드는 자신의 지성, 지식, 경험과 정신력을 키울 수 있었다. 게다가 그는 이 책에서 소개되는 과정을 통해 조력 집단의 원칙을 활용하였다.

당신도 이 원칙을 사용할 수 있다!

마하트마 간디에 대해서는 이미 앞서도 이야기했다. 간디를 아는 대부분 사람은 그를 변변한 옷 한 벌 없이 다니며 영국 정부에 문제를 일으키는 괴짜 같은 인물로만 여길 것이다.

하지만 간디는 괴짜가 아니며, 추종자 수와 그들이 보여주는 신뢰도로 볼 때 현존하는 가장 강력한 인물이다. 아마도 역사상 가장 강력한 인물일지도 모른다. 그의 힘은 수동적이지만 강하다.

그가 그렇게 어마어마한 힘을 지니게 된 방법을 살펴보자. 아마도 몇 마디로 축약될 수 있을 것 같다. 그는 2억 명의 사람들이 마음과 힘을 합해서 분명한 목표를 향해 협력하도록 함으로써 힘을 얻게 되었다.

간단히 말해, 간디는 기적을 이루어 냈다. 2억 명이 강압 없이 자발적으로 무한정의 기간 동안 조화롭게 협력하도록 한다는 것은 기적이었다. 아무나 2명을 골라 특정 기간 동안 자발적으로 협력하도록 만들어 보면, 이게 기적이라는 것을 알게 될 것이다.

사업하는 사람이라면 누구나 직원들이 힘을 합해 조화를 이루며 일하는 일이 얼마나 힘든 것인지 알고 있을 것이다.

이미 살펴본 바와 같이, 힘의 주된 원인의 제일 첫 번째는 무한 지성이다. 두 사람 이상이 조화롭게 협력하며, 확실한 목표를 향해 일하면, 그 연합 덕분에 무한 지성이라는 거대한 우주의 창고로부터 힘을 직접 흡수할 수 있게 된다. 이 창고는 힘의 가장 큰 원천이다. 천재들이 힘을 얻는 원천이다. 그리고 모든 위대한 지도자들도 여기서 힘을 얻는다. (이 사실을 의식하고 있거나 아니거나 상관없이 말이다.)

힘의 축적을 위해 필요한 지식을 얻을 수 있는 나머지 두 원천은 사람의 오감만큼이나 믿을 수 없는 것이다. 감각은 항상 믿을 수 있는 것은 아니다. 반면 무한 지성은 오류를 일으키지 않는다.

이어지는 장에서는, 무한 지성에 접촉하는 방법에 관해 설명할 것이다. 이 책은 종교 교과서가 아니다. 이 책에서 소개된 기초적인 원칙이 직접적이든 간접적이든 개인의 종교 습관을 대체할 수는 없다. 이 책의 목적은 돈에 대한 확고한 열망을 금전적으로 현실화하는 방법을 가르치는 데에만 국한되어 있다.

읽고, 생각하며, 읽으면서 묵상에 잠겨보라. 오래지 않아 이 책의 주제 전체가 눈 앞에 펼쳐지고 당신은 이를 장기적인 안목에서 바라볼 수 있게 될 것이다. 각 장의 세부 내용을 보게 될 것이다.

돈은 그 옛날 아가씨들이 그랬듯이 수줍어하고 피한다. 돈은 "구애"해야만 얻을 수 있는데, 그 방법이 사랑에 빠져 선택한 여자를 얻기 위해 애쓰는 남자의 모습과 크게 다르지 않다. 그리고 우연하게도, 돈에 "구애"하기 위해 사용하는 힘도 여자에게 구애할 때 사용하는 힘과 별반 다르지 않다. 그 힘은 신념과 합쳐져서 돈을 추구하기 위해 사용될 때 성공을 거두게 된다. 열망과도 합쳐져야 한다. 끈기도 합쳐져야 한다. 그리고 이는 계획을 통해 실행에 옮겨져야 한다.

거액의 돈이 들어올 때 이 돈은 물이 언덕 아래로 흐르듯 자연스럽게 그 부를 축적하게 되는 사람에게로 흘러간다. 강물과 비슷한, 눈에 보이지 않는 거대한 힘의 흐름이 있는 것이다. 단 이 경우, 한쪽에서는 모든 이들을 부의 방향으로 데리고 올라가는 방면, 다른 쪽에서는 그 쪽으로 말려든 불운한 이들을 빈곤과 비참함으로 끌어 내려간다는 된다는 차이가 있다.

거대한 부를 축적한 모든 이들이 이런 삶의 흐름을 알고 있다. 이 흐름은 생각을 어떻게 하느냐에 달려있다. 생각을 통해 긍정적인 감정을 가지면 부의 방향으로 흐름을 타게 된다. 부정적인 감정을 가지면 빈곤의 방향으로 흐름을 타게 된다.

부를 축적하려는 목적으로 이 책을 읽고 있다면 생각이 얼마나 중요한지 알 수 있을 것이다.

빈곤으로 흐르는 힘의 흐름에 서 있다면, 생각을 바꿈으로써 힘차게 노를 저어 반대 방향의 흐름으로 나아갈 수 있다. 이 책의 내용을 적용하고 사용할 때 도움을 받을 수 있다. 단순히 읽고 내용에 대한 의견을 말하는 그것만으로는 아무런 도움도 되지 않는다.

긍정적인 흐름과 부정적인 흐름을 번갈아 가며, 때로는 긍정의 쪽에, 때로는 부정의 쪽에서 흘러가는 경험을 하는 사람들도 있다. 1929년 월스트리트 주식시장 붕괴는 수백만 명의 사람들을 긍정의 흐름에서 부정의 흐름으로 쓸어버렸다. 두려움과 절망 속에서 이들은 긍정의 흐름 쪽으로 돌아가고자 애쓰고 있다. 이 책은 특별히 그런 이들을 위해 쓰였다.

빈곤과 풍요는 종종 자리바꿈을 하곤 한다. 주식시장 붕괴가 이를 알게 해주었다. 하지만 이 교훈을 오래 기억하지는 않을 듯하다. 빈곤이 풍요의 자리를 대체하기는 매우 쉽다. 하지만 풍요가 빈곤의 자리를 대체하려면 잘 짜인 계획을 신중하게 실행해야 한다.

빈곤은 계획을 필요로 하지 않는다. 대담하고 무자비하기에 다른 이의 도움도 필요치 않다.

부는 수줍고 소심하다. 누군가가 공들여 "유혹해야만" 얻을 수 있다.

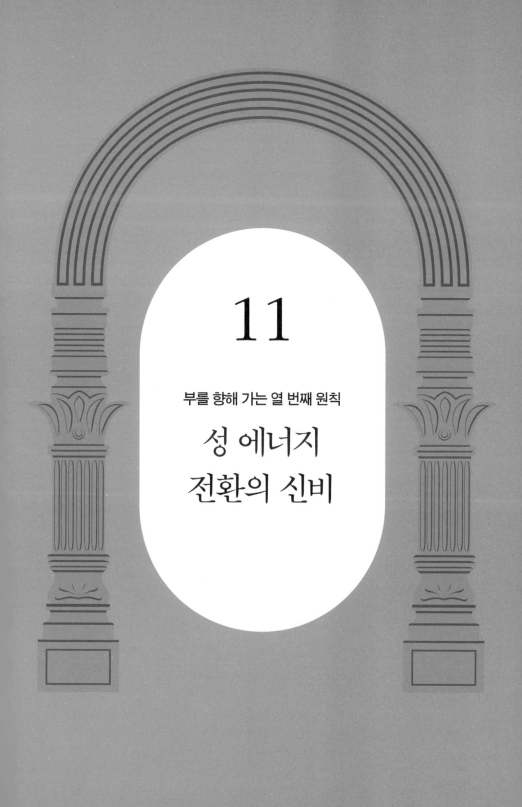

11

부를 향해 가는 열 번째 원칙

성 에너지
전환의 신비

　"전환"의 뜻은 간단히 말해 "하나의 요소 또는 에너지의 형태가 다른 것으로 변하거나 옮겨지는 것"이다.

　성적 감정(the emotion of sex)은 어떤 정신상태를 만들어 낸다.

　이 주제에 대해 잘 알지 못하기 때문에, 이런 정신상태는 흔히 신체적인 것과 연관 지어져 왔다. 또한 대부분 사람이 성에 관한 지식을 습득할 때 적절치 못한 영향을 받았기 때문에, 전적으로 신체적인 요소들이 정신까지도 왜곡시켜 버렸다.

　성적 감정에는 다음과 같은 세 가지 건설적인 잠재능력이 숨겨져 있다.

1. 인류의 영속성
2. 건강 유지 (치료책으로 이것만 한 것이 없다.)
3. 전환의 과정을 통해 평범함이 빼어남으로 변화됨.

성 에너지의 전환은 간단하고 쉽게 설명될 수 있다. 즉, 신체적 표현에 관한 생각에서 다른 성질의 생각으로 마음을 옮기는 일이다.

성욕은 가장 강력한 인간의 욕구이다. 열정에 사로잡힌 사람은 평소에는 없던 예리한 상상력과 용기, 의지, 끈기, 그리고 창조력이 생겨난다. 성적 접촉에 대한 열망이 너무나 강한 탓에 이를 위해서 목숨이나 명예를 걸기도 한다. 이를 다스려서 다른 쪽으로 우회시키게 되어도 그 예리한 상상력과 용기 같은 특징들은 그대로 남아있게 되는데, 이를 이용해서 문학이나, 예술, 혹은 다른 직업에서 강력한 창조력을 발휘할 수도 있게 되면, 물론 여기에는 부를 일구는 일도 포함된다.

성 에너지를 전환하려면 의지를 발휘해야 하는 것은 사실이지만, 충분히 노력할만한 가치가 있는 보상이 따른다. 성적 표현의 욕구는 타고난 것이며 자연스러운 것이다. 이 욕구를 억압하거나 제거하려고 해서도 안 되면 그렇게 할 수도 없다. 하지만 성적 욕구를 인간의 신체와 정신, 영을 풍성하게 할 수 있는 방법으로 표현할 수 있도록 통로를 열어주어야 한다. 성 에너지의 전환을 통한 이런 통로가 없으면, 육체적 통로를 통해서만 표출하려고 할 것이다.

강을 댐으로 막고 물을 잠깐 막아둘 수는 있지만, 결국 터져서 물이 밖으로 흘러나오게 될 것이다. 성적 감정도 마찬가지이다. 이를 잠깐 억누르고 제어할 수는 있지만, 그 본연의 특성으로 인해 결국 표출의 방법을 찾을 수밖에 없다. 이때 창조적인 노력으로 전환되지 않는다면, 결국은 덜 가치 있는 방향으로 표출되고 말 것이다.

창조적 형태의 노력을 통해 성적 감정을 표출하는 방법을 발견했다

생각하라 그리고 부자가 되어라

면 매우 운이 좋은 사람이다. 그 발견을 통해서 스스로 천재의 위치에 올라섰기 때문이다.

과학적인 발견으로 인해 다음의 중요한 사실들이 밝혀졌다.

1. 큰 성공을 이룬 사람들은 성적 특질이 매우 발달한 사람들이다. 즉, 성적 에너지를 전환하는 기술을 익힌 사람들이다.
2. 거대한 부를 일구거나, 문학, 예술, 산업, 건축, 기타 직업군에서 유명해진 사람들은 여성의 영향으로 인해 동기부여를 받은 사람들이다.

이런 놀라운 발견을 가능케 한 연구에서 2천 년이 넘는 시간 동안의 역사와 전기들을 살펴보았다. 위대한 성공을 이룬 사람들의 삶과 관련된 증거가 보일 때마다, 이 연구는 그것이 고도로 발달한 성적 특질을 지니고 있다고 확신했다.

성적 감정은 "저항할 수 없는 힘"이다. 이 감정에 휩싸이면 인간은 놀라운 힘을 가지고 실행에 옮기려 하게 된다. 이 사실을 이해한다면, 성 에너지의 전환을 통해 천재의 자리에 오를 수 있다는 사실의 중요성을 알게 될 것이다.

성적 감정은 창의력의 비결을 지니고 있다.

사람이나 동물이나 생식선을 파괴하면 행동력의 주된 원천을 파괴한 것이나 다름없다. 그 증거로, 거세당한 동물이 어떻게 변하는지 지켜보라. 황소도 거세당하면 젖소처럼 고분고분해진다. 사람이나 동물이나 성전환을 하게 되면 남성 내면의 투쟁 본능이 사라지게 된다. 여성도 성전환 수술을 받게 되면 같은 영향을 받는다.

10가지 정신 자극

인간의 정신은 자극에 반응한다. 이런 자극은 열정, 창의적 상상력, 강렬한 감정 같은 특성을 북돋운다. 정신이 가장 자유롭게 반응하는 자극은 다음과 같다.

1. 성적 표현의 욕구
2. 사랑
3. 명성, 권력, 돈에 대한 불타는 열망
4. 음악
5. 동성 혹은 이성과의 우정
6. 두 명 이상의 사람들이 조화를 이루어 영적 혹은 현세적 발전을 추구하는 조력 집단
7. 박해받는 사람들이 겪는 것같이 함께 고난을 겪는 것
8. 자기암시
9. 두려움
10. 술과 마약

성적 표출의 욕구는 가장 큰 자극으로, 정신에 활력을 불어넣고 신체 활동을 활발하게 만드는 가장 효율적인 방법이다. 앞의 자극 중 여덟 개는 자연스럽고 건설적인 자극이다. 두 개는 파괴적이다. 이 목록을 여기에 소개한 이유는 정신 자극의 주된 원천을 비교 분석해 보기 위해서이다. 이 연구를 통해서, 성적 감정이 모든 정신 자극 중 가장 강렬한 것임을 알 수 있게 될 것이다.

이 비교 연구는 성적 에너지를 전환하여 사용하면 천재의 경지에 이를 수 있다는 말을 증명하는 데 꼭 필요한 것이다. 그렇다면 여기서 말하는 천재란 어떤 사람일까?

아는 체하기 좋아하는 몇몇 사람들은 천재는 "긴 머리에, 이상한 음식을 먹고, 혼자 살며, 농담의 소재가 되곤 하는" 사람이라고 말한다. 하지만 천재에 대한 진정한 정의는 "정상적인 사고의 진동 수준으로는 닿을 수 없는 지식의 원천과 자유로이 소통할 수 있을 정도로 생각의 진동 수준이 높은 사람"일 것이다.

생각이 있는 사람이라면 이런 천재의 정의에 대해서 질문을 던질 것이다. 첫 번째 질문은 이럴 것이다.

"정상적인 사고의 진동 수준으로는 닿을 수 없는 지식의 원천과 어떻게 소통할 수 있는가?"

다음 질문은 다음과 같을 것이다.

"천재만 접근 가능한 지식의 원천이 있는가? 그렇다면, 그 원천은 무엇이며 정확히 어떤 방법으로 닿을 수 있는가?"

우리는 이 책에서 언급된 더 중요한 발언들의 신빙성에 대한 증거를 제시할 것이다. 혹은, 독자가 실험을 통해 자신만의 증거를 찾을 수 있도록 해주는 증거를 제시할 수 있을 것이다. 그리고 그 과정에서, 위의 두 가지에 답할 수 있을 것이다.

"천재성"은 육감을 통해 계발된다.

"육감"이 실재한다는 근거는 무척이나 잘 정립되어 있다. 육감은 "창조적 상상력"이다. 대다수 사람은 살아가면서 한 번도 창조적 상상력을 사용하지 못한다. 설령 사용하는 일이 있다 해도, 대개는 우연히 발생한 사건일 뿐이다. 오직 소수의 사람만이 특정한 목적하에 의도적으로 창조적 상상력을 사용한다. 이를 자유로이 사용하고 그 기능을 이해하고 있는 사람들을 "천재"라고 부른다.

창조적 상상력은 인간의 유한한 정신과 무한 지성을 직접 연결해준다. 종교 영역에서 말하는 소위 "계시", 그리고 발명 영역에 있어서 중요하고도 새로운 원칙의 발견은 창조적 상상력을 통해서 일어난다.

아이디어나 개념이 흔히 말하는 "예감"을 통해 마음에 번쩍 떠오를 때, 다음의 원천에서 나온 것이다.

1. 무한 지성
2. 자신의 잠재의식. 여기에는 두뇌가 오감을 통해 받아들인 온갖 사고와 인상이 저장되어 있다.
3. 다른 사람의 정신. 어떤 이들을 의식적인 사고를 통해 생각, 아이디어, 개념들을 표현한다.
4. 다른 사람의 잠재의식 창고

생각하라 그리고 부자가 되어라

이 외에는 "영감을 받은" 아이디어나 "예감"의 원천은 없다.

창조적 상상력은 정신이 (어떤 정신적 자극을 통해서) 엄청나게 빠르게 진동하고 있을 때 가장 잘 기능한다. 다시 말해, 정신이 보통의 정상적인 사고에 비해 빠른 속도로 기능하고 있어야 한다.

뇌 기능이 10가지 정신 자극 중 하나 이상에 의해서 자극을 받아 작동하게 되면, 평범한 사고를 넘어선 경지로 나아가게 된다. 그러면 평범한 업무를 해결할 때처럼 낮은 차원에서는 불가능한, 폭넓고 수준 높은 사고를 하게 된다.

정신 자극을 통해 수준 높은 사고를 하는 것은 비행기를 타고 날아오르는 것과 같다. 지상에 있으면 지평선으로 시야가 제한된다. 하지만 사고 수준이 높아지면, 의식주 같은 기본적인 문제들을 의식하지 않게 된다. 비행기를 타고 하늘로 올라가면, 지상에 있을 때 시야를 방해하던 언덕이나 골짜기에서 벗어나게 된다. 평범하고 일상적인 사고가 사라지는 것이다.

이렇듯 높은 수준의 사고에 도달하면, 정신의 창조적 능력이 자유롭게 활동한다. 육감이 활동할 수 있는 길이 열리는 것이다. 다른 상황이라면 도달할 수 없는 아이디어에 도달할 준비가 되는 것이다. 천재와 범인을 가르는 능력은 바로 "육감"이다.

창의력을 사용할수록, 그리고 창의력으로부터 사고 자극을 끌어내려 노력할수록, 이 능력은 스스로의 잠재의식이 아닌 외부로부터 오는 진동에 예리하게 반응하고 이를 수용하게 된다. 창의력을 사용할수록 이를 계발하게 되는 것이다.

"양심"은 전적으로 육감에 따라서 움직이는 것이다.

위대한 예술가, 작가, 음악가, 시인은 창조적 상상력을 사용해서 내면에서 들려오는 "작은 음성"을 따랐기에 위대해질 수 있었다. 상상력이 예리한 사람은 가장 좋은 아이디어는 "예감"에서 온다는 사실을 잘 알고 있다.

한 유명한 대중 연설가는 눈을 감고 창의적 상상력에 온전히 기댈 때 연설을 가장 잘하게 된다고 말했다. 연설이 최고조에 달하기 전에 어째서 눈을 감느냐는 질문을 받자, 그는 이렇게 대답했다.

"그렇게 해야 내면으로부터 나오는 생각을 통해 말할 수 있기 때문이죠."

미국의 가장 성공한 유명 금융가도 결정을 내리기 전에 2~3분간 눈을 감는 버릇이 있었다. 그 이유를 묻자 그는 이렇게 대답했다.

"눈을 감고 있으면, 지고한 지성의 근원으로부터 배울 수 있게 되기 때문이죠."

지금은 고인이 된, 메릴랜드주 쉐비 체이스시의 엘머 R. 게이츠 박사는 창조력을 계발하고 사용하는 과정에서 200개 이상의 특허권을 보유하게 되었다. 의심할 바 없이 천재라고 부를만한 그가 사용한 방법은 천재성을 얻고자 하는 사람들에게 흥미롭고 중요한 것이다. 게이츠 박사는 위대한 과학자임에도 세상에 덜 알려진 인물이다.

그의 실험실에는, 그가 "개인 소통의 방"이라고 부르던 방이 있었다. 그 방은 방음 시설이 되어 있었고, 모든 빛을 차단할 수 있게 되어 있었다. 거기에는 작은 테이블이 있었는데, 테이블 위에는 메모지 꾸러미가 놓여 있었다. 테이블 앞 벽에는 조명을 조절하는 전기 스위치가 있었다. 게이츠 박사는 창의적 상상력을 통해 어떤 능력을 끌어내고자 할 때, 이 방으로 가서 테이블에 앉아 불을 끄고, 자신이 작업 중인 발명품에 대해 이미 알아낸 사실들에 집중하며, 아직 알아내지 못한 사실들과 관련한 아이디어가 마음속에 "번쩍" 떠오를 때까지 그 상태로 머물러 있고는 했다.

한번은 아이디어가 너무 빨리 떠올라서 거의 3시간 동안 숨 가쁘게 써 내려간 적도 있었다. 흘러나오던 생각이 멈추자 그는 노트를 꼼꼼히 살펴보고는, 거기에 어떤 원리들이 무척 상세히 기술되어 있음을 깨달았다. 그 내용이 기존 과학계에 알려진 것과는 비교할 수 없을 정도로 뛰어난 것이었다. 더구나 그가 품고 있던 문제에 대한 해답이 그 노트에 논리정연하게 정리되어 있었다. 이런 방식으로 게이츠 박사는 200건이 넘는 특허를 완성하였다. 이는 불완전한 생각에서 시작되었지만, 완성은 그렇지 않았다. 미국 특허청의 기록을 보면 그 사실을 알 수 있다.

게이츠 박사는 개인이나 기업을 위해 "앉아서 아이디어를 내는 일"로 돈을 벌었다. 미국의 많은 대기업이 이를 위해 그에게 시간당 어마어마한 비용을 지불하곤 했다.

사고능력은 종종 오류를 범하곤 하는데, 그 이유는 생각이 주로 개인의 축적된 경험으로 좌우되기 때문이다. "경험"에 의해 축적된 지식이라고 해서 모두 정확한 것은 아니다. 창의력을 통해 얻은 아이디어가 더 믿을만하다. 왜냐하면 사고능력이 사용할 수 있는 가장 믿을만한 원천으로부터 나오기 때문이다.

"천재"와 평범한 "괴짜" 발명가 사이의 가장 큰 차이점은, 천재는 창의적 상상력을 발휘해서 일하지만, "괴짜"는 이런 것을 전혀 모른다는 점이다. 에디슨이나 게이츠 박사와 같은 과학 발명가들은 합성적 상상력과 창의적 상상력을 모두 사용해서 일한다.

예를 들어, 과학 발명가, 혹은 "천재"는 발명을 시작할 때, 이미 알려진 생각들이나 경험을 통해 축적된 원칙들을 합성 능력(사고능력)을 사용해서 체계적으로 모은다. 이렇게 모은 지식이 발명을 완성하는 데 충분하지 못하다고 판단되면, 창의적 능력을 통해 얻을 수 있는 지식을 끌어들인다. 이를 위해 개인에 따라서 다른 방법을 사용하지만, 그 과정의 요지는 다음과 같다.

1. 발명가는 10가지 정신 자극이나 자신이 선택한 다른 자극 중 하나 이상의 자극원을 사용하여 정신이 고차원적으로 활동하도록 자극한다.
2. 발명에 관해 알려진 지식(완결된 부분)에 정신을 집중하여, 알려지지 않은 지식(완결되지 않은 부분)에 관한 그림을 머릿속으로 그린다. 그러고 나서 이 그림을 잠재의식으로 넘기고, 마음에서 모든 생각을 비우고 편안하게 그 답이 "번쩍" 떠오를 때까지 기다린다.

때로는 즉시 분명한 결과가 떠오르지 않을 때도 있다. 혹은, "육감" 즉 창의력의 발달 상태에 따라 부정적인 결과가 나오기도 한다.

에디슨은 합성적 상상력을 통해 1만 가지가 넘는 아이디어의 조합을 시도해보고, 그 후 창의적 상상력에 귀를 기울인 후에야, 백열등의 발명에 대한 마지막 해답을 얻을 수 있었다. 축음기를 발명할 때도 비슷한 경험을 거쳤다.

창의적 상상력이 실재한다는 믿을만한 증거는 무수히 많다. 교육을 많이 받지 않고도 각자의 분야에서 리더의 위치에 오른 사람들을 자세히 분석해 보면 그 증거를 찾을 수 있다.

링컨은 창의적 상상력을 발견하고 사용함으로써 위대한 리더의 자리에 오른 대표적인 인물이다. 그는 앤 러트레지와의 사랑에서 자극을 받아 창의적 상상력을 발견하고 사용하기 시작하였으며, 이 사실은 천재성의 원천에 관한 연구에 있어서 매우 중요하다.

역사상 많은 지도자의 성공 사례는 그 주된 원인을 거슬러 올라가 보면 여성의 영향을 받은 경우가 많다. 즉, 성적 열망을 자극함으로써 그들의 마음속에서 창의력을 불러일으킨 것이다.

나폴레옹 보나파르트가 한 예이다. 첫째 부인인 조세핀에게서 격려를 받았을 때, 그는 불굴의 의지와 정신을 지니게 되었다. 하지만 "더 나은 판단" 혹은 사고능력에 기대어 조세핀을 멀리하면서, 그는 몰락하기 시작했다. 오래지 않아 그는 전쟁에서 패하고 세인트 헬레나 섬에 유배되는 신세가 되었다.

많은 유명 인사들이 아내의 영향으로 성공의 꼭대기까지 올라갔다가 돈과 권력을 맛본 후 오랫동안 함께 지낸 아내를 버리고 새로운 아내를 맞이하였다가 파멸로 떨어지곤 했다. 올바른 상대에서 비롯된 성적 영향력은 이성에 의해 유발되는 어떤 방법보다도 강력하다는 것을 보여주는 예는 나폴레옹뿐만이 아니다.

인간의 정신은 자극에 반응한다!

이 자극 중 가장 크고 강력한 것이 성적 욕구이다. 성적 욕구를 잘 다스리고 전환하면, 이를 통해 얻어지는 추진력은 사람을 높은 수준의 사고까지 끌어올려서, 마음을 흐트러뜨리는 걱정과 작은 짜증들을 제어할 수 있게 해준다.

하지만 불행하게도 천재들만이 이를 깨달았다. 다른 사람들은 성적 욕구를 그냥 받아들이고 그 욕구가 지니는 잠재력을 발견하지 못했다. 이 때문에 천재는 수가 적고 "그 외의 사람들"의 수가 상대적으로 많은지도 모르겠다.

성 에너지는 모든 천재의 창의적 에너지이다. 성적 원동력이 부족한 위대한 지도자나 건축가, 예술가는 이전에도 없었으며 앞으로도 없을 것이다.

물론 이 말을 성적 욕구가 강한 모든 사람이 천재라고 잘못 해석할 사람은 없을 것이라 믿는다! 사람들은 상상력의 창의적 능력을 통해서 스스로의 정신에 자극을 가할 때만 천재의 자리에 오를 수 있다. 이렇게 정신에 가해지는 진동을 증가시키는 주된 자극이 바로 성 에너지이다. 이 에너지를 지니고 있다고 해서 천재성이 발휘되는 것은 아니다. 이 에너지가 육체적 접촉의 열망에서 다른 형태의 열망이나 행동으로 전환되어야만, 천재의 위치에 오르게 되는 것이다.

대부분 사람이 강한 성적 열망을 잘못 이해하고 잘못 사용함으로 인해, 스스로를 천재의 위치로 끌어올리기보다는 짐승처럼 타락하곤 한다.

40세 이전에 성공하기가 힘든 이유

2만 5천 명의 사람들을 분석한 결과 내가 발견한 점은, 놀라운 방법으로 성공을 거둔 이들도 40세 이전에 성공하는 경우가 드물며, 대부분은 진짜 궤도에 오르는 것은 50세가 훨씬 넘어서라는 사실이다. 이 놀라운 사실을 접한 후 나는 그 원인에 대해 자세히 연구해 보기로 했고, 그 후 12년 이상의 시간 동안 조사를 계속했다.

연구 결과 다음의 사실이 밝혀졌다.

사람들이 40세와 50세 이전에 성공하지 못하는 주된 이유는, 성욕을 육체적으로 분출하는 데 탐닉한 나머지 에너지를 낭비하는 경향이 있기 때문이라는 점이다. 대부분 사람은 성욕에 다른 가능성이 담겨 있다는 사실을 깨닫지 못한다. 육체적 욕구 표현을 훨씬 뛰어넘는 중요한 가능성이 있음을 알지 못하는 것이다. 이를 깨닫는 사람들은, 50세 이전 성 에너지가 최고조에 이르렀을 때 수년의 시간을 낭비한 후에나 깨닫게 된다. 이런 깨달음이 있으면 그 후에는 주목할 만한 성공이 뒤따르게 된다.

많은 사람은 40세까지, 가끔은 40세를 훌쩍 넘긴 나이에도, 끊임없이 에너지를 낭비하고 살아간다. 그 에너지가 더 나은 통로로 쓰여 이익을 가져다줄 수 있는데 말이다. 그들의 섬세하고 강력한 감정들이 들판에 뿌려져 바람에 흩어져 버린다. 남자들의 이런 습성 때문에 "젊어서 방탕한 생활을 한다."라는 표현이 생겨난 것이다.

성적 욕망은 인간의 감정 중 가장 강력하고 충동적인 욕망이다. 그렇기에, 이 욕망을 잘 다스려서 육체적 분출 이외의 다른 행동으로 전환하면 한 사람을 천재로 만들 수 있는 것이다.

미국의 가장 능력이 있는 사업가 중 한 사람은 그가 만들어 낸 대부분의 사업 계획들은 그의 매력적인 비서 덕분이었다고 솔직히 시인했다. 다른 어떤 자극보다도 그녀가 존재하는 것만으로도 그의 창의적 상상력이 고조되어서 가능한 일이었다고 인정했다.

가장 성공한 미국인 중 한 사람인 어떤 이는 자신의 성공이 한 매우 매력적인 여성 덕분이었다고 했다. 그녀가 12년 이상 그에게 영감을 주었다고 한다.

심리학자들에게는 잘 알려진 바와 같이, 성욕과 영적 욕구 사이에는 밀접한 관계가 있다. 사람들이 원시 종교에서 흔히 보이는 종교적 "부흥회"로 알려진 난잡한 행사에 가담하는 것은 이 때문이다.

인간의 감정이 세상을 지배하고 인류 문명의 방향을 결정한다. 사람들이 행동할 때 영향을 끼치는 것은 이성이나 "느낌"이 아니다. 인간의 감정 중 가장 강력한 힘을 지닌 것이 성적 감정이다. 물론 다른 정신 자극들이 있고, 그들 중 몇몇은 이미 소개되기도 했지만, 그중 어느 것도, 아니 그들 모두를 합한다 해도, 성욕의 원동력에 견줄 수 없다.

정신 자극은 일시적 혹은 지속해서 사고 자극을 증가시키는 모든 영향력을 의미한다. 앞서 소개된 10가지 주된 정신 자극들은 가장 흔한 자극들이다. 이를 통해, 사람들은 무한 지성과 소통하기도 하고, 자신 또는 타인의 잠재의식 속의 창고에 마음대로 출입할 수도 있다. 천재성을 얻게 되는 과정은 이게 전부다.

3만 명 이상의 영업 사원들을 훈련한 어떤 강사는 성적 욕망이 높은 남자들이 판매에도 뛰어나다는 놀라운 사실을 발견했다. 그 이유는 "흡인력"이라고 부르는 성격적 요소가 실은 성 에너지가 표현된 것이라는 점이다. 성적 욕망이 높은 이들은 흡인력 또한 뛰어나다. 이 성 에너지를 배양하고 잘 이해함으로써 인간관계에서 유리하게 사용할 수 있다. 다음의 방법을 통해 이 에너지를 다른 사람들에게 전할 수 있다.

1. 악수: 손을 맞잡은 순간 바로 흡인력이 있는지 없는지 알 수 있다.
2. 어조: 흡인력 혹은 성 에너지로 인해 목소리에 특색이 입혀지고, 음악처럼 매력적으로 들리기도 한다.
3. 자세와 행동거지: 성적 욕망이 높은 사람들은 우아하고 편안한 태도로 빠르게 움직인다.
4. 사고 전파력: 성적 욕망이 높은 사람들은 성적인 에너지를 개성으로 드러내어 주변 사람들에게 영향을 끼친다.
5. 옷차림과 스타일: 성적 욕망이 높은 사람들은 대체로 외모에 신경을 쓰는 편이다. 자신의 성격과 체격, 피부색에 맞는 옷을 고르곤 한다.

영업 사원을 고용할 때, 유능한 판매 관리자라면 매력적인 성격을 영업 사원의 우선적인 요건으로 삼을 것이다. 성적 에너지가 모자란 사람은 열정이 없을뿐더러 다른 사람의 열정을 끌어내지도 못한다. 판매하는 상품이 무엇이든 간에 열정은 영업 사원에게 있어 가장 중요한 자질이다.

강연자, 목사, 변호사, 영업 사원이 성적 에너지가 없다면 다른 사람에게 영향력을 끼치는 데는 완전히 실패한 것이나 다름없다. 대부분 사람은 감정적인 호소에 영향을 받는다는 사실까지 더해서 생각해 보면, 영업 사원의 타고난 능력 일부로서 성 에너지가 얼마나 중요한 것인지 이해할 수 있게 된다. 노련한 영업 사원이 완벽한 판매 기술을 갖게 되는 것은 의식적이든 무의식적이든 성 에너지를 판매에 대한 열정으로 전환했기 때문이다! 여기에서 성 에너지의 전환이 정확히 무엇을 뜻하는지에 대한 실질적인 단서를 찾을 수 있을 것이다.

성적인 욕망을 마음속에서 거두고 그 욕망을 열정과 투지를 가지고 판매 노력에 쏟아붓는다면, 그 영업 사원은 스스로 깨닫지 못한다 해도 성 에너지 전환의 기술을 습득한 것이다. 대부분의 영업 사원들은 스스로 알게 모르게 이렇게 성 에너지를 전환해서 사용하고 있다.

성적 에너지를 전환하는 일은 일반적으로 사람들이 생각하는 것보다 더 큰 의지가 있어야 한다. 그렇게 충분한 의지가 없는 사람들은 천천히 능력을 습득하게 될 것이다. 비록 이 과정이 큰 의지가 있어야 하기는 하지만, 이에 대한 보상을 보면 충분히 노력할 가치가 있는 일이다.

성에 관한 주제는 대부분 사람이 너무나도 무지한 분야이다. 무지하고 악의적인 사람들은 성욕에 대해 너무나도 오랫동안 크게 오해하고, 비난했으며, 조롱해왔기에, 점잖은 집단에서는 '성(sex)'이라는 단어조차 좀처럼 사용되지 않는다. 높은 성욕을 가진 "축복받은" 사람들은 흔히 위험한 사람들로 여겨지곤 한다. 축복받았다고 여겨지기보다는 저주받은 이들로 여겨지곤 한다.

지금과 같은 계몽주의 시대에도 많은 사람이 높은 성적 욕망이 저주라는 잘못된 믿음으로 인해 열등감을 가지고 살아간다. 성 에너지에 대한 이런 얘기가 방탕한 생활을 정당화시켜준다고 오해하지는 말기 바란다.

성욕은 지혜롭고 분별력 있게 사용될 때만 이득이 된다. 이를 오용하면, 그리고 실제로 가끔 오용되기도 해서, 몸과 정신을 풍요롭게 하기보다는 타락시켜 버리기도 한다. 이번 장의 임무는 이 힘을 좀 더 잘 사용하도록 하는 것이다.

내가 가까이서 지켜볼 기회가 있었던 거의 모든 위대한 리더들이 여성에 의해 크게 영감을 받았다는 사실이 무척이나 중요하게 생각되었다. 많은 경우, 그 "해당 여성"은 대중들에게 거의 알려지지 않은 다소곳하고 금욕적인 아내였다. 몇몇 경우에는 그 영감의 원천이 "바람 피우는 상대"이기도 했다. 당신도 이런 경우를 접한 적이 있을 것이다.

성적인 방종은 과음이나 과식만큼이나 해롭다. 제1차 세계 대전과 함께 시작된 현대 사회에는 성적 방종이 흔하다. 아마도 위대한 지도자가 부족한 이유가 이런 방종한 사회 분위기 때문일 수도 있겠다. 성적으로 에너지를 낭비하면서 창의적 상상력을 발휘할 수 있는 사람은 없다. 지구상에서 인간만이 유일하게 성적인 면에 있어서 대자연의 목적을 거스르는 존재이다. 다른 동물들은 자연법칙과 조화를 이룰 수 있도록 성욕을 적절히 조절한다. 다른 모든 동물은 짝짓기 "시기"가 있다. 반면 인간은 "항상" 성욕을 분출하려 한다.

술과 담배를 통해 과도한 자극을 받으면 뇌를 포함한 신체 기관들을 해치게 된다는 사실은 누구나 알고 있다. 하지만 과도한 성욕의 분출 또한 술과 담배만큼이나 창의력을 저해하고 파괴한다는 사실을 아는 사람은 많지 않다.

섹스광은 마약쟁이와 크게 다르지 않다! 둘 다 이성과 의지를 상실한 것이다. 성적 방종은 이성과 의지를 파괴할 뿐 아니라, 일시적 혹은 영원히 정신병 상태로 만들어 버린다. 건강염려증 대부분은 섹스의 진정한 기능을 알지 못해서 생겨난 습관이다.

이 주제에 대해 간단히 살펴본 바에 따르면, 성 에너지 전환에 대한 이해 부족으로 인해, 당사자들도 엄청난 손해를 보고 있지만, 반대로 그들에게서 끌어낼 수 있는 많은 이점도 손해를 보고 있는 셈이다.

이렇게 성에 대한 무지가 만연하는 이유는 성이라는 주제 자체가 신비주의와 깊은 침묵에 둘러싸여 왔기 때문이다. 이렇게 신비주의와 침묵이 합쳐져 젊은이들이 성이라는 주제를 금기시하게 된 것이다. 그 결과 호기심만 높아지게 되었고, 이 "금지된" 주제에 대해 더 알고 싶은 욕구만 높아졌다. 그리고 이 주제에 대해 젊은 세대를 가장 잘 가르칠 수 있는 입법자들과 의사들에게는 부끄러운 일이지만, 성에 대한 정보를 얻기가 쉽지 않았다.

어떤 분야에서도 40세 이전에 무언가 성과를 이루어 내는 사람은 거의 없다. 보통의 사람들은 40세와 60세 사이에 가장 큰 역량을 발휘한다. 이는 수천 명의 남녀를 자세히 관찰하고 분석한 결과이다. 따라서 40세 이전에 성공하지 못했다고, 그리고 40세 즈음해서 "노년"이 다가온다는 사실에 당황할 필요가 없다. 40세와 50세 사이는 가장 풍성하게 수확하는 시기이다. 그러므로 이 시기를 두려움과 떨림이 아닌, 희망과 기대에 차서 맞이해야 한다.

대부분 사람이 40세가 넘어서야 최고의 역량을 발휘한다는 증거가 필요하다면 미국의 가장 성공한 인물들에 대한 기록을 살펴보면 쉽게 찾을 수 있을 것이다.

헨리 포드는 40세가 넘어서야 본격적인 성공을 거두기 시작했다.

앤드루 카네기는 40세가 훌쩍 넘어서야 노력의 열매를 맺기 시작했다.

제임스 J. 힐은 40세에도 여전히 전신원으로 일하고 있었다. 그 나이가 훨씬 넘어서야 엄청난 성공을 거두기 시작했다.

미국의 기업가들과 금융가들의 삶을 보면 40세와 60세 사이가 가장 생산적인 시기임을 알 수 있는 증거들로 가득 차 있다.

사람들이 성 에너지를 전환하는 기술을 습득하기 시작하는 것은 30세와 40세 사이이다. (만일 그 기술을 습득하게 된다면 말이다.) 대부분은 그 기술이 뭔지도 모른 채 우연히 발견하는 경우가 많다. 35세와 40세 사이에 자신의 역량이 증가했다고 느낄 수는 있으나, 대부분은 그런 변화의 원인은 알지 못한다. 30세와 40세 사이에 사람들의 내면에서 사랑과 성의 감정이 조화를 이루기 시작하고, 그렇기에 이 위대한 힘을 끌어들여서 자극제로 삼아 활동하게 되는 것이다.

섹스 자체는 어떤 행동에 대한 강력한 충동이지만, 그 힘은 사이클론처럼 막강해서 제어할 수 없는 경우가 많다. 사랑의 감정이 성의 감정과 합해지면, 목표와 균형, 판단의 정확성 등으로 인해 차분해진다. 40세에 가까운 사람이 이 말의 의미를 이해하지 못하고 실천하지 못할 만큼 어리석을 수는 없을 것이다.

성적으로 여성을 만족시키려는 열망에만 사로잡히면, 평소에 능력이 출중한 사람이라 하더라도, 체계적이지 못하고 엉망이며 파괴적으로 행동할 수 있다. 섹스라는 동기에 의해서만 움직이면, 도둑질이나 거짓말, 심지어는 살인도 저지를 수 있다. 하지만 사랑의 감정이 성의 감정과 합해지면, 분별력과 균형, 이성을 갖춘 행동을 하게 된다.

범죄학자들이 발견한 바에 따르면, 가장 악독한 범죄자들도 여성의 사랑을 받으면 교화될 수 있다고 한다. 섹스의 영향력만으로 교화된 범죄자들은 없다. 이 사실은 잘 알려졌지만, 그 원인은 모르고 있는 경우가 많다. 범죄자가 교화되는 것은 마음, 즉 감정에 의해서 교화되는 것이지, 머리나 이성에 의해서가 아니다. 교화된다는 것의 의미는 "마음에 변화가 일어난다."라는 뜻이다. "생각에 변화가 일어나는" 것이 아니라는 말이다. 이성적으로 생각해서 원치 않는 결과를 피하려고 행동을 바꿀 수는 있지만, 진정으로 교화되려면 마음이 바뀌어야 한다. 바뀌려는 열망이 있어야 한다.

사랑과 로맨스, 섹스는 모두 한 사람을 빼어난 성공으로 올려줄 수 있는 감정들이다. 사랑은 안전밸브의 역할을 하여, 균형을 이루고 건설적인 노력을 하도록 보장해 준다. 이 세 가지 감정이 합해지면 한 사람을 천재의 반열에 올려놓을 수도 있다. 하지만 세상에는 사랑의 감정을 거의 알지 못하는 천재들이 있다. 그들 대부분은 파괴적인 일에 연루되거나, 타인에 대한 정의나 공평함과는 거리가 먼 행태를 보인다. 산업계와 금융계에서 이렇게 타인의 권리를 마구 짓밟는 이들을 찾아볼 수 있다. 이들은 양심이 전혀 없는 사람들이다. 독자들도 또한

생각하라 그리고 부자가 되어라

이런 이들을 알고 있으리라 본다.

감정은 마음(정신)의 상태이다. 인간의 타고난 "정신 화학"은 물질의 화학 반응과 비슷한 방식으로 작용한다. 화학자들은 화학 물질을 사용해서 치명적인 독을 만들어 낼 수 있다. 그 물질 하나하나를 적절한 양으로 사용하면 해롭지 않지만, 이를 섞으면 독성을 띠게 되는 것이다. 이와 비슷하게, 감정이 섞이면 치명적인 독이 될 수 있다. 섹스와 질투의 감정이 섞이게 되면 사람을 미치광이 짐승으로 둔갑시킬수도 있다.

하나 이상의 파괴적인 감정들이 정신 화학 작용을 거치면 정의와공정성에 대한 감각을 해치는 독이 될 수도 있다. 극단적일 때 이런 감정들이 합쳐져서 이성을 파괴하기도 한다.

천재가 되려면 섹스와 사랑, 로맨스의 감정들을 배양하고 제어하며사용할 줄 알아야 한다. 이 과정을 간단히 설명하면 다음과 같다.

이런 긍정적인 감정들이 생각을 지배하도록 하고 부정적인 감정들이 자리 잡지 못하도록 하라. 마음은 습관의 산물이어서, 지배적인 생각에 따라 좌우된다. 스스로의 의지로 어떤 감정을 배제하고 특정 감정이 자리하도록 만들 수 있다. 의지의 힘으로 마음을 제어하는 것은어렵지 않다. 끈기와 습관을 통해 제어할 수 있다. 마음을 제어하는 비결은 감정의 전환 과정에 대해 이해하는 것이다. 부정적인 감정이 마음에 자리할 때, 생각을 바꾸는 것만으로 이를 긍정적이고 건설적인감정으로 전환할 수 있다.

스스로 노력하는 것 외에 천재가 되는 방법은 없다! 성 에너지의 추진력만으로도 경제적, 사업적으로 성공을 거둘 수는 있지만, 역사적 사례에 근거해서 보면, 그런 사람들은 자신이 이룩한 부를 유지하거나 누릴 수 있는 자질이 부족하다. 이 사실을 분석하고 곰곰이 생각해 볼 필요가 있다. 남성뿐 아니라 여성에게도 시사하는 바가 있는 사실이기 때문이다. 이 사실에 대해 무지한 사람들은 부를 소유하고도 행복을 누리지 못했다.

사랑과 섹스의 감정은 외모에도 눈에 띄는 영향을 끼친다. 누구나 알아볼 수 있는 흔적을 남기는 것이다. 성욕에 기반한 폭풍과도 같은 열정에 휩쓸린 사람은 눈의 표정이나 얼굴 주름을 통해 온 세상이 알아볼 수 있도록 티를 낸다. 사랑의 감정이 성의 감정과 결합하면 표정이 부드럽고 온화하며 아름다워진다. 전문가가 아니더라도 누구나 얼굴을 보면 마음 상태를 알게 되는 것이다.

사랑의 감정은 예술성과 미적 감각을 끌어내고 발전시킨다. 시간이 지나고 상황이 바뀌어서 열정이 식은 후에도 개인의 영혼에 오랫동안 흔적을 남기게 된다.

사랑의 기억은 사라지지 않는다. 그 감정적 자극의 원인이 사라진 후에도 오랫동안 남아서 영향을 끼친다. 이는 새로운 사실이 아니다. 진정한 사랑에 빠져본 사람이라면 그 감정이 사람의 마음에 오랫동안 지워지지 않는 흔적을 남긴다는 사실을 안다. 사랑은 영적이기에 사랑의 영향력은 오래 간다. 사랑에 의해서 성취욕이 고양되지 않는다면 희망이 없는 사람이다. 살아있는 듯 보이지만 죽은 거나 다름없다.

사랑의 기억만으로도 사람을 높은 창의적 노력의 경지로 끌어올릴 수 있다. 불이 타서 완전히 연소하듯, 사랑의 강한 감정은 연소하고 지나가지만, 그 지나간 자리에는 지워지지 않는 사랑의 흔적이 그 증거

생각하라 그리고 부자가 되어라

로 남게 된다. 한 사랑이 지나가면 사람의 마음은 더 위대한 사랑이 올 것이라 준비하게 되기도 한다.

종종 지나간 날들을 돌아보고 과거의 사랑에 대한 아름다운 기억들에 흠뻑 빠져보라. 현재의 근심과 짜증을 덜어줄 것이다. 또한 불행한 삶의 현실로부터 도망칠 수 있도록 해줄 것이다. 또 누가 아는가? 잠깐 환상의 세계로 떠나있는 동안, 당신의 재정적, 영적 상태를 완전히 바꿔줄 계획이나 아이디어가 떠오르게 될지도 모른다.

사랑했고 버림받았기에 스스로가 불행하다고 생각한다면, 그 생각을 버려라. 진정으로 사랑을 해본 사람은 절대 사랑을 완전히 잃지 않는다. 사랑은 변덕스럽고 제멋대로이다. 일시적이고 지나가는 것이다. 원할 때 맘대로 오고 경고도 없이 가버린다. 이를 받아들이고, 사랑하는 동안 즐기고, 사랑이 떠날 것에 대해 걱정하지 말라. 걱정한다고 해서 사랑을 되찾을 수 있는 것도 아니다.

사랑이 단 한 번만 찾아온다는 생각을 버려라. 사랑은 끝없이 오고 가며, 각각의 경험은 각기 다른 방식으로 영향을 끼친다. 특별히 마음에 깊은 흔적을 남기는 사랑이 있을 수는 있지만, 모든 사랑 경험은 삶에 도움이 된다. 사랑이 떠난 후 후회하고 자조하지 않는다면 말이다.

사랑에 관해서 절대 실망하지 마라. 사랑과 성적 감정의 차이를 이해한다면 실망하지 않게 될 것이다. 둘의 주된 차이점은, 사랑은 영적인 데 반해 성욕은 생물학적 감정이라는 것이다. 영적인 힘을 가지고 사람의 마음을 어루만지는 경험이라면 해로울 수 없다. 무관심과 질투를 제외하면 말이다.

사랑이 삶에 있어서 가장 위대한 경험이라는 사실은 의심할 여지가 없다. 사랑으로 인해 우리는 무한 지성과 소통하게 된다. 로맨스와 성욕과 합쳐지게 되면, 사랑은 창의력을 최고조로 끌어올려 줄 수 있다. 사랑, 성욕, 로맨스의 감정들은 각각 성공으로 이끄는 천재성이라는 삼각형의 각 변과 같다. 이를 통해서만이 천재성이 만들어질 수 있다.

사랑은 매우 다양한 특징을 지닌 감정이다. 우리가 부모나 자녀에 대해 느끼는 사랑의 감정은 연인에 대한 감정과 매우 다르다. 후자는 성욕과 결합한 감정이지만, 전자는 그렇지 않다.

진정한 우정에서 느끼는 사랑은 연인이나 부모, 자녀에 대한 사랑과 다르지만, 그 또한 사랑의 한 형태이다.

대자연의 작품처럼, 움직이지 않는 것에 대한 사랑의 감정도 있다. 하지만 이 다양한 사랑의 감정 중 가장 강렬한 것은 성욕과 결합한 사랑의 감정이다. 결혼 같은 관계에서 사랑이 성욕과 적절히 균형을 맞추지 못한다면 행복할 수 없다. 심지어 오래 지속될 수도 없다. 사랑만으로는 결혼 생활이 행복할 수 없으며, 성욕만으로도 마찬가지다. 이 아름다운 감정들이 서로 섞일 때, 결혼 생활을 통해 이 세상에 느낄 수 있는 가장 영적인 정신상태를 경험하게 된다.

사랑과 성욕에 로맨스의 감정이 더해지면, 유한한 인간의 정신과 무한 지성 간의 벽이 허물어진다. 그리고 천재가 탄생하게 되는 것이다!

이는 보통의 성욕에 관한 이야기와는 전혀 다른 이야기이다. 그 흔한 성욕을 재해석해서 하나님의 손안에서 아름답고 영감을 주는 토기로 빚어질 흙으로 여기고 있어야 한다. 이를 알게 되면 혼란스러운 결혼 관계에서 조화를 끌어낼 수 있다. 서로에 대한 비난으로 표출되곤 하는 부조화한 관계의 원인은 대부분 성에 대해 지식이 부족하기 때문이다. 사랑과 로맨스, 성욕과 그 기능에 대한 적절한 이해가 있으면, 결혼한 커플들 간에 다툼이 있을 여지가 없다.

아내가 이런 사랑과 성, 로맨스의 감정 사이의 관계를 이해한다면 그 남편은 행운이다. 이 신성한 세 가지에 의해 동기부여가 되면, 어떤 노동도 고되게 느껴지지 않는다. 가장 비천한 일도 사랑의 노동이 되기 때문이다.

"부인은 남편을 성공시키거나 망치거나 둘 중 하나이다."라는 말이 있지만, 그 이유를 아는 사람은 많지 않다. "성공시키거나" "망치게" 되는 것은 아내가 사랑과 성, 로맨스라는 감정을 이해하느냐 이해하지 못하느냐에 달려있다.

인간의 타고난 천성이 일부다처주의적이긴 하지만, 아내만큼 남편에게 큰 영향을 끼치는 여성은 없다. 자신과 전혀 맞지 않는 여성과 결혼한 경우가 아니라면 말이다. 만일 남편이 아내에게 흥미를 잃고 다른 여자에게 더 관심을 보인다면, 그 이유는 아내가 성과 사랑, 로맨스라는 주제에 무지하거나 무관심했기 때문이다. 물론 이는 두 사람이 한때 진실한 사랑을 했다는 전제하에 하는 말이다. 그리고 이는 아내가 남편에게 관심을 잃었을 때도 똑같이 해당한다.

결혼한 커플들은 수없이 많은 하찮은 것들을 두고 말다툼을 벌이곤 한다. 이 싸움을 정확히 분석해 보면, 다툼의 진정한 원인은 사랑과 성, 로맨스에 대해 무관심하거나 무지했기 때문임을 알게 될 것이다.

남자가 가장 큰 동기를 부여받는 때는 여성을 기쁘게 해주려는 때이다! 문명이 싹트기 이전 선사시대에, 사냥꾼들은 여성의 눈에 멋지게 보이려는 열망으로 열심히 사냥했다. 남자의 본능은 이 점에서 변한 것이 없다. 오늘날 "사냥꾼"은 동물의 가죽이나 야생동물을 사냥해 오지는 않지만, 좋은 옷과 자동차, 부를 통해서 여성의 관심을 끌려 한다. 남자가 여성을 기쁘게 하려는 열망은 선사시대나 지금이나 다름이 없다. 변한 것이라면 방법뿐이다. 큰 부를 이루고 권력과 명성을 얻은 사람들은 주로 여자들을 기쁘게 하려는 열망을 성취한 것이다. 그들의 삶에서 여자들이 빠진다면 큰 부도 의미를 잃게 된다. 여성을 기쁘게 하려는 남성들의 타고난 열망 때문에 여성들은 남성들을 성공시킬 수도 파괴할 수도 있는 힘을 가지게 되는 것이다.

이런 남자의 성향을 알고 요령 있게 맞춰주는 여자라면 다른 여자들과의 경쟁을 두려워할 필요가 없다. 남자들은 다른 남자들을 대할 때는 강력한 의지를 발휘하지만, 자신들이 선택한 여자에게는 쉽게 순종하는 경향이 있다.

남자들은 본능적으로 우월함을 인정받고 싶어 하는 경향이 있기에 자신이 좋아하는 여성에게 쉽게 영향을 받는다고 인정하기 꺼린다. 그리고 현명한 여자는 이런 남자들의 성향을 파악하고 이를 거스르지 않으려 현명하게 처신한다.

어떤 남자들은 자신들이 선택한 여성들—아내, 연인, 어머니, 혹은 여자 형제들—이 자신에게 영향력을 끼친다는 사실을 알면서도, 그 영향력에 저항하기를 꺼린다. 어떤 남성도 "적합한 여성"의 조정력을 벗어나서는 행복할 수 없다는 사실을 알기 때문이다. 이를 깨닫지 못하는 남자는 자신을 성공의 반열에 올려줄 수 있는 가장 큰 힘을 스스로 버리는 셈이 된다.

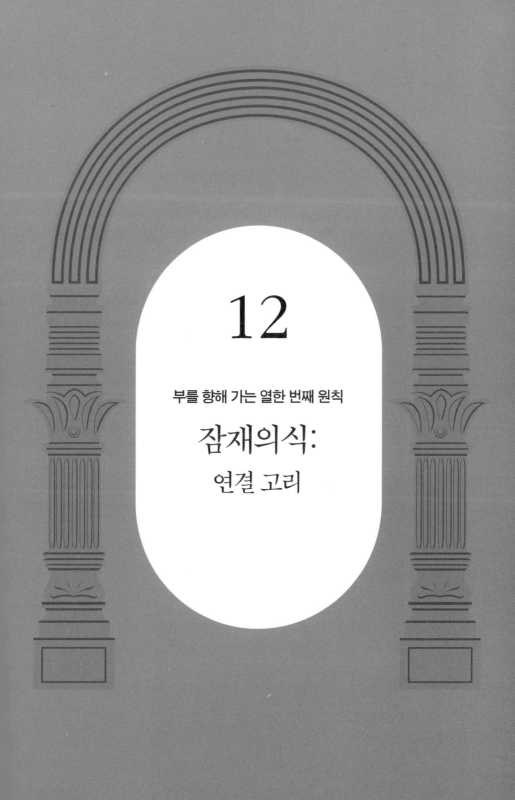

12

부를 향해 가는 열한 번째 원칙

잠재의식:
연결 고리

잠재의식은 의식의 장으로 이루어져 있는데, 오감을 통해 의식에 닿는 모든 사고 자극들은 여기에서 분류되고 기록되며, 파일 캐비닛에서 편지들을 꺼내듯 생각들이 이곳에 넣어지고 빼내어지기도 한다.

잠재의식은 인상이나 생각들을 그 특성에 상관없이 받아들이고, 정리하고, 지각한다. 잠재의식 속에 일부러 계획이나 생각, 목적들을 심어서 물리적 혹은 금전적 실체로 전환할 수 있다. 잠재의식은 신념과 같은 감정과 결합한 지배적인 열망에 우선으로 반응한다.

열망에 관한 장에서 소개된 6가지 단계를 실행하기 위한 지침과 계획의 수립과 실행에 관한 장에서 주어진 지침들을 모두 종합해서 보면, 여기에서 소개되는 생각들이 얼마나 중요한지 이해할 수 있게 될 것이다.

잠재의식은 밤낮없이 활동한다. 인간이 이해할 수 없는 방법을 통해서, 잠재의식은 무한 지성으로부터 열망을 물질적 실체로 저절로 전환하는 힘을 얻는다. 항상 그 목적에 맞는 가장 실용적인 도구를 사용해서 말이다.

잠재의식을 완전히 제어할 수는 없다. 하지만 잠재의식에 자신이 실현하기를 원하는 계획, 열망, 혹은 목적을 건네줄 수는 있다. 자기암시에 관한 장에서 소개된, 잠재의식을 사용하는 방법에 대한 지침을 다시 한번 읽어보라.

잠재의식이 인간의 유한한 정신과 무한 지성을 연결하는 고리라는 믿음을 뒷받침할만한 증거는 많이 있다. 무한 지성의 힘을 마음대로 사용할 수 있게 해주는 중재자의 역할을 하는 것이다. 정신적 자극이 영적 에너지로 조정되고 바뀌는 비밀스러운 과정은 잠재의식 속에서만 일어난다. 기도가 그 기도에 대해 응답할 능력이 있는 곳에 도달하게 되는 것도 잠재의식을 통해서이다.

창의적 노력이 잠재의식과 결합하면 어떤 일을 해낼 가능성은 엄청나게 확장된다. 보는 사람이 경외감을 가지게 할 정도이다.

잠재의식에 관해서는 인간이 지닌 지식이 가여우리만큼 제한적이라서 열등감과 무력감을 느끼지 않을 수 없다. 잠재의식이 인간의 사고력과 무한 지성 사이의 소통 도구라는 사실만으로도 생각이 마비되어버릴 정도이다.

잠재의식이 존재한다는 사실을 인정하고, 그것이 열망을 물리적 혹은 금전적 실체로 전환해주는 중간자로서 기능을 한다는 사실을 이해하면, 열망에 관한 장에서 소개된 지침들이 얼마나 중요한 것인지 이해하게 될 것이다. 또한 열망을 분명하게 정의해서 글로 정리하라고 반복해서 강조했던 이유도 알게 될 것이다. 그리고 이 지침들을 수행하는 데 있어 끈기가 필요하다는 사실도 이해하게 될 것이다.

성공의 13가지 원칙들은 당신이 잠재의식에 영향을 미치도록 만드는 자극제가 될 수 있다. 한번 시도해보고 안 된다고 낙담하지 마라. 잠재의식은 신념에 관한 장에서 지시한 대로 습관에 의해서만 마음대로 지시할 수 있다. 아직 완벽한 신념을 키울만한 시간이 없었으니, 인내심을 가지고 끈질기게 시도해보라.

잠재의식에 관한 이해를 돕기 위해, 이번 장에서는 '신념'과 '자기암시'에 관한 장에서 소개된 많은 내용이 반복될 것이다. 기억하라. 잠재의식은 외부적인 영향이 있건 없건 상관없이 스스로 작용한다. 따라서 두려움과 빈곤, 그리고 온갖 종류의 부정적인 생각들을 다스리고 바람직한 생각들을 잠재의식 속에 불어넣지 않는 한, 그 부정적인 생각들이 잠재의식을 움직이는 자극제가 될 것이다.

잠재의식은 잠시도 가만히 있지 않는다! 잠재의식 속에 열망을 심지 않고 게으름을 피우면, 잠재의식은 다른 생각들을 하고 활동할 것이다. 사고 자극은, 긍정적이든 부정적이든 상관없이, 성 에너지 전환에 관한 장에서 언급된 4가지 원천으로부터 나와서 끊임없이 잠재의식에 다다르고 있다.

일단 지금은 당신이 모르는 새 수많은 사고 자극들이 잠재의식에 도달하는 가운데 하루하루를 살아가고 있다는 점만 알아두자. 이 자극 중 일부는 부정적이고 또 일부는 긍정적이기도 하다. 이제는 부정적인 자극들을 차단하고, 열정이라는 긍정적인 자극을 통해 잠재의식에 영향을 끼쳐야 한다.

이 과정에서 당신의 잠재의식의 문을 열 열쇠를 찾게 될 것이다. 그럴 뿐만 아니라, 그 문까지도 제어하게 되어서, 바람직하지 않은 생각들은 잠재의식에 영향을 끼치지 못하게 될 것이다.

사람이 만들어 내는 모든 것들은 사고 자극(생각)의 형태에서 시작한다. 생각할 수 없는 것은 만들어 낼 수 없다. 상상력의 도움을 받아 이 사고 자극들을 조직해서 계획을 만들어 낼 수 있다. 상상력은, 그것을 통제할 수 있다면, 당신이 선택한 직업에서 성공을 거두도록 돕는 계획이나 목표를 설정하는 데 사용될 수 있다.

잠재의식 속에 심어놓은 사고 자극이 물질적 실체로 전환되려면, 상상력을 통해서 신념과 결합하여야 한다. 계획이나 목표에 신념을 불어넣어서 잠재의식에게 전할 때, 반드시 상상력을 통해야만 한다.

잠재의식을 사용하고 싶다면, 이 책의 13가지 성공 원칙을 조합하여 적용해야 할 것이다.

엘라 휠러 윌콕스가 쓴 다음의 시를 보면 그녀가 잠재의식의 힘을 이해하고 있었음을 알 수 있다.

"결코 알 수 없을 거야, 증오와 사랑을 가져오는 데 있어,
네 생각이 어떤 역할을 하는지,
생각은 실체이다. 생각은 그 가벼운 날개로
전령 비둘기보다 더 빨리 나네.
우주의 법칙을 따라
각 생각은 닮은 생각을 낳네,

그들은 빠르게 날아서
네 마음에서 나갔던 것들을 되찾아 온다네."

사람의 마음에서 나간 생각들은 잠재의식에 깊이 새겨지게 되는데, 잠재의식은 이런 생각들을 물리적 실체로 전환하는 과정에서 동시에 이 생각들의 영향을 받게 되기도 한다. 윌콕스는 이 점을 알고 있었다. 모든 물질적인 것들이 생각 에너지의 형태로 시작된다는 점에서 볼 때, 생각은 실체라는 말은 진리이다.

잠재의식은 이성보다는 감정이나 "느낌"과 결합한 사고 자극으로 더 쉽게 영향을 받는 경향이 있다. 실제로 "감정화된 사고"만이 잠재의식에 적극적인 영향력을 끼친다는 이론을 뒷받침할만한 증거가 많이 있다. 대부분 사람은 감정이나 느낌에 영향을 받는다. 잠재의식이 감정과 결합한 사고 자극에 더 쉽고 빠르게 반응하기에, 이런 주요 감정들에 대해 잘 알아둘 필요가 있다. 주요 감정 중에는 7개의 긍정적인 감정들과 7개의 부정적인 감정들이 있다. 부정적인 감정들은 자동으로 사고 자극에 주입되어서 잠재의식으로 흘러 들어가게 된다. 반면, 긍정적인 감정들은 자기암시를 통해 사고 자극에 주입되어 잠재의식으로 전달되어야 한다. (이에 대한 지침은 자기암시에 관한 장에서 제시되었다.)

감정 자극 혹은 느낌 자극들은 빵의 누룩과 같아서 행동적인 요소를 지니고 있으며, 수동적 상태의 사고 자극을 능동적 상태로 변화시킨다. 그렇기에 감정과 결합한 사고 자극들은 "차가운 이성"에서 비롯된 사고 자극들보다 더 행동력이 있는 것이다.

당신은 당신의 잠재의식 속에 있는 "내면의 청중"에게 부에 대한 열망을 심어서 그것을 이루려 하고 있다. 그렇기에 이 "내면의 청중"에게 어떻게 접근하느냐가 매우 중요하다. 그들이 알아들을 수 있는 언어로 이야기하지 않으면 당신의 부름에 응하지 않을 것이기 때문이다. 그리고 그들은 감정이나 느낌의 언어를 가장 잘 이해한다. 잠재의식에 지시를 내릴 때 긍정적인 언어를 사용하고 부정적인 언어를 피하려고, 7가지 대표적인 긍정적인 감정들과 7가지 대표적인 부정적인 감정들에 대해 살펴보도록 하겠다.

7가지 대표적인 긍정적 감정들

열망의 감정 / 신념의 감정 / 사랑의 감정 / 성의 감정
열정의 감정 / 로맨스의 감정 / 희망의 감정

다른 긍정적인 감정들도 있지만, 이 7가지가 가장 강력하고 창의적인 노력에서 흔히 쓰이는 감정들이다. 이 7가지 감정들을 몸에 익히면 (이 감정들을 사용해야만 익힐 수 있다) 여타의 긍정적인 감정들은 원할 때 마음대로 사용할 수 있게 된다. 이 책의 목적이 긍정적인 감정으로 마음을 채워서 "부에 대한 의식"을 계발하고자 하는 데 있음을 기억하라. 부정적인 감정으로 마음을 채워서는 부에 대한 의식이 생겨날 수 없다.

7가지 대표적인 부정적인 감정들(피해야 할 감정들)

두려움의 감정 / 질투의 감정 / 미움의 감정 / 복수의 감정

생각하라 그리고 부자가 되어라

긍정적인 감정들과 부정적인 감정들은 마음속에 공존할 수 없다. 둘 중 한 가지만이 마음을 지배할 수 있다. 그러기에 긍정적인 감정이 마음속에 지배적인 영향력을 행사하도록 노력해야 한다. 이때 습관의 법칙이 도움이 될 수 있다. 긍정적인 감정을 적용하고 사용하는 습관을 들이라는 것이다! 그러면 마침내 긍정적인 감정들이 마음을 완벽하게 지배해서, 부정적인 감정이 들어올 수 없게 된다.

이 지침들을 문자 그대로, 그리고 지속해서 따라야만 잠재의식을 제어할 수 있게 된다. 의식 속에 단 하나의 부정적인 감정이 있는 그것만으로도 잠재의식으로부터 건설적인 도움을 받을 기회를 모두 망치게 된다.

관찰력이 있는 사람이라면, 대부분 사람이 일이 실패한 후에야 기도한다는 사실을 눈치챘을 것이다. 그게 아니면, 의미 없는 기도문들을 통해 기도하기도 한다. 다른 모든 방법이 실패한 후에야 기도를 시작하기에, 이런 사람들이 기도할 때 마음속에 두려움과 의심으로 가득하여서 기도하게 된다. 이때 잠재의식이 이런 두려움과 의심의 감정에 기반해서 작용하게 되고, 이런 기도가 무한 지성(신, 神)에 전달되면, 똑같은 방법으로 무한 지성도 이런 부정적인 감정에 기반해서 행동하게 되는 것이다.

기도가 이루어지지 않거나 신이 기도를 들어도 반응하지 않을 거라는 두려움을 가지고 기도한다면, 그 기도는 헛된 것이 되고 만다.

간혹 기도한 대로 실현될 때가 있다. 기도한 것을 얻는 경험을 했다면, 기억을 되짚어 보라. 어떤 마음 상태로 기도했는가? 그 답을 보면, 여기에서 제시된 이론이 단순히 이론만은 아님을 알게 될 것이다.

학교나 교육기관들이 "기도의 과학"에 대해 가르칠 날이 올 거라 믿는다. 기도가 과학이 될 날도 올 것이다. 그때가 되면, (인류가 이에 대한 준비가 되고 요구하면 그때가 올 것이다) 누구도 두려움을 가지고 보편적 정신(Universal Mind)에 다가가지 않을 것이다. 두려움이라는 감정 자체가 존재하지 않을 것이기 때문이다. 무지, 미신, 그리고 거짓 가르침이 사라지고, 인간은 신의 자녀라는 본래의 자격을 획득했을 것이다. 몇몇 사람들이 이미 이런 축복을 얻었다.

이 예언이 비현실적이라고 느낀다면, 인류의 역사를 돌아보라. 100년 남짓 이전만 해도, 인간은 번개가 신이 분노했다는 증거라고 믿고 두려워했다. 이제는 신념의 힘 덕분에, 인간은 번개를 다스려서 공장 전력으로 사용하게 되었다. 몇십 년 전까지만 해도, 행성들 사이의 공간은 커다랗고 텅 빈, 죽은 공간이라고 여겨졌다. 현재는, 이 똑같은 신념의 힘 덕분에, 행성 간의 공간이 죽거나 비어 있기는커녕, 활발히 살아 있으며, 사고 진동을 제외한 가장 발달한 형태의 진동이라는 것을 알게 되었다. 또한, 모든 물질의 원자에 만연해 있고, 모드 공간 구석을 채우는, 이 살아있고 역동적인 에너지가 사람들의 생각도 연결한다는 사실도 발견했다.

그렇다면 이 에너지가 사람의 생각과 무한 지성을 연결하지 않는다고 누가 말할 수 있겠는가?

유한한 인간의 정신과 무한 지성 사이에는 톨게이트가 없다. 둘 사이의 소통을 위해서 인내심, 신념, 끈기, 이해심과 진실한 열망 외에는 필요한 것이 없다. 더군다나 무한 지성과 소통할 때는 직접 접근해야만 한다. 다른 이에게 돈을 주고 기도를 부탁하는 것은 소용없다는 뜻이다. 무한 지성, 즉 신은 대리인을 통해서 일하지 않는다. 본인이 직접 가거나 소통하지 못하거나 둘 중 하나이다.

기도 책을 사서 운명의 날이 다가올 때까지 반복해서 읽을 수는 있겠으나, 이는 쓸모없는 짓이다. 무한 지성에 소통하고자 하는 생각은 변형의 과정을 거쳐서 전달되어야 하는데, 자신의 잠재의식을 통해서만 이루어질 수 있는 과정이다.

인간이 무한 지성과 소통하는 방법은 소리의 진동이 라디오에 의해 전달되는 방법과 매우 흡사하다. 라디오의 작동원리에 대해 아는 사람이라면, 소리가 대기를 통해 전달되려면 사람의 귀가 들을 수 없는 빠른 주파수로 바뀌어야 한다는 사실을 알고 있을 것이다. 라디오 송신국은 사람 목소리를 포착해서 그 주파수를 수백만 배로 증가시킨다. 이렇게 해야만 소리의 진동이 대기를 통해 전해질 수 있는 것이다. 이런 변형의 과정이 이루어지면, 대기는 그 에너지(원래 소리의 진동 형태로 존재하던 것)를 포착해서 라디오 수신국으로 보내고, 이 수신 장치들이 그 에너지를 원래의 주파수 수준으로 낮춰줌으로써 소리로 인식하게 되는 것이다.

잠재의식은 중재자로서, 한 사람의 기도를 무한 지성, 즉 신이 인식할 수 있는 용어로 바꾸고, 메시지를 전하며, 그 기도의 목적을 이루게 해줄 명확한 계획이나 아이디어의 형태로써 기도 응답을 가져다준다. 이 원칙을 이해하면, 단순히 기도 책의 단어를 읽는 것이 신과의 소통에 소용이 없는 이유를 알게 될 것이다.

기도가 신에게 닿기 전에 (이는 전적으로 저자의 이론일 뿐이다), 그 기도는 생각의 주파수에서 영적 주파수로 바뀌어야 할 것이다. 신념만이 생각에 영적인 성격을 더해줄 수 있다. 신념과 두려움은 공존할 수 없다. 하나가 있으면, 다른 하나는 사라져야 한다.

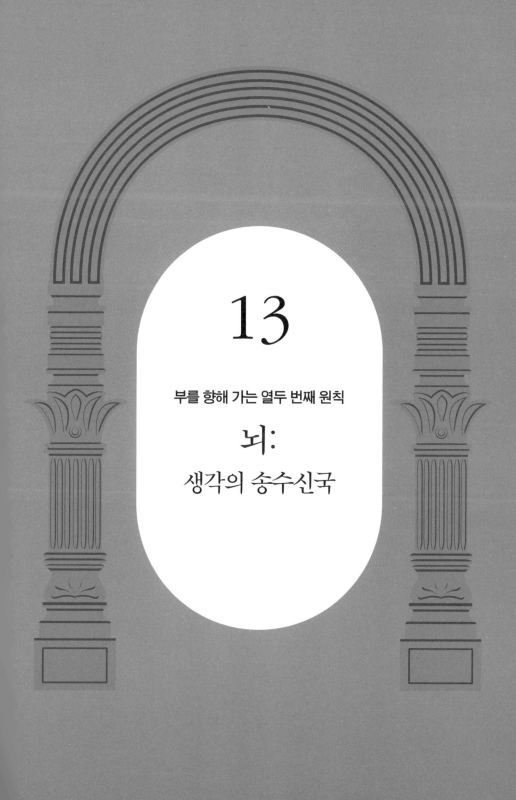

13

부를 향해 가는 열두 번째 원칙

뇌:

생각의 송수신국

　2여 년 전, 알렉산더 그레이엄 벨 박사와 엘머 R. 게이츠 박사와 함께 일하면서, 나는 모든 인간의 뇌가 사고 진동을 송출하고 전송받는 기지국과 같다는 생각을 했다.

　인간의 뇌는 라디오 방송의 원칙과 비슷한 방법으로 대기를 매체로 삼아, 다른 사람의 뇌에서 나오는 사고 진동을 감지할 수 있다.

　앞서 설명한 바와 같이, 창의적 상상력은 뇌의 수신기로서 특정 조건에서 잠재의식으로부터 나온 생각과 다른 사람의 뇌에서 흘러나온 생각을 수신한다. 창의적 상상력은 우리의 의식, 혹은 이성과 4가지 사고 자극의 원천 사이를 연결하는 중재자의 역할을 한다.

　자극이 일어났을 때, 즉 진동수를 높였을 때 (고주파로 증폭시켰을 때), 정신은 외부의 자극에서 나온 생각을 더욱 민감하게 받아들인다. 이런 "증폭" 과정은 긍정적 혹은 부정적 감정을 통해 일어난다. 감정을 통해 생각의 진동수가 증폭된다는 말이다.

대기 중의 극도로 빠른 주파수만이 감지되어 대기를 통해 사람들 간에 전달되게 된다. 생각은 극도로 빠른 주파수로(진동수) 이동되는 에너지이다. 감정에 의해 고조된 생각은 평소보다 훨씬 빠른 속도로 진동하게 되고, 이런 형태의 생각들이 인간 뇌의 송출 기능을 통해 한 사람의 뇌에서 다른 사람의 뇌로 전달되게 된다.

인간의 감정 중 그 강렬함과 추진력에 있어서 성욕만 한 것은 없다. 성욕에 의해 자극을 받은 뇌는 감정이 잠잠하거나 없을 때 비해서 훨씬 더 빠른 속도로 진동하게 된다.

이런 성 에너지 전환의 결과 사고의 주파수가 빨라져서 창의적 상상력이 외부의 아이디어를 더 잘 받아들이게 된다. 반면, 뇌가 빠르게 진동하고 있을 때, 다른 이의 생각이나 아이디어를 더 잘 끌어당길 뿐 아니라, 스스로의 생각도 감정으로 고양해 잠재의식이 더 잘 감지하고 반응하도록 만들게 된다.

따라서, 이런 송출 원리를 통해 자기 생각을 감정이나 느낌과 섞어서 잠재의식으로 전달하게 되는 것이다.

잠재의식은 뇌의 "송신 기지국"과 같아서 이를 통해 사고 주파수가 송출되게 된다. 창의적 상상력은 "수신 장치"와 같아서, 대기로부터 사고 주파수를 감지한다.

정신의 방송국의 송수신 장치가 되는 잠재의식과 창의적 상상력에 더해서, 이 방송국을 움직이는 도구가 되는 자기암시에 대해 알아보기로 하자.

생각하라 그리고 부자가 되어라

자기암시에 관한 장에서 설명된 지침을 통해서 어떻게 열망을 재화로 바꿀 수 있는지 분명히 배웠다.

"정신의 방송국"을 운영하는 방법은 비교적 간단하다. 잠재의식과 창의적 상상력, 자기암시라는 세 가지 원칙을 기억하고 적용하면 된다. 이 원칙을 작동하도록 만드는 자극에 대해서는 이미 설명하였고, 그 과정의 시작은 열망이다.

"무형"의 힘이 가장 강한 힘이다

대공황으로 인해 세계는 무형의 보이지 않는 힘에 대해 이해할 수 있는 경지에 이르렀다. 지난 세대 동안 인간은 육체적 감각에만 너무 의존해왔고, 인간의 지식은 보고, 만지고, 무게를 재고, 측정할 수 있는 사물에 대해서만 국한되어 왔다.

우리는 이제 우리를 둘러싼 무형의 힘의 비밀을 밝히는 놀라운 세대에 들어서려 하고 있다. 이 세대를 지나며 배우는 과정에서, 거울 속에 비친 육체적 내가 아닌 "또 다른 나"가 더 강력하다는 사실을 배우게 될지도 모르겠다.

사람들은 때로 오감으로 지각할 수 없는 무형의 것들에 대해 대수롭지 않게 여긴다. 그러나 우리가 모두 보이지 않고 무형의 힘으로 지배당하고 있다는 사실을 기억해야만 한다.

인류에게는 물결치는 파도를 둘러싼 무형의 힘을 따라잡을 힘도, 제어할 힘도 없다. 이 작은 지구를 우주에 떠 있게 하고, 사람들을 떠받치고 있는 중력의 보이지 않는 힘에 대해서도 이해하지 못한다. 폭풍우의 만질 수 없는 힘 앞에서 절대적으로 무력하며, 전기의 힘 앞에서도 마찬가지이다. 아니, 전기가 무엇인지, 그 근원과 존재 목적에 대해서도 알지 못한다!

무형의, 눈에 보이지 않는 것들에 대한 인간의 무지는 여기에서 끝나지 않는다. 우리의 식량원이 되고, 의복과 부의 근원이 되는 땅을 둘러싼 무형의 힘(그리고 지혜)에 대해서도 이해하지 못한다.

뇌를 둘러싼 놀라운 이야기

마지막으로 중요한 점은, 인간은 그들이 뽐내는 문화와 교육에도 불구하고, 생각의 보이지 않는 힘(보이지 않는 힘들 중 가장 위대한)에 대해서도 거의 알지 못한다. 신체 기관으로서의 뇌와 생각을 재화로 바꾸어 주는 복잡한 네트워크 조직에 대해서도 거의 아는 바가 없다. 하지만 이제 이 주제에 대해 비밀이 밝혀질 수 있는 때가 이르렀다. 과학자들은 이미 뇌에 관한 연구에 관심을 기울이기 시작했다. 아직 초보적인 단계이기는 하지만, 인간 뇌의 제어중심이 뇌세포를 연결하는 수많은 선으로 이루어져 있다는 사실을 밝혀냈다.

생각하라 그리고 부자가 되어라

시카고 대학의 C. 저드슨 혜릭 박사는 이렇게 말했다.

"그 수가 너무나 많아서, 수억 광년을 다루는 천문학의 숫자가 상대적으로 별것 아니게 보일 정도다. 인간의 대뇌피질에는 100~140억 개의 신경세포가 있다고 알려져 있으며, 이들은 분명한 패턴에 따라 배열되어 있다. 무작위로 배열된 것이 아니라, 규칙에 따라 배열되어 있다는 것이다. 최근 등장한 전기 생리학의 방법을 이용해서 특정 세포나 미소 전극이 흐르는 섬유질로부터 활동 전류를 끌어내서, 진공관을 통해 확장하고, 그 차이를 100만분의 1 수준까지 자세하게 기록할 수 있다."

이토록 복잡한 네트워크 조직이 신체의 성장과 유지에 부수적인 신체 기능을 수행하기 위해서만 존재한다고 믿기는 어렵다. 그렇다면 수십억 개의 뇌세포가 서로 소통하도록 해주는 이 시스템이 다른 무형의 힘과도 소통할 수 있도록 도와주는 것이 아닐까?

이 책을 끝내고 출판사로 원고를 보내기 직전, 뉴욕타임스에는 어떤 유명 대학의 정신 현상에 대한 유명 연구진이 조직화한 연구를 통해 이번 장과 다음 장의 내용과 흡사한 내용의 결론에 도달했다는 기사가 실렸다. 이 기사에서는 라인 박사와 듀크 대학 동료들의 연구에 대해 간단히 분석했는데, 그 내용은 다음과 같다.

"텔레파시"란 무엇인가

한 달 전, 듀크 대학교의 라인 박사와 그 동료들이 이루어 낸 놀라운 연구 결과에 대해 언급한 적이 있다. 그 연구는 '텔레파시'와 '투시력' 이 실제 존재하는지를 알아보기 위해 10만 건 이상의 실험을 거쳐 이루어졌다. 이 연구의 결과에 대해서는 하퍼스 매거진에 게재된 지난 2 건의 기사에서 요약한 바 있다. 최근 게재된 두 번째 기사에서, 저자인 E.H.라이트는 이 초능력에 관한 연구에서 새로이 발견한 것과 그 의미가 무엇인지에 대해 요약하고자 하고 있다.

라인 박사 팀의 연구 결과로, 일부 과학자들은 텔레파시와 투시력 이 실제 존재할 수도 있다고 믿게 되었다. 다양한 텔레파시 혹은 투시 능력자들을 대상으로 특별하게 제작된 상자 속에 여러 장의 카드를 집어넣고, 그 카드를 눈으로 보거나 감각에 접촉하지 않은 상태에서 알아맞히게 했다. 상당수의 참가자가 많은 수의 카드를 정확하게 맞췄기에, "그들이 운이나 우연의 결과로 카드를 맞출 확률은 거의 없었다."

그런데 이들은 어떻게 한 걸까? 이런 능력이 실제 존재한다고 해도 이는 감각에 의한 것은 아닌 것 같다. 이런 일을 할 수 있는 감각 기관은 없기 때문이다. 실험은 같은 방에서나 수백 마일 떨어진 곳에서도 같은 결과를 보였다. 라이트는 이런 결과로 텔레파시나 투시력이 에너지 복사의 원리에 의한 것이라는 주장은 근거가 없다고 했다.

지금까지 알려진 복사 에너지는 거리의 제곱에 반비례하여 감소한

생각하라 그리고 부자가 되어라

다. 하지만 텔레파시와 투시력은 그렇지 않다. 다만 다른 정신적 능력과 마찬가지로 물리적 원인에 따라 다양하게 나타난다. 일반적인 견해와는 반대로, 이런 힘은 시전자가 잠들거나 반쯤 잠들어 있을 때 강해지지 않는다. 오히려 반대로, 완전히 깨어 있고, 집중해 있을 때 강해진다. 라인은 이들의 능력이 진정제를 투여하면 항상 낮아지고, 흥분제를 투여하면 언제나 높아진다는 사실을 발견했다. 아무리 뛰어난 능력을 갖췄다 해도 스스로 최선을 다하지 않으면 능력을 제대로 발휘하지 못했다.

라이트가 어느 정도 확신하고 도출한 결론은 텔라파시와 투시력은 실은 하나의 재능이라는 점이다. 테이블에 엎어져 있는 카드를 '보는' 능력은 타인의 마음속에 있는 생각을 '읽는' 능력과 똑같은 것이라는 것이다. 이렇게 말할 수 있는 몇 가지 근거가 있다. 그 예로, 이제까지 살펴본 바로는, 둘 중 하나의 능력이라도 가지고 있는 사람에게서는 모두 다른 하나의 능력도 나타났다. 또한 두 가지의 능력치는 동일한 것으로 보인다. 라이트는 이런 결론에서 한 걸음 더 나아가 단지 '예감'에 지나지 않는 주장을 펼쳤는데, 그는 다른 초능력과 예지몽, 재난을 예견하는 능력들이 다 같은 능력에 속할지도 모른다고 말했다. 독자들은 꼭 필요한 경우가 아니라면 이 결론을 받아들일 필요는 없지만, 라인 박사가 밝혀낸 증거들이 인상적인 것은 사실이다.

정신이 "초감각적" 인지에 반응하는 조건들에 관한 라인 박사의 연구 결과와 관련하여, 나와 내 동료들은 다음 장에서 소개될 육감이 실질적으로 기능할 수 있도록 정신을 자극할 수 있는 이상적인 조건들이 무엇인지 알아냈다.

내가 여기서 언급하고자 하는 조건들은 나와 내 두 동료 간의 긴밀한 협력 상태이다. 실험과 연습을 통해, 우리는 정신을 자극하는 방법을 발견했고 (다음 장에서 소개될 "보이지 않는 조언자들"의 원칙을 적용해서), 우리 셋의 마음을 합쳐서 의뢰인들이 맡긴 수많은 개인적 문제들에 대한 해결책을 찾으려 했다.

그 과정은 매우 간단하다. 우리는 회의 탁자에 앉아, 해결해야 할 사안의 성격에 대해 명확하게 얘기하고, 논의를 시작했다. 각자 떠오르는 생각은 무엇이든지 내놓았다. 이런 정신 자극 방법은 신기하게도 각각의 참가자들이 자신이 경험을 넘어서는 미지의 지혜와 소통하도록 해주었다는 점이다.

조력 집단에 관한 장에서 소개된 원칙을 이해한다면, 여기에서 소개된 원탁회의 과정이 조력 집단을 실질적으로 이용한 것이라는 사실을 눈치챘을 것이다.

세 사람이 분명한 주제에 대해 협력하여 논의하는 이런 정신 자극 방법이야말로 조력 집단을 가장 단순하고 실용적으로 활용한 예라 할 수 있다.

이와 비슷한 방법을 따르다 보면 누구나 서문에서 간단히 언급된 그 유명한 카네기 공식을 사용할 수 있게 될 것이다. 이 내용이 지금 당장 마음에 와닿지 않는다고 해도, 이 페이지를 표시해 두고, 마지막 장까지 모두 읽은 후 다시 돌아와 읽어보라.

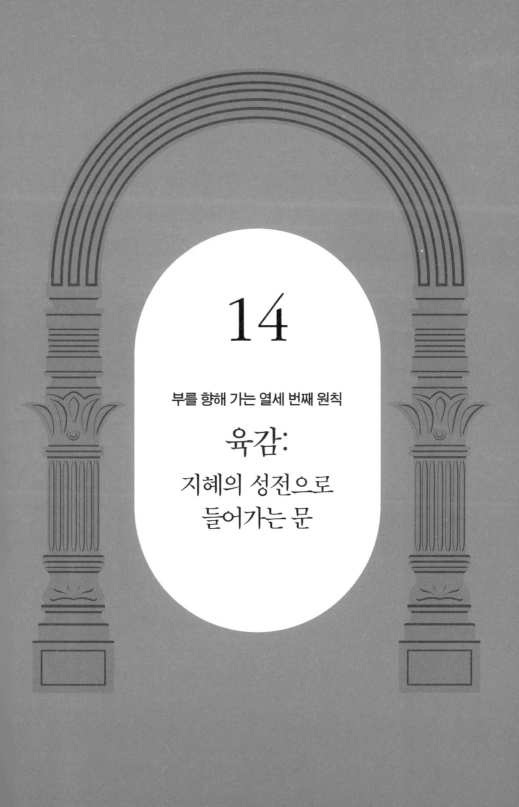

14

육감:
지혜의 성전으로
들어가는 문

열세 번째 원칙은 육감(六感)이다. 육감을 통해 무한 지성은 개인으로부터의 어떤 노력이나 요구가 없어도 자발적으로 소통할 수 있다.

이 원칙은 13가지 성공 원칙의 철학 중 최고봉이라 할 수 있다. 육감을 완전히 이해하고, 적용하려면 먼저 12가지 원칙을 숙달해야만 한다.

육감은 잠재의식 일부로 이 책에서는 이를 창의적 상상력이라 불렀다. 혹은 "수신 장치"라고도 했는데, 이를 통해 아이디어나 계획, 생각들이 마음속에 번뜩 떠오르는 것이다. 이렇게 "번뜩" 떠오르는 것을 "예감(豫感)"이나 "영감(靈感)"이라고도 한다.

육감을 자세히 설명하기는 힘들다. 육감은 다른 12가지의 성공 원칙들을 완벽히 숙달하지 못한 사람들에게 설명하기 힘든데, 그 이유는 그런 사람은 육감과 비슷한 지혜나 경험을 가지지 못했기 때문이다. 육감은 내면으로부터 올라오는 마음에 대한 묵상을 통해서만 이해할 수 있다. 육감은 유한한 인간의 정신과 무한 지성이 만날 수 있도록 해주는 중재자인 듯하다. 그리고 이런 이유로, 육감은 정신적이기도 영적이기도 하다. 많은 이들이 육감을 통해서 인간의 정신이 보편적 정신을 만난다고 믿고 있다.

이 책에서 소개한 성공 원칙들을 모두 익히고 나면, 터무니없다고 느껴질 법한 말을 받아들일 수 있게 될 것이다. 그 예는 다음과 같다.

육감의 도움으로 코앞의 위험을 피하고 기회를 알게 되어 잡을 수 있다.

육감이 발달하면, 지혜의 선전으로 가는 문을 항상 열어줄 "수호천사"가 와서 돕게 된다.

이 책에서 소개된 지침을 따르거나 비슷한 방법을 따르지 않고서는 위의 말이 사실인지 아닌지 아는 방법이 없다.

나는 "기적"을 믿지도, 옹호하지도 않는다. 대자연이 자연법칙을 벗어나지 않는다는 사실을 잘 알고 있기 때문이다. 하지만 어떤 자연법칙은 이해할 수 없으므로 "기적"처럼 보일 때가 있다. 육감은 경험한 어떤 것보다 기적처럼 보이긴 하지만, 어떻게 그 일이 일어나는지 알수 없으므로 그렇게 보이는 것뿐이다.

내가 아는 한, 세상에는 어떤 힘, 혹은 제1원인, 혹은 지혜자가 있어서, 이것이 물질을 이루는 모든 원자 하나하나에 스며있고, 인간이 지각할 수 있는 에너지를 품고 있다. 이 무한 지성이 도토리를 참나무로 키우고, 물이 중력의 법칙에 반응하여 언덕 아래로 흘러가게 하며, 낮이 지나 밤이 오게 하고, 여름이 지나 겨울이 되게 하며, 모두 제각각

생각하라 그리고 부자가 되어라

적절한 자리를 유지하고, 서로서로 영향을 미친다는 사실도 알고 있다. 이 책에서 설명한 성공 원칙들을 통해 무한 지성이 열망을 물질적으로 실현하도록 도와줄 것이다. 나는 이를 실험하고 경험해 보았기에 알고 있다.

앞선 장들을 단계별로 거쳐 이 마지막 원칙에 도달했다. 앞선 원칙들을 모두 습득했다면, 이제 의심 없이 이 장의 특별한 주장을 받아들일 준비가 된 셈이다. 앞선 다른 원칙들을 습득하지 못했다면, 먼저 그것들을 익히고 나서, 이 장의 주장들이 사실인지 허구인지 결정 내리도록 하라.

"영웅 숭배"의 시간을 보내면서, 나는 내가 존경하는 사람들을 따라하려고 애썼다. 그리고 신념을 가지고 그들을 모방했을 때, 나는 꽤 성공적으로 그들을 따라갈 수 있었다.

나는 언제나 영웅을 흠모해왔다. 비록 내 나이가 영웅 숭배를 할 나이는 지나긴 했어도 말이다. 경험을 통해 나는 실제로 위대한 인물이 되는 것 다음으로 훌륭한 것이 위대한 사람의 감정과 행동을 최대한 비슷하게 흉내 내는 것이라는 것을 알게 되었다.

글을 쓰거나 대중 강연을 시작하기 훨씬 전부터, 나는 내게 영감을 준 아홉 사람을 모방하려고 노력하면서 성격을 다듬어서 고치려 하곤 했다. 그들은 에머슨, 페인, 에디슨, 다윈, 링컨, 버뱅크, 나폴레옹, 포드, 카네기다. 오랫동안 밤마다 나는 "보이지 않는 조언자들"이라고 지칭한 이 그룹과 함께 상상 속의 회의를 하곤 했다.

그 과정은 다음과 같다. 매일 밤 잠들기 직전, 나는 눈을 감고 상상

속에서 이들과 함께 회의 탁자에 둘러 앉아있는 모습을 상상하곤 했다. 여기서 나는 내가 존경하는 이 사람들과 앉아있을 뿐 아니라, 의장으로서 그 그룹을 통솔했다.

나는 분명한 목적을 가지고 매일 밤, 이 상상 속의 회의에 빠져들었다. 내 목적은 인격을 가다듬어서 이 상상 속 조언자들의 성격을 모두 닮는 것이었다. 나는 무지와 미신이 만연한 환경에서 나고 자란 약점을 극복하기 위해 나를 재창조하는 이 일에 온 마음을 바쳤다.

자기암시를 통한 인격 형성

심리학에 대한 깊은 연구를 통해, 나는 사람들의 현재 모습은 그들 마음속의 주된 생각과 열망으로 만들어진 것이라는 사실을 안다. 깊은 열망을 가지게 되면 사람들은 이를 외부로 표출하고 싶어 하게 되고 그 과정에서 열망이 실현되게 된다는 점을 안다. 자기암시는 인격을 형성하는 데 강력한 요소라는 것을 안다. 아니, 이것이 인격을 만드는 유일한 법칙이다.

정신 작동의 원칙을 알기에, 나는 인격을 재정립하는 데 필요한 준비가 되어 있었다. 상상 속의 자문 회의에서, 나는 한 사람 한 사람에게 실제 목소리를 내어 다음과 같이 얘기하면서 그들의 조언을 구하곤 했다.

생각하라 그리고 부자가 되어라

"에머슨 씨, 저는 당신의 삶을 특별하게 만든 그 자연법칙을 어떻게 알게 되었는지 궁금합니다. 당신이 소유한 그 자질, 즉 자연법칙을 이해하고 받아들일 수 있게 만들어 준 그 자질이 제 잠재의식 속에 새겨질 수 있게 해주십시오. 이를 위한 지혜를 습득하고 이용할 수 있도록 도와주십시오."

"버뱅크 씨, 당신은 자연법칙을 조화롭게 이용해 선인장이 가시를 떨구게 하고 음식 재료가 되게 하셨죠. 또 풀을 두 배로 자라게 했고요. 꽃들의 색을 섞어 더 아름답게 만들기도 했습니다. 그 비결을 저에게 전수해 주십시오. 오직 당신만이 아름다운 자연을 더욱 아름답게 만들어 냈습니다."

"나폴레옹 황제시여, 저는 폐하가 사람들을 고무시키고 더 위대하고 결단력 있게 행동하도록 촉구한 그 자질을 얻고 싶습니다. 또 패배를 승리로 바꾸고 실패와 장애를 뛰어넘게 한 그 불굴의 믿음을 갖고 싶습니다. 운명의 제왕이자, 기회의 왕, 운명을 지배하는 자여, 경의를 표합니다!"

"페인 씨, 당신은 자유로운 사고와 용기, 확신을 분명하게 표현하는 능력을 갖추고 계시지요. 저는 그 점을 배우고 싶습니다!"

"다윈 씨, 당신은 어떤 편견이나 선입견 없이 끈기를 가지고 자연 속의 인과관계를 연구할 능력이 있었죠. 저는 그 점을 배우고 싶습니다."

"링컨 씨, 저는 당신처럼 예리한 정의감, 불굴의 인내심, 유머 감각, 인간에 대한 이해, 그리고 관용을 지닌 사람이 되고 싶습니다."

"카네기 씨, 당신 덕분에 저는 일생일대의 일을 선택하게 되었고, 그로 인해 행복과 평안함을 누리고 있습니다. 저는 노력을 체계적으로 조직하는 원칙을 알고 싶습니다. 당신은 무척 효율적으로 그 원칙을 사용해서 위대한 사업체를 일구어냈지요."

"포드 씨, 당신은 제 일에 꼭 필요한 자료들을 제공하여 큰 도움을 준 분 중 한 분입니다. 당신은 인내와 결단력, 균형감각, 자신감으로 가난을 극복하고, 노력을 체계적으로 결집하고 단순화했지요. 저는 그 자질을 배우고, 다른 이들 또한 당신의 발자취를 따르도록 돕고 싶습니다."

"에디슨 씨, 당신을 저와 가장 가까운 오른편에 앉힌 이유는 성공과 실패에 관한 저의 연구에서 당신이 개인적으로 많은 도움을 주었기 때문입니다. 저는 당신이 수많은 자연의 비밀을 밝힐 수 있게 한 신념의 정신, 수없이 많은 실패에서 승리를 만들어 내게 한, 끊임없이 노력하는 정신을 가지고 싶습니다."

나는 그때마다 상상 속 조언자들에게 얻고 싶은 조언에 따라 다른 방식으로 말을 걸었다. 나는 그들의 삶을 자세히 조사했다. 몇 달 동안 밤마다 회의를 계속하면서, 나는 이 상상 속의 인물들이 점점 현실처럼 다가오고 있다는 사실에 놀라지 않을 수 없었다.

이 아홉 사람이 각각 개인적인 개성을 갖추어 간다는 사실이 나를 놀라게 했다. 예를 들어, 링컨은 늘 늦게 나타나서 근엄하게 뚜벅뚜벅 걸어 들어오는 습관이 있었다. 그는 올 때마다 늘 두 손을 뒤로 깍지를 끼고 천천히 걸었다. 가끔은 지나가다가 멈춰서서 손을 잠시 내 어깨에 올리곤 했다. 그는 늘 진지한 표정이었고, 좀처럼 웃지 않았다. 분열된 나라에 대한 걱정으로 늘 심각한 모습이었다.

다른 사람들은 달랐다. 버뱅크와 페인은 재치 있는 농담을 마구 했는데, 그로 인해 가끔 다른 멤버들이 충격을 받곤 했다. 한번은 페인이 내가 "이성의 시대"라는 주제로 내가 예전에 다니던 교회의 강대상에서 강연하면 어떠냐고 제안을 했다. 테이블에 앉은 많은 이들이 이 제안에 폭소를 터뜨렸다. 나폴레옹만 빼고 말이다! 그는 입꼬리를 내리고 크게 "흠!"하고 소리를 내어, 다른 이들이 그 소리에 놀라 고개를 돌려 그를 쳐다보았을 정도였다.

한번은 버뱅크가 지각했다. 그가 왔을 때 매운 흥분한 모습으로 자신이 늦은 이유를 설명했다. 어떤 나무에서든지 사과가 자랄 수 있게 하려는 실험 때문이라고 말이다. 그러자 페인은 남녀 사이의 온갖 문제들이 사과에서 시작된 것을 모르느냐고 책망 조로 말했다. 다윈은 페인에게 사과를 따러 숲에 들어갈 때 작은 뱀을 조심하라고 껄껄 웃으며 말했다. 이 작은 뱀들은 큰 뱀으로 커지게 마련이라고 말이다. 에머슨도 한마디 더 했다.

"뱀이 없는 곳엔 사과도 안 열리지".

그리고 나폴레옹이 말했다.

"사과가 없으면, 국가도 없다!"

링컨은 회의가 끝난 후 가장 늦게 테이블을 떠나곤 했다. 한번은, 테이블에 기대어서 팔짱을 낀 채 몇 분 동안 꼼짝하지 않고 있었던 적이 있었다. 나는 그를 방해하지 않으려 내버려 두었다. 마침내 그는 천천히 고개를 들고 일어나서 문으로 걸어가더니, 다시 돌아서서 내 쪽으로 돌아와서는 손을 내 어깨에 얹고 이렇게 말했다.

"젊은이, 삶의 목적을 꾸준히 이루어 나가려면 많은 용기가 필요할걸세. 하지만 어려움에 직면하면 사람들은 방법을 생각해 낸다는 것을 기억하게. 역경이 닥치면 그런 능력이 생긴다네."

어느 날 저녁, 에디슨이 가장 먼저 도착했다. 그는 평소 에머슨이 앉던 좌측 자리에 앉더니, 이렇게 말했다.

"자네는 삶의 비밀을 발견하게 될걸세. 때가 되면, 삶이 거대한 에너지 혹은 집합체들로 득시글대고 있다는 사실을 알게 되겠지. 그들 각각이 사람들이 스스로에 대해 평가하는 만큼이나 똑똑하다는 것도 말일세. 이런 삶의 단위들은 벌떼들처럼 무리를 짓는 경향이 있고, 조화를 잃고 흩어질 때까지 그 상태로 머물러 있는다네. 사람들처럼 이들도 의견의 충돌로 인해 자기네들끼리 싸우기도 하지. 자네가 이끄는 이런 회의는 자네에게 매우 유용할걸세. 이 회의를 통해 이 회의 멤버들 삶의 단위들이 자네를 도울 수 있을걸세. 이런 단위들은 영원하고 죽지 않는다네! 자네의 생각들과 열망들이 저 넓은 삶의 바다로부터 자석처럼 이런 삶의 단위들을 끌어당기게 되지. 자네의 열망과 잘 맞

생각하라 그리고 부자가 되어라

는 것들만이 끌어당겨져 오게 될걸세."

회의의 다른 멤버들이 들어오기 시작했다. 에디슨은 일어나서 천천히 자신의 자리로 돌아갔다. 이 일은 에디슨이 아직 살아있을 때 일어난 일이었다. 이 경험이 너무 인상적이었기에 에디슨을 찾아가서 이에 관해 이야기했다. 에디슨은 활짝 웃으며 말했다.

"자네의 꿈은 자네가 생각하는 것보다 더 현실적이군."

그는 이렇게 말하고 더는 설명을 덧붙이지 않았다.

이 회의는 너무나 현실적으로 느껴지게 되어서, 그 결과가 두려워지기 시작했고, 나는 몇 달 동안 회의를 중단했다. 너무나 기묘한 경험이었기에, 계속한다면 나는 그 회의가 단지 상상 속의 경험일 뿐이라는 사실을 잊게 될 것만 같았다.

회의를 중단하고 6개월쯤 지나서, 나는 꿈이었는지 깨어 있었는지는 확실치 않지만, 링컨이 내 침대 밑에 서 있는 것을 보았다. 그는 이렇게 말했다.

"세상은 곧 자네의 도움이 필요할 걸세. 곧 무질서의 시기가 올 테고, 많은 이들이 믿음을 잃고 패닉상태에 빠지게 될 거라네. 자네의 일을 계속해서 완성하게. 그게 자네 삶의 사명이네. 무슨 이유에서건 게으름을 피운다면, 자네는 원시 상태로 돌아가 지난 몇천 년간 지나온 과정을 다시 밟아야 할걸세."

다음 날 아침, 나는 내가 꿈을 꾼 건지 실제 깨어 있었는지 구분할 수 없었다. 지금도 어느 쪽이었는지 모르겠다. 어쨌거나 그 꿈이, 정말 꿈이었다면, 다음 날 내 마음속에 너무나 생생했던 탓에 그날 밤 회의를 재개했다.

회의의 모든 멤버들이 방으로 들어와서 각자의 자리에 앉았고, 그때 링컨이 잔을 들고 말했다.

"여러분, 다시 돌아온 친구를 위해 건배합시다."

그 후, 나는 회의에 멤버들을 하나씩 더하기 시작했고, 마침내 그 수가 50명에 이르게 되었다. 여기에는 예수, 사도 바울, 갈릴레오, 코페르니쿠스, 아리스토텔레스, 플라톤, 소크라테스, 호메로스, 볼테르, 브루노, 스피노자, 드러먼드, 칸트, 쇼펜하우어, 뉴턴, 공자, 앨버트 하버드, 브랜, 잉거솔, 윌슨, 그리고 윌리엄 제임스도 포함되었다.

다음의 내용은 여기에서 처음으로 용기를 내서 밝히는 것이다. 지금까지 나는 이 회의에 대해서 입을 다물고 있었다. 이런 문제에 관련해서 내가 가지고 있는 태도로 미루어 볼 때, 내 신기한 경험을 함부로 입 밖으로 내었다가는 자칫 오해를 살 수 있다는 사실을 알고 있었기 때문이었다. 이제는 내 경험을 책에 남길 수 있을 정도로 용기가 생겼다. 왜냐하면 예전보다 지금의 나는 남들이 뭐라고 생각할지에 대해 신경 쓰지 않기 때문이다. 나이가 들어서 좋은 점 중의 하나는 솔직히 얘기할 수 있는 용기를 가지게 된다는 점이다. 무지한 사람들이 하는 말이나 생각을 상관하지 않고 말이다.

오해를 사지 않기 위해, 여전히 그 회의는 전적으로 상상 속에서 이루어진 것이라는 점을 인식하고 있음을 강조하고 싶다. 그 회의의 구성원들과 회의 자체가 모두 내 상상 속에서 존재했지만, 이를 통해 나는 영광스러운 모험의 길을 경험했고, 진정한 위대함이 무엇인지 깨닫게 되었으며, 창의적 시도를 하게 되었고, 내 생각을 솔직하게 표현할 수 있는 담대함을 얻었다.

생각하라 그리고 부자가 되어라

뇌의 세포 어디인가에는, 보통 "예감"이라고 부르는 생각의 주파수를 수신하는 기관이 있다. 지금까지 과학은 이 육감을 감지하는 기관이 어디에 위치하는지 밝히지 못했지만, 이런 사실은 그다지 중요치 않다. 인간이 물리적 감각 외의 원천을 통해 적절한 정보를 얻어내는 것 역시 사실이기 때문이다. 일반적으로 이런 지식은 정신이 특별한 상황의 영향 아래 있을 때 얻게 된다. 감정이 일어나고 심장 박동이 빨라지는 긴급한 상황에서 육감이 활동하게 되는데, 운전하다가 사고 직전까지 가는 경험을 해본 사람이라면, 그런 경우 육감 덕분에 찰나의 차이로 사고를 면하게 되는 경우가 있음을 알고 있을 것이다.

이런 사실들을 이야기한 이유는, 내가 앞으로 이야기할 내용, 즉 "보이지 않는 조언자들"과 만남을 갖는 동안, 내가 가장 끌렸던 아이디어나 생각들, 지식은 모두 육감을 통해 접한 것들이라는 사실을 말하기 위해서였다. 내가 "영감"을 통해 이런 아이디어나 사실들, 지식을 얻을 수 있었던 건 전적으로 "보이지 않는 조언자들" 덕분이었다.

나는 살아오면서 여러 번 위급 상황을 겪었다. 그중 몇몇은 심각해서 생명이 위독할 정도였다. 그때 나는 "보이지 않는 조언자들"의 도움을 받아 기적적으로 어려움을 지내올 수 있었다.

내가 상상 속의 존재들과 자문 회의를 한 원래 목적은, 자기암시를 이용해 내가 바라는 인격적 자질을 잠재의식에 심기 위해서였다. 하지만 최근의 내 실험은 완전히 다른 양상을 띠고 있다. 이제 나는 나와 내 의뢰인들이 마주하고 있는 온갖 종류의 문제들을 들고 상상 속의 조언자들을 찾아간다. 이를 통해 얻는 결과들은 종종 놀라울 정도이다.

물론 내가 전적으로 이런 자문에만 의지하는 것은 아니지만 말이다.

이번 장에서 다루고 있는 주제가 대부분 사람에게 친숙하지 않은 것이라는 점은 이미 알고 있을 것이다. 육감이라는 주제가 막대한 부를 일구고자 하는 사람들에게는 흥미롭고 도움이 되는 주제이지만, 좀 더 수수한 야망을 품은 이들에게는 그다지 관심이 가지 않을 주제이기도 하다.

헨리 포드가 육감을 이해하고 이를 실제로 사용했다는 데는 의심할 여지가 없다. 그가 운영하는 사업과 자본의 규모로 볼 때, 이 원칙을 이해하고 사용하는 게 필수적이다. 토마스 A. 에디슨도 발명품 개발과 관련해, 축음기나 영화기처럼 그 기본 특허권과 관련된 의지할 수 있는 경험도 축적된 지식도 없었던 경우, 육감을 이용했다.

나폴레옹과 비스마르크, 잔 다르크, 예수, 부처, 공자, 그리고 마호메트와 같은 위대한 지도자들은 대부분 항상 육감을 사용했던 것 같다. 그들이 위대할 수 있었던 가장 큰 이유는 육감에 대해 알고 있었기 때문이었다.

육감은 마음대로 벗어나거나 발휘할 수 있는 능력이 아니다. 이 위대한 힘을 이용하는 능력은 이 책에 소개된 다른 원칙들을 활용할 때 아주 서서히 찾아온다. 40세 이전에 육감을 활용하는 방법을 알게 되는 경우는 드물다. 대부분은 50세가 넘어야만 알게 되는데, 그 이유는 육감과 밀접한 관계가 있는 영적 능력이 성숙해지고 활용할 수 있게 되려면 수년간의 묵상과 자기 성찰, 깊은 사고의 과정을 거쳐야만 하기 때문이다.

당신이 누구이고 이 책을 읽는 목적이 무엇이든 상관없이, 이번 장에서 소개된 육감에 관한 내용을 이해하지 못해도 여전히 얻을 것이 많을 것이다. 특히 주된 목적이 부를 축적하는 것이라면 더욱 그렇다.

한 장을 할애해 육감에 관해 이야기한 이유는, 이 책을 쓴 목적이 사람들이 실수 없이 삶의 목표를 향해 가도록 안내해줄 완전한 성공 원칙을 소개하고 싶었기 때문이었다. 모든 성공의 출발점은 열망이다. 종착점은 이해에 도달하게 해주는 지식이다. 자신에 대한 이해, 타인에 대한 이해, 자연법칙에 대한 이해, 행복을 인식하고 이해하는 것 말이다.

이런 이해에 도달하려면 육감에 친숙해지고 사용할 수 있어야 한다. 그런 이유로, 돈 이외의 것들도 원하는 사람들에게 도움을 주기 위해 육감의 원칙을 성공 원칙의 일부로 소개하게 되었다.

이 장을 읽으면서 당신은 자신의 정신이 높은 수준으로 고양되었다고 느꼈을지 모른다. 얼마나 멋진 일인가! 한 달 뒤 이 부분으로 다시 돌아와서 읽어보면, 정신이 더 높은 수준으로 고양됨을 느끼게 될 것이다. 때때로 이 경험을 반복하되, 그때마다 얼마나 많이 혹은 적게 배우게 되는지는 신경 쓰지 마라. 그러면 마침내 실망감을 떨쳐버리고, 두려움을 정복하며, 일을 미루는 습관을 극복하고, 상상력을 마음대로 이용하는 힘이 생기게 될 것이다. 그렇게 되면, 당신도 모든 위대한 인물들을 움직였던 정신이 된 "그 무언가"를 경험하게 될 것이다. 예전에는 어려움이 보이면 바로 일을 그만두고 드러누웠지만, 이제는 쉽게 열망을 물리적, 금전적 실체로 변환시킬 수 있게 될 것이다.

믿음 VS. 두려움

지난 장에서 자기암시와 열망, 잠재의식을 통해서 신념을 키우는 방법을 소개하였다. 다음 장에서는 두려움을 정복하는 방법에 대한 자세한 지침을 소개하려 한다.

여기에서는 모든 실망, 소심함, 꾸물거림, 무관심, 결정장애, 그리고 야망과 주체성, 진취성, 열정 부족의 원인이 되는 여섯 가지 두려움에 대해서 자세히 설명하게 될 것이다.

이 여섯 가지 두려움에 대해 배우면서 스스로를 자세히 살펴보라. 이들이 잠재의식 속에만 존재할 때는 찾아내기 쉽지 않기 때문이다.

또한 "두려움의 여섯 가지 망령들"을 분석하면서 기억할 점은, 이들이 마음속에서만 존재하기에 유령과 같은 존재에 지나지 않는다는 점이다.

무절제한 상상력이 만들어 낸 유령이라는 존재는 사람들이 정신적으로 어려움을 겪는 가장 큰 이유라는 점도 기억하라. 그렇기에 유령은 육체를 지니고 이 세상에 실제로 존재하고 돌아다니는 것처럼 위험한 존재이다.

1929년 수많은 사람의 정신을 점령했던 "가난에 대한 두려움이라는 유령"은 너무나 현실처럼 보여서 역사상 최악의 경제 불황을 초래했다. 더구나 이 유령은 여전히 사람들을 두려움에 꼼짝 못 하게 만들고 있다.

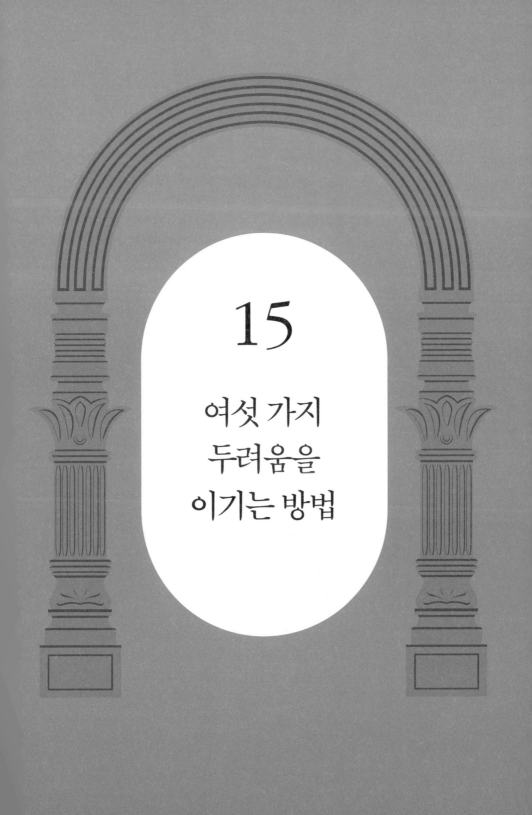

15

여섯 가지
두려움을
이기는 방법

마지막 장을 읽으면서 스스로에 대해서 목록을 작성하고, 내 앞을 가로막고 있는 "유령"은 몇 가지나 있는지 알아보자.

이 책의 성공 철학을 잘 이용하려면 먼저 마음으로 잘 받아들일 준비가 되어 있어야 한다. 이 준비과정은 어렵지 않다. 먼저 반드시 제거해야 하는 세 가지 적들을 연구하고 분석하며 이해하는 것으로 시작해야 한다. 이 세 가지 적들은 바로 우유부단함, 의심, 그리고 두려움이다.

이 세 가지 부정적인 마음 중 한 가지만 있어도 육감은 작동하지 않는다. 이 사악한 3인조는 서로 밀접하게 연관되어 있어서, 하나가 있는 곳에는 다른 두 가지도 반드시 존재하고 있다.

우유부단함은 두려움의 씨앗이다! 읽어나가면서 이 점을 꼭 기억하

라. 우유부단함은 의심으로 굳어지게 되고, 이 둘이 합쳐지면 두려움이 된다. 앞선 둘이 "합쳐지는" 과정은 느리게 진행될 때가 많다. 이 셋이 위험한 이유 중 하나가 바로 이 점이다. 그들이 싹틔우고 자라나는 동안 눈치채지 못할 때가 많기 때문이다.

이번 장의 남은 부분에서는 성공 원칙 전체를 실제로 사용하기에 앞서 반드시 갖추어야 할 마음가짐을 소개할 것이다. 또한 최근 많은 사람이 빈곤으로 추락하게 된 원인이 된 조건들에 대해 분석해 볼 것이다. 또한, 금전적인 부이건 그보다 가치 있는 정신적인 부이건, 부를 축적하고자 하는 이들이라면 알아야 할 진리에 대해서 언급할 것이다.

이번 장의 목적은 여섯 가지 두려움의 원인과 치료 방법에 초점을 맞추는 것이다. 우리가 적을 정복하려면 먼저 그의 이름과 습성, 거주지를 알아야 한다. 이 글을 읽어나가는 동안 스스로를 신중히 분석해서, 나에게 붙어있는 두려움은 어떤 것이 있는지 알도록 하자.

이 모호한 적들의 습성에 현혹당하지 말라. 그들은 종종 잠재의식 속에 숨어 있어서, 찾기도 제거하기도 어려울 때가 많다.

여섯 가지 기본적인 두려움

두려움에는 여섯 가지 기초적인 것들이 있다. 이들이 섞여서 인간

생각하라 그리고 부자가 되어라

들이 겪는 모든 두려움이 되는 것이다. 이 여섯 가지 모두를 겪고 있지 않다면 운이 좋은 것이다. 가장 흔한 순서대로 언급해 보면 다음과 같다.

사랑하는 사람을 잃을지 모른다는 두려움
노년에 대한 두려움
죽음에 대한 두려움

여타의 두려움들은 이것들만큼 중요하지 않다. 이 여섯 가지에 부차적인 것들이라고 할 수 있다.

이 두려움들은 세상에 저주처럼 만연해서 순환하며 일어난다. 대공황의 6년 동안 우리는 빈곤에 대한 두려움에서 허우적댔다. 세계 대전의 기간에는 죽음에 대한 두려움을 겪었다. 전쟁이 끝난 직후, 세계 곳곳에 확산한 전염병으로 인해, 질병에 대한 두려움에 시달렸다.

두려움은 마음의 상태일 뿐이다. 이는 스스로 통제하고 이끌 수 있다. 모두가 알고 있듯이, 의사들은 일반인들보다 질병에 걸릴 확률이 낮다. 질병을 두려워하지 않기 때문이다. 의사들은 두려움이나 망설임 없이 하루에도 수백 명씩 천연두 같은 전염병에 걸린 사람들을 접촉하지만, 감염되지 않는다. 이들이 강한 면역력을 가지고 있는 이유는, 물론 전적으로 이런 이유 때문만은 아니지만, 두려움이 없기 때문이기도 하다.

인간은 생각으로 품지 않은 것은 만들어 낼 수 없다. 이에 뒤따르는 중요한 사실은, 사람들은 자발적으로 떠오른 생각이건 외부에서 영향을 받은 생각이건 상관없이, 떠오르는 생각을 즉시 물리적 실체로 전환하기 시작한다는 것이다. 우연히 대기 중에서 포착한 생각들(즉, 다른 사람들의 마음속에서 나온 생각들)도, 스스로 의도하고 계획한 생각들만큼이나 재정적, 사업적, 직업적, 사회적 운명을 결정한다.

어떤 일들은, 어떤 사람들은 "운이 좋은 듯" 보이지만, 비슷하거나 더 좋은 능력과 훈련, 경험, 지적 수준을 가진 사람들이 불운하게 되는지 이해하지 못한다. 이에 대한 답을 여기에서 주고자 한다. 즉, 모든 사람은 자신의 마음을 완벽하게 통제할 능력이 있으며, 그로 인해 다른 사람들의 생각에 마음을 열지 아니면 마음을 완전히 닫고 스스로 선택한 생각만을 받아들일지 결정할 수 있다는 것이다.

대자연이 사람에게 완벽하게 다스릴 수 있도록 허락한 단 한 가지는 바로 자신의 생각이다. 이 사실에 더해서, 사람이 창조하는 모든 것은 생각에서 비롯된다는 사실을 알게 되면, 두려움을 극복할 수 있는 원리를 터득하게 된다.

모든 생각이 물질적 실체의 형상을 입는다는 게 사실이라면(그리고 이는 의심할 여지 없이 사실이다.), 두려움과 가난의 생각들이 용기나 재정적 이익으로 실체화될 수 없다는 것은 자명한 일이다.

1929년 월스트리트의 붕괴 후, 미국인들은 빈곤에 대해 생각하기 시작했다. 이런 대중적인 생각은 천천히, 그러나 분명히 실체화되어

갔고, 마침내 "대공황"이 일어났다. 이는 자연법칙에 따르면 일어날 수밖에 없는 일이었다.

빈곤에 대한 두려움

가난과 부는 결코 타협할 수 없다! 가난과 부로 향하는 두 가지 길들은 정반대로 향해 있다. 부자가 되고 싶다면, 빈곤으로 향하는 조건들을 거부해야 한다. (여기에서 "부"는 재정적, 영적, 정신적, 물질적 재산들을 포함하는 광범위한 의미로 쓰였다.) 부로 향하는 길의 출발점은 열망이다. 1장에서 독자들은 열망을 올바로 사용하는 법에 대해서 배웠다. 두려움에 대해 다루는 이번 장에서는, 열망을 실질적으로 사용하기 위해 어떤 마음가짐을 가져야 하는지 자세히 배우게 될 것이다.

이번 장은 스스로가 성공 법칙을 얼마나 습득했는지 시험하는 기회가 될 것이다. 이 시점에서 스스로가 예언자가 되어 당신의 미래가 어떻게 될지 정확히 예측해 볼 수도 있을 것이다. 이 장을 읽은 후에도 가난을 기꺼이 받아들이겠다면, 가난을 받아들일 마음의 준비를 하는 편이 낫다. 이는 피할 수 없는 결정이다.

부를 원한다면, 어떤 형태의, 얼마나 많은 부를 가져야 만족스러울지 확실히 파악하라. 부를 향해 가는 길은 이미 알고 있다. 이미 지도를 손에 쥐고 있으며, 그 지도를 따라간다면 그 길 위에 머물러 있을 수 있다. 너무 게을러서 출발하지도 않거나, 도착지에 다다르기 전에 멈춘다면, 그 모든 것은 당신 외에 누구의 탓도 아니다. 모든 책임은 당신에게 있다. 자신의 인생에서 부를 요구하지 않거나 거부한다면 어떤 변명을 통해서도 책임을 회피할 수 없을 것이다. 부를 받아들이는 데 필요한 것은 단 하나뿐이다. 그리고 당신이 제어할 수 있는 유일한 것이기도 하다. 즉, 마음가짐이다. 마음가짐은 스스로 가져야 한다. 돈으로 살 수 없고, 스스로 만들어야 한다.

빈곤에 대한 두려움은 그저 마음 상태일 뿐이다! 하지만 이 두려움은 어떤 일이든 성공할 기회를 없애버린다. 대공황을 통해 뼈아픈 증거를 볼 수 있다.

이 두려움은 이성을 사용할 능력을 마비시키고, 상상력을 죽이고, 자립심을 없애고, 열정을 사그라들게 하고, 진취성을 가라앉힌다. 이로 인해 목적이 불분명해지고, 파괴적 행동이 일어나고, 열정이 사라지며, 자제력을 잃게 된다. 이는 인격적인 매력을 빼앗고, 적절한 사고를 불가능하게 만들며, 노력을 집중시키지 못하게 만든다. 끈기가 있는 태도를 무너뜨리고, 의지를 무력하게 만들며, 야심을 무너뜨리고, 기억력을 떨어뜨리고, 실패를 불러들인다. 애정을 죽이고, 마음에서 나온 세심한 감정을 죽이고, 우정을 꺾고, 온갖 형태의 재앙을 불러들인다. 이로 인해 잠 못 드는 날이 이어지고, 비참하고 불행해진다. 하지만 한 가지 분명한 사실은, 우리가 사는 이 세상에는 우리가 열망하는 것들이 넘쳐나며, 분명한 목적을 하고 있다면 나 자신과 열망 사이를 가로막을 어떤 장벽도 존재하지 않는다는 점이다.

빈곤에 대한 두려움은 분명 여섯 가지 두려움 중 가장 파괴적인 두려움이다. 이것을 첫 번째로 꼽은 이유는 가장 다루기 어렵기 때문이다. 빈곤에 대한 두려움은 인간이 같은 인간을 경제적으로 착취하면서 진화해온 결과다. 인간보다 열등한 동물들은 대개 본능에 따라 행동하며, "생각하는 능력"이 제한적이라서 같은 동물을 물리적으로만 먹잇감으로 삼는다. 하지만 고등한 직관력과 사고능력, 이성을 지닌 인간은 서로를 물리적으로 잡아먹지는 않는다. 대신 서로를 금전적인 먹잇감으로 삼아 만족감을 얻는다. 인간의 탐욕스러운 존재이기에, 서로로부터 보호하기 위해 온갖 종류의 법이 제정되어야만 했다.

우리가 아는 모든 세대를 통틀어, 우리가 아는 이 세대만큼 돈에 눈이 먼 세대는 없을 것이다. 두둑한 은행 통장을 보여주지 않는 한, 사람들은 먼지만도 못한 취급을 당한다. 하지만 돈이 있다면, 그 돈을 어떻게 벌었는지 상관없이, 그는 "왕"이고 "중요한 사람"으로 대접받는다. 그는 법 위에 존재하고, 정치계를 좌지우지하고, 사업을 장악하며, 그를 둘러싼 모든 세상이 그에게 고개를 숙인다.

빈곤만큼 사람을 괴롭고 치욕스럽게 하는 것은 없다. 빈곤을 겪어본 사람만이 이 말뜻을 완전히 이해할 것이다.

사람들이 빈곤을 두려워하는 것은 당연한 일이다. 오랜 세월 전해져 내려온 경험을 통해, 돈과 세속적인 소유가 걸려있는 한 사람들을 신뢰할 수 없다는 것을 배웠다. 이는 신랄한 비판처럼 들리지만, 이것이 사실이라는 점이 더 괴롭게 느껴진다.

대부분의 결혼은 결혼 당사자 중 한 사람, 혹은 양방향 모두의 부에 이끌려 결정된다. 그러므로 이혼 법정이 북적대는 것이 그리 놀라운 일은 아니다.

부를 소유하려는 인간의 갈망은 무척이나 커서, 우리는 가능한 온갖 수단을 동원해 얻으려 한다. 될 수 있는 대로 합법적인 방법으로 이루려 하지만, 필요한 경우, 혹은 더 편리한 경우에는 다른 방법을 이용하기도 한다.

자기 분석을 통해 인정하고 싶지 않은 본인의 약점이 드러나게 될 수도 있다. 이런 자기 점검의 과정은 별 볼 일 없는 가난한 삶에서 벗어나고자 하는 이들에게는 필수적이다. 하나하나 스스로를 점검하는 과정에서, 당신은 법정이자 배심원이기도 하고, 검사이자 변호인이기도 하며, 원고가 되기도 하고 피고가 되기도 한다는 점을 기억하라. 또한 당신이 지금 재판정에 서 있다는 사실을 기억하라. 사실을 똑바로 직면하라. 스스로에게 분명히 질문하고 직설적인 답변을 요구하라. 점검이 끝나면 스스로에 대해 더 잘 알게 될 것이다. 스스로가 자기 점검을 실행할 공정한 판사가 될 수 없다고 판단된다면, 당신을 잘 알면서도 공정한 판사의 역할을 할 수 있는 누군가에게 부탁하라. 당신은 진실을 알고자 하는 것이다. 잠깐 부끄러움을 겪을지라도 진실을 알아내라!

가장 두려워하는 것이 무엇이냐는 질문을 받으면 대부분 사람은 "난 아무것도 두렵지 않아요."라고 대답할 것이다. 이는 정확한 대답이 아니다. 자신이 어떤 두려움에 정신적, 신체적으로 얽매여 있고, 그

것이 걸림돌이 되어 좌우되고 있음을 아는 사람은 드물기 때문이다. 두려움이라는 감정은 모호하고 마음속 깊이 자리하고 있기에, 사람들은 그로 인해 힘들게 살아가면서도 그 감정이 존재한다는 사실을 알아채지 못하는 경우가 많다. 용감한 자기 분석을 통해서만이 이 적의 존재를 밝혀낼 수 있다. 내면 깊은 곳을 둘러보라. 다음과 같은 증상들을 찾아보도록 하라.

빈곤에 대한 두려움의 증상들

무관심	야망 부족, 가난을 기꺼이 감수하고, 삶이 주는 대로 만족하는 태도, 정신적 육체적 나태함, 진취성과 상상력, 열정, 자제력의 부족 등으로 나타난다.
우유부단함	자기를 대신해서 남들이 판단해 주도록 허용하는 습관, 멀리서 지켜보기만 하는 태도.
의심	자신의 실패를 가리고 꾸며대거나 양해를 구하기 위해 변명과 핑계를 만들어 낸다. 성공한 이들을 질투하거나 비판하는 형태로 표현되기도 한다.

걱정	남들의 트집을 잡고, 버는 것 이상으로 소비하며, 외모를 단장하는 데 소홀하다. 우거지상을 하거나 얼굴을 찌푸리고 다닌다. 음주할 때 스스로 절제하지 못한다. 긴장하고 있고, 침착하지 못하며, 지나치게 자의식이 강하고, 자립심이 부족하다.`
지나친 조심성	모든 상황에서 부정적인 면만 보는 습관이 있다. 성공의 방법을 모색하기보다는 실패의 가능성에 대해 생각하고 말한다. 실패할 가능성에 대해 잘 알고 있지만, 실패를 피할 계획을 마련하지 않는다. 아이디어와 계획을 실행할 "적절한 때"가 오기만을 기다릴 뿐이고, 이런 기다림이 습관화되어 있다. 실패한 사람들만 기억하고 성공한 사람들은 잊어버린다. 도넛에 뚫린 구멍만 보고, 도넛 자체는 보지 못한다. 비관적인 성격으로 인해, 소화불량, 배변 활동 불량, 자가 중독, 구취, 자세 불량 등을 겪는다.
미루는 습관	작년에 해야 했던 일을 내일까지 미루는 습관을 의미한다. 일할 시간에 변명이나 핑곗거리를 만들어 내며 시간을 보낸다. 지나친 조심성이나 의심, 걱정 등과 밀접한 관련이 있다. 피할 수 있다면 책임지는 일을 회피하려 한다. 힘든 싸움을 하기보다는 기꺼이 타협하려 한다. 역경을 만나면 발전의 초석으로 삼고 이용하기보다는 타협하려 한다. 삶에서 번영과 풍요, 부, 만족, 행복을 얻으려 하기보다는, 작은 보상에 만족해 버린다. 퇴로를 스스로 차단하고 일하기보다는 실패하면 대한 대책만 마련한다. 자신감, 목표 의식, 자제력, 진취성, 열정, 야망, 절약 정신, 이성적 판단 능력이 부족하거나 아예 없다. 가난을 기정사실로 하고 부를 기대하지 않는다. 부를 꿈꾸고 성취하는 사람들과 사귀기보다는 가난에 굴복하는 사람들과 어울린다.

생각하라 그리고 부자가 되어라

돈이 최고의 권력이다

누군가는 "왜 돈에 관한 책을 썼나요? 왜 부를 돈으로만 환산하는 거죠?"라고 물을지도 모른다. 돈보다 더 바람직한 부의 형태가 믿는 사람들도 있다. 그렇다. 부는 돈으로만 측정할 수 없다. 하지만 수많은 사람은 이렇게 말하기도 한다.

"내게 필요한 만큼 돈을 줘보시오, 그럼 내가 원하는 모든 걸 가질 수 있을 테니."

돈을 버는 방법에 관한 책을 집필한 이유는 최근 전 세계가 빈곤에 대한 두려움으로 옴짝달싹 못 하던 시기를 막 지나쳐 왔기 때문이다. 이런 두려움이 사람들에게 끼치는 폐해에 대해서는 웨스트브룩 페글러가 뉴욕 월드-텔레그램의 기사를 통해 잘 묘사하였다.

"돈은 그저 조개껍데기, 쇠붙이, 종잇조각일 뿐이며, 돈으로 살 수 없는 마음과 영혼의 보물들이 존재한다. 하지만 대부분 사람, 파산한 사람들은 이렇게 생각할 수가 없다. 한 남자가 나락으로 떨어져 일자리도 찾지 못하고 거리를 배회하고 있다. 축 늘어진 어깨, 머리 모양, 걸음걸이, 시선을 통해 그의 영혼에 어떤 일이 일어났는지 알 수 있다. 그는 일자리가 있는 사람들 사이에서 열등감을 떨칠 수가 없다. 그들이 인격적, 지능적, 혹은 능력 면에서 자기보다 떨어진다는 사실을 알아도 말이다.

반대로 일자리가 있는 사람들은, 비록 친구라 할지라도, 그에게서 우월감을 느끼며, 무의식적으로라도 그를 재난의 피해자로 여길 것이다. 잠깐 돈을 빌릴 수는 있겠지만, 그에게 익숙한 생활을 영위하기에는 충분치 않을 것이고, 그렇게 빌리는 생활은 오래갈 수도 없다. 먹고 살기 위해 돈을 빌려야 할 때, 돈을 빌리는 행위 자체가 좌절한 경험이 된다. 그리고 빌린 돈은 일해서 번 돈처럼 그의 기분을 되살려주지도 못한다. 물론 허랑방탕한 사람이나 건달에게는 이런 얘기가 적용되지 않으며, 정상적인 야망과 자존감을 지닌 사람에게만 해당하는 얘기이다."

여성들은 절망감을 드러내지 않는다

같은 어려움을 여성들이 당하면 다른 양상을 띤다. 우리는 여성들은 빈털터리 노숙자가 되지 않는다고 생각하는 경향이 있다. 여성을 생활 전선에서 보는 일은 드물고, 여성이 거리에서 구걸하는 때도 거의 없다. 군중 속에서 파산한 남자를 구별해 낼 수 있는 일반적인 지표들로도 눈에 띄지 않는다. 물론 시내 거리에서 어슬렁거리는 노파 얘기를 하는 건 아니다. 젊고 어느 정도의 지성을 갖춘 여성에 대해 얘기하고 있어야 한다. 이런 여성 중 많은 이들도 어려움을 겪고 있을 테지만, 그들이 느끼는 절망감은 겉으로 드러나지 않는다. 아마도 스스로 억누르고 있는지도 모르겠다.

생각하라 그리고 부자가 되어라

빈털터리가 된 남성에게 남은 것은 생각할 시간뿐이다. 그는 먼 길을 걸어 일자리를 찾으러 가보지만, 이미 충원되었거나, 동정심 때문이 아니라면 누구도 사지 않을 자질구레한 물건들을 파는, 기본급 없이 수수료만 챙길 수 있는 일자리만 있을 뿐이다. 그 자리를 고사하고, 그는 길거리로 다시 나오지만, 특별히 갈 곳도 없다. 그는 걷고 또 걷는다. 그는 자신과 맞지 않는 사치품을 파는 가게의 쇼윈도 안을 응시하고 열등감을 느끼고, 흥미롭게 쇼윈도를 들여다보는 사람들에게 자리를 내어준다. 그는 기차역으로 가거나 도서관에 가서 앉아서 다리를 좀 쉬고 몸이나 녹이려 하지만, 일자리를 찾아야 하기에, 다시 일어나서 길을 나선다. 그는 모르고 있을지 모르나, 그의 외모에 상관없이, 그의 정처 없는 발걸음이 그의 처지를 드러내어 준다. 그는 안정된 직장이 있던 때의 옷을 잘 차려입고 있더라도, 그 옷이 그의 축 처진 어깨를 감추지는 못한다.

돈은 중요하다

그는 회계사, 점원, 약사, 마부 등 다른 많은 사람이 열심히 일하는 모습을 보고 진심으로 부러워한다. 그들은 독립적이고 자존감 있고 당당하다. 반면 그는 스스로도 괜찮은 사람이라고 확신하기가 힘들다. 하지만 곧 이런 생각을 떨쳐버리고, 순간마다 좋게 생각하려 애쓴다.

그에게 변화를 가져올 수 있는 것은 돈뿐이다. 돈만 조금 있어도 그는 다시 예전의 자신의 모습을 되찾을 수 있을 것이다.

어떤 고용주들은 빈털터리가 된 사람들을 충격적인 방법으로 착취한다. 직업소개소에 걸려있는 색상 카드는 파산한 사람들에게 비참한 수준의 임금을 제시하고 있다. 주당 12불, 주당 15불. 주당 18불을 주는 곳은 근사한 직장인 셈이다. 주당 25불을 제공하는 직장은 직업소개소를 통해 이런 카드를 걸어 사람을 구하지 않는다. 지역 신문의 구인 광고 중 하나를 잘라 보관해 놓았는데, 여기에는 샌드위치 가게에서 아침 11시에서 오후 2시까지 점원으로 일하고 전화로 주문을 받을 글씨를 잘 쓰는 사람에게 한 달에 8불을 제시하고 있다. 주당 8불이 아니라, 매월 8불이다. 게다가 기독교를 믿는 사람이어야 한다고 말하고 있다. 시간당 11센트에 글씨를 잘 쓰는 사람을 찾으면서 종교까지 간섭하는 이 뻔뻔함이라니! 하지만 이것이 파산한 사람들에게 주어지는 현실이다.

비판에 대한 두려움

인간이 애초에 어떻게 비판에 대한 두려움을 가지게 되었는지는 분명하지 않지만, 한 가지는 분명하다. 이 두려움이 꽤 세련된 모습을 띠고 있다는 점이다. 어떤 이들은 정치가 "직업"이 되었던 때부터 이런

생각하라 그리고 부자가 되어라

두려움이 생겨났다고 한다. 또 다른 이들은 그 시작이 여성들이 옷을 입는 데 있어서 "스타일"을 중요시하기 시작하던 때로 거슬러 올라갈 수 있다고도 한다.

나는 유머 감각이 있는 사람도 아니고 그렇다고 예언자도 아니기에, 그저 이것이 사람의 타고난 본능 일부라고 여긴다. 이 본능으로 인해 사람들은 다른 사람의 재화를 빼앗을 뿐 아니라, 다른 사람의 인격을 비판함으로써 자신의 행동을 정당화하기도 한다. 도둑이 자신에게 도둑질당한 사람을 비판하곤 한다는 사실을 잘 알고 있을 것이다. 또, 선거에 나선 정치인들은, 자신들의 덕성과 자질을 내세우기보다는 경쟁자의 평판에 먹칠함으로써 선거에서 승리하려 하는 경향이 있다.

이제 좀 더 중요한 인간관계의 사건들에 있어서 이 두려움으로 인해 사람들이 어떤 행동 양상을 보이는지 알아보도록 하자. "정신적 성숙기"(평균적으로 만 35세에서 40세 사이)에 이른 사람 중 무작위로 아무나 선정하여, 그 사람의 마음속 비밀스러운 생각들을 들여다보면, 수십 년 전 철학자들과 종교학자들이 가르쳤던 이야기들에 대해 대부분 불신하고 있다는 사실을 발견할 것이다.

하지만 이런 불신을 드러내놓고 얘기할 용기가 있는 사람은 흔치 않다. 끈질기게 종용할 경우, 대부분 사람은 거짓말을 할 것이다. 과학적 발견과 교육의 시대가 도래하기 이전, 사람들을 하나로 묶어주었던 기독교 사상의 이야기들을 믿지 않는다고 시인하기보다는 말이다.

그렇다면 이 계몽의 시대에도 왜 대부분 사람은 수십 년 전에나 성행하던 종교에 대한 불신을 표현하길 꺼리는 걸까? 그 답은 바로 "비판에 대한 두려움 때문"이다. 성령에 대한 불신을 표현한 사람들이 말뚝에 박혀 화형에 처하던 시절이 있었다. 그러니 우리가 비판을 두려워하게 된 건 당연한 일이다. 그리 오래지 않은 과거에는 비판이 혹독한 벌을 동반하곤 했다. 지금도 몇몇 나라에서는 그렇다.

비판에 대한 두려움은 진취성을 앗아가고, 상상력을 파괴하며, 개성을 제한하고, 자립심을 빼앗아가며, 그 외에도 수많은 해악을 끼친다. 부모들은 종종 아이들을 비판함으로써 돌이킬 수 없는 상처를 입히곤 한다. 내 어릴 적 친구의 엄마는 거의 매일 회초리로 아이를 혼내곤 했다. 그리고 그때마다 "넌 스무 살도 되기 전에 교도소에 가게 될 거다." 라고 말하며 체벌을 끝내곤 했다. 실제 그 친구는 열일곱 살에 교도소에 갔다.

모든 사람은 너무 많은 비판에 노출되어 있다. 원하건 원하지 않건 여기저기서 비판이 쏟아져 들어온다. 가장 가까운 친지가 최악의 공격자가 되곤 한다. 부모가 아이에게 불필요한 비판을 해서 열등감을 키웠다면 이는 범죄나 다름없다. (사실 이는 가장 최악의 범죄 행위이기도 하다) 인간의 본성을 이해하는 고용주라면 비판이 아닌 건설적인 제안을 통해서 직원들의 능력을 최대로 끌어낼 것이다. 부모들도 아이들에게 이와 같은 방법으로 같은 결과를 얻을 수 있다. 비판은 인간의 마음속에 사랑과 애정이 아닌, 두려움과 분노를 심을 뿐이다.

생각하라 그리고 부자가 되어라

비판에 대한 두려움의 증상들

비판에 대한 두려움은 빈곤에 대한 두려움만큼이나 만연해 있고, 개인의 성공에 있어서 비슷한 해악을 끼친다. 그 주된 이유는, 두려움으로 인해 진취성이 파괴되고 상상력을 사용하기 힘들게 되기 때문이다. 이 두려움의 주된 증상들은 다음과 같다.

지나친 자의식	낯선 이들을 만나고 그들과 대화할 때 긴장하고 소심한 모습을 보인다. 손, 팔다리의 움직임이 부자연스럽다. 시선을 고정하지 못한다.
침착성 부족	목소리 크기를 조절하지 못하고, 다른 사람이 있으면 긴장하며, 몸가짐이 바르지 않고, 기억력이 나쁘다.
소심한 성격	결단력, 개인적 매력, 분명한 의사 전달 능력이 부족하다. 문제를 똑바로 마주하기보다는 회피하려 한다. 자세히 알아보지도 않고 무턱대고 타인의 의견에 동의해 버린다.
열등감	열등감을 감추기 위해 말과 행동으로 자화자찬하는 습관이 있다. 다른 사람에게 인상적으로 보이기 위해 "과장된 표현"을 사용한다. (말뜻을 제대로 모르고 사용하는 경우가 많다) 다른 사람의 복장, 말투, 태도 등을 따라 한다. 상상 속의 성공을 실제인 양 떠벌인다. 겉으로는 으스대는 듯 보이기도 한다.

낭비벽	"주변 사람들을 따라잡으려고" 애쓰며, 버는 것 이상으로 소비하는 버릇이 있다.
진취성 부족	발전의 기회를 놓친다. 의견을 말하기를 두려워한다. 자신의 아이디어에 자신이 없다. 상관이 질문하면 모호한 답변을 한다. 말투와 태도가 우물쭈물하는 경향이 있고, 말과 행동에 거짓이 많다.
야망 부족	정신적 신체적 게으름, 자기주장의 부족, 결정이 느림, 타인의 영향을 쉽게 받음, 남들의 앞에서는 칭찬하고 뒤에서 욕하는 버릇, 아무런 저항 없이 패배를 인정함, 반대에 부딪히면 일을 포기함, 이유 없이 타인을 의심함, 말과 행동에 재치가 없음, 지지 않으려 함.

질병에 대한 두려움

질병에 대한 두려움에는 신체적, 사회적 원인이 있다. 이는 노년에 대한 두려움과 죽음에 대한 두려움과 밀접한 관계가 있다. 왜냐하면 이 두려움은 인간을 "무서운 세상"의 경계까지 가게 만들기 때문이다. 이 세상에 대해서 인간이 잘 알지는 못하지만, 그에 대해 무서운 얘기를 많이 들어왔다. 세간에서는 "건강을 파는 사업을 하는 부도덕한 사람들"이 이 질병에 대한 두려움에 불을 지피는 데 큰 역할을 한다고 말하곤 한다.

사람들이 질병을 두려워하는 주된 이유는 죽음이 닥쳤을 때 어떤 일이 일어날지에 대한 두려운 그림이 마음속에 새겨져 있기 때문이다. 또한 그에 따른 경제적 부담 때문이기도 하다.

한 저명한 의사에 따르면, 그에게 오는 환자 중 75%가 건강 염려증(상상 속의 질병)을 앓고 있다고 한다. 건강을 걱정해야 할 아무런 이유가 없을 때조차, 질병에 대한 두려움을 가진 사람들에게는 실제 그 질병의 증상들이 나타난다고 밝혀진 바 있다.

사람의 정신은 얼마나 강하고 거대한 것인지! 무언가를 지을 수도, 파괴할 힘도 있다.

질병에 대한 두려움이라는 흔한 약점에 기대어, 특허 의약품 회사들은 부를 쓸어 담았다. 20년 전에는 이렇게 순진한 사람들에게 부담을 씌우는 관행이 너무나 만연한 나머지, 콜리어스 주간지는 특허 의약품 회사 중 가장 악질들을 상대로 반대 캠페인을 벌이기도 했다.

1차 세계 대전 기간 중 발생한 스페인 독감의 유행 때, 뉴욕시의 시장은 사람들이 질병에 대한 두려움 때문에 스스로에게 해를 가하는 상황을 중단하기 위해 과감한 행보를 했다. 그는 신문 기자들을 불러 모아 다음과 같이 말했다.

"여러분, 앞으로 신문 헤드라인에 독감 유행과 관련해 공포심을 조장하는 기사를 삼가십시오. 여러분의 협조가 없다면, 앞으로 걷잡을 수 없는 상황이 벌어질지도 모릅니다."

이에 신문들은 독감에 관한 기사를 중단했고, 한 달 내에 독감 유행을 잡을 수 있었다.

몇 년 전 행해진 일련의 실험들 덕분에, 암시를 하는 것만으로도 병에 걸릴 수 있다는 것을 알아냈다. 이 실험에서는 한 명의 "희생자"를 세 명의 친지들이 각각 방문해서 "어디 아파? 안색이 너무 나쁘네."라고 묻도록 했다. 첫 번째 질문자가 물었을 때, 희생자는 웃으며 아무렇지 않은 듯 "아니야, 나 괜찮아."라고 말했다. 두 번째 질문자가 물었을 때는, "잘은 모르겠지만, 몸이 좀 좋지 않아."라고 대답했다. 세 번째 질문자에게는 실제로 몸이 아프다고 시인하곤 했다.

암시를 통해 실제 아플 수 있다는 사실이 믿기지 않는다면, 가까운 지인에게 실험해 보라. 하지만 너무 깊이 실험하지는 마라. 어떤 종교 집단에서는 사람들이 적에게 복수하기 위해 마법을 걸기도 한다고 한다. 그들은 이를 "주술 행위"라고 한다.

때때로 질병이 부정적 사고에서 시작한다는 증거는 매우 많다. 이런 생각들은 암시를 통해 한 사람에게서 다른 사람에게로 옮겨지기도 하고, 개인의 마음속에서 만들어지기도 한다.

이보다 더 현명한 어떤 사람은 이렇게 말하기도 했다.

"사람들이 나에게 건강은 어떻냐고 물을 때마다, 난 그 사람을 때려 눕혀서 대답을 보여주고 싶다."

의사들이 환자들의 건강을 나아지게 하려면 새로운 환경으로 보내는 이유는, "정신 태도"가 변화되어야 하기 때문이다. 질병에 대한 두려움의 씨앗은 모든 사람의 마음속에 도사리고 있다. 걱정, 두려움, 좌

생각하라 그리고 부자가 되어라

절, 사랑이나 사업에 대한 실망 등은 이 두려움의 씨앗을 싹 틔우고 자라게 한다. 대공황의 시기에 의사들이 바빴던 이유는 온갖 부정적인 생각들로 인해 질병이 발생했기 때문이다.

사업과 사랑에서의 실망감은 질병에 대한 두려움을 일으키는 가장 큰 원인이다.

사랑에 실패한 한 청년이 병원에 입원했다. 몇 달간 그는 생사를 넘나들었다. 그러다가 한 암시 요법 전문가가 초빙됐다. 그는 간호사를 교체해서, 그 환자를 한 젊고 매력적인 젊은 여성 간호사의 책임하에 두고, (미리 의사와 조율해서) 근무 첫날부터 그와 사랑에 빠지도록 했다. 3주 이내에 그 환자는 병원에서 퇴원할 수 있었다. 여전히 병을 앓고 있었지만, 이번에는 전혀 다른 질병이었다. 그는 다시 사랑에 빠져 있었다. 그 치료법은 사기였지만, 그 환자와 간호사는 훗날 실제로 결혼했다. 이 글을 쓰고 있는 시점에도 둘 다 건강히 잘 지내고 있다고 한다.

질병에 대한 두려움의 증상들

이 보편적인 두려움의 증상들은 다음과 같다.

자기암시	자기암시를 부정적인 방식으로 사용해서 온갖 질병의 증상들을 예상하고 찾아내려 한다. 상상 속에서 질병을 "즐기고" 그것이 실제인 양 이야기 한다. 사람들이 말하는 온갖 "유행 요법"과 "주장"들이 실제 치료 효과가 있는 양 시도해본다. 다른 사람들에게 수술, 사고, 여타 질병 등에 대해 이야기한다. 식이요법, 운동, 체중 감소 방법 등을 전문가의 조언 없이 실험해 본다. 민간요법, 특허 의약품, "미신적인" 요법들을 시도해본다.
건강 염려증	질병에 대해 끊임없이 이야기하고, 온 정신이 질병에 팔린 상태였으며, 신경 쇠약에 걸릴 정도로 병에 걸릴 거라고 걱정하는 버릇이 있다. 어떤 약으로도 치료할 수 없는 병이다. 부정적인 사고방식에 의해 발생한 병이므로, 긍정적인 사고를 통해서만이 치료할 수 있다. 건강 염려증(상상 질병의 의학적 용어)은 실제 두려워하는 질병만큼이나 해로울 수 있다. 신경에 관련된 질병은 대부분 상상 질병에서 비롯된다.
운동 부족	질병에 대한 염려 때문에 적절한 운동을 못 하는 경우가 많다. 외부 활동을 피하게 되므로 과체중이 된다.
병에 대한 민감성	질병에 대한 두려움은 몸의 타고난 저항성을 약화해서 어떤 질병에도 취약하게 만든다. 질병에 대한 두려움은 종종 빈곤에 대한 두려움과 관련이 있다. 특히 건강 염려증이 있는 사람의 경우 끊임없이 병원비에 대해 걱정을 한다. 이런 사람은 아플 때를 대비하고, 죽음에 관해 이야기하며, 묘지 자리와 장례식 비용을 준비하는 데 많은 시간을 허비한다.

생각하라 그리고 부자가 되어라

응석	상상 질병을 핑계로 동정심을 유발하려 한다. (일하지 않으려고 이 방법을 이용한다) 단순한 게으름을 숨기기 위해 아픈 척하거나, 야망이 없는 것에 대한 대한 핑곗거리로 이용한다.
방종, 음주벽	두통, 신경통증 등을 덜기 위해 술이나 담배에 의존한다. 질병에 대한 정보를 읽고 그 병에 걸릴 가능성 때문에 걱정한다. 특허 약물에 대한 광고를 읽는 버릇이 있다.

사랑하는 사람을 잃을지 모른다는 두려움

이 본능적인 두려움의 근원은 설명할 필요가 없을 것이다. 일부다처주의적 본성을 지닌 인간은 다른 사람의 배우자를 빼앗고 마음대로 대하는 습성이 있기에 생겨난 두려움이 분명하다.

질투 및 이와 유사한 신경증들은 사랑하는 사람을 잃을지도 모른다는 본능적 두려움으로 인해 생겨났다. 이는 여섯 가지 기본적인 두려움 중 가장 고통스러운 것이다. 아마도 심신에 가장 큰 해를 끼치며, 종종 영구적인 정신질환 상태로 만들기도 한다.

사랑하는 사람을 잃을지 모른다는 두려움은 남자가 여자를 무력으로 빼앗던 풍습이 있던 석기시대로 거슬러 올라간다. 지금도 여전히 여성을 훔치긴 하지만, 방법이 바뀌었다. 이제는 힘이 아닌, 설득과 예쁜 옷처럼 무력보다 더 효율적인 "미끼"를 이용한다. 남자의 습성은 선사시대나 지금이나 변하지 않았지만, 표현 방법이 변한 것이다.

연구에 따르면, 여성들이 남성들보다 더 이 두려움을 잘 느낀다고 한다. 그 이유를 설명하기는 쉽다. 경험을 통해 여성들은 남성이 일부다처주의적 습성이 있다는 것을 배웠고 믿을 수 없다는 것을 알고 있기 때문이다.

사랑하는 사람을 잃을지 모른다는 두려움의 증상들

이 두려움의 눈에 띄는 증상들은 다음과 같다.

질투	친구와 사랑하는 사람을 의심하는 습성이 있다. (질투는 조현병의 일종으로, 아무런 이유 없이도 폭력적 성향을 드러내기도 한다) 아무 근거 없이 배우자가 부정을 저질렀다고 여긴다. 모든 사람을 의심하고 누구도 완전히 믿지 않는다.
트집 잡기	친구, 친척, 사업 동료, 사랑하는 사람에게 조금이라도 비난할 거리가 있는지 찾는다. 혹은 아무 근거 없이 흠잡을 곳을 찾는다.

생각하라 그리고 부자가 되어라

	돈이 있으면 사랑을 구할 수 있다고 믿고, 사랑하는 사
	람에게 돈을 주겠다면서 도박, 절도, 사기 등 위험한 일
	들을 자행하는 습관이 있다. 수입보다 지출이 많고, 사랑
도박	하는 사람에게 멋진 모습을 보이려고 빚을 져서라도 선
	물한다. 또한 불면증과 신경증에 시달리고, 끈기가 없고,
	의지가 약하며, 무절제하고, 자존감이 없으며, 성격이 좋
	지 않다.

노년에 대한 두려움

이 두려움은 두 가지 주된 원인으로부터 생겨난다. 첫 번째는 노년
이 되면 가난해질 거라는 생각이다. 두 번째는 더 흔한 원인으로, 과거
에 들었던 "불과 유황"이 들끓는 지옥에 대한 잔인한 이야기들을 포함
한, 공포심을 조장해서 사람을 꼼짝 못 하게 하려는 속임수들이다.

노년에 대한 기본적인 두려움에 있어서, 사람들은 두 가지 그럴듯
한 이유가 있다. 하나는 주변 사람들에 대한 불신인데, 그들이 자신이
소유한 것을 빼앗아 갈 거로 생각하기 때문이고, 다른 하나는 사후세
계에 대한 끔찍한 이미지 때문인데, 이는 사고가 정립되기 전에 교육
을 통해서 마음속에 심어진 것이다.

질병에 대한 두려움은 나이가 들면서 점점 더 흔해지는데, 이 역시
노년에 대한 두려움을 증가시킨다. 성적 매력 또한 노년에 대한 두려

움을 일으키는 원인이다. 누구도 성적 매력이 떨어지는 것을 좋아할
리는 없기 때문이다.

노년에 대한 두려움을 가지게 되는 가장 흔한 이유는 가난해질지도
모른다는 우려이다. "빈민 구호소"라는 단어는 듣기 좋은 표현은 아니
다. 노년의 여생을 가난한 농장에서 보낼지도 모른다는 생각은 모든
사람의 간담을 서늘하게 만든다.

노년에 대한 두려움의 또 다른 원인은 자유와 독립성을 잃어버릴지
도 모른다는 생각이다. 노년이 되면 신체적, 경제적 자유를 잃을 수도
있기 때문이다.

노년에 대한 두려움의 증상들

이 두려움의 가장 흔한 증상들은 다음과 같다.

정신적으로 성숙해지는 나이인 40세를 전후해서 행동이 느려지고
열등감이 생기기 시작한다. 그러면서 자신이 "깜빡깜빡 실수하는" 이
유가 나이 탓이라고 오해한다. (실은 정신적으로 영적으로 가장 유용한 나
이가 40세에서 60세 사이이다.)

단순히 40세 혹은 50세가 되었다는 이유만으로 스스로 "늙었다."라
고 여기며 나이를 핑곗거리로 삼는다. 이 규칙을 뒤집어서 지혜와 이

생각하라 그리고 부자가 되어라

핵심이 무르익는 나이가 된 것에 대해 감사하는 마음을 가져야 한다.

진취성과 상상력, 자립심을 죽이며, 스스로 이런 자질들을 행사하기엔 너무 늦었다고 여긴다. 40대가 되어서도 젊은 사람들의 태도를 따라 하며 훨씬 어린 나이의 사람처럼 보이려 애쓰는 바람에, 친구들과 타인들의 비웃음을 산다.

죽음에 대한 두려움

죽음에 대한 두려움이야말로 어떤 이에게는 가장 무서운 두려움이다. 이유는 명백하다. 대부분은, 죽음에 대한 두려움의 끔찍한 고통 때문에 종교적 광신에 빠지기도 한다. 소위 "야만인들"이 "문명인들"보다 죽음에 대한 두려움이 덜했다. 오랜 시간 동안, 인간은 "어디에서 왔으며, 어디로 가는가?"라는 질문을 해왔다. 이에 대한 답은 아직도 찾지 못했다.

과거 암흑기 동안, 약삭빠르고 교활한 이들은 이 질문에 대한 답을 준다고 말하며, 대가를 요구해 왔다. 자, 이제 죽음에 대한 두려움의 주된 원인이 어디에 있는지 알 수 있을 것이다.

종교 지도자들은 "내 장막으로 들어와서, 내 믿음을 받아들이고, 내 교리에 순응하라. 그러면 당신이 죽었을 때 천국으로 곧바로 들어갈 수 있는 티켓을 주겠다."라고 주장한다. 그들은 또한 "내 장막 밖에 머무르면, 악마가 널 데려가서 영원한 불에 던질 것이다."라고 말한다.

영원은 긴 시간이다. 그리고 불은 끔찍한 것이다. 영원히 불에 타는 벌을 받는다는 생각만으로도, 죽음에 대한 공포가 생길 뿐 아니라, 이성을 잃게 되기도 한다. 삶에 대한 흥미를 잃게 하고 행복을 느끼는 게 불가능한 상태가 된다.

연구를 수행하는 동안, "신들의 카탈로그"라는 책을 볼 기회가 있었는데, 그 책에는 사람들이 숭배해 온 3만 명이 넘는 신들이 정리되어 있었다. 생각해 보라! 가재에서 사람에 이르기까지, 3만 명이나 되는 신이 있다는 것이다. 사람들이 죽음이 다가오는 것을 두려워할 만도 하다는 생각이 든다.

종교 지도자들이 우리를 확실히 천국으로 인도해주지도, 그리고 능력의 부족으로 인해, 지옥으로 떨어뜨리지도 못하지만, 지옥에 갈지도 모른다는 가능성만으로도 너무나 두려운 탓에, 그런 상상이 너무나 현실적으로 느껴지고, 이성을 마비시키고 죽음에 대한 공포를 조장하게 된다.

사실 천국과 지옥이 어떤 곳인지 아는 사람은 이전에도 지금도 없을뿐더러, 그런 곳이 실제로 존재하는지 알지도 못한다. 이렇게 확신할 수 없기에, 사람들은 사기꾼에게 마음을 열고 그들의 술수와 경건한 척하는 사기행각들에 마음을 빼앗기고 이용당하는 것이다.

현재 죽음에 대한 공포는 대학이 없던 시대에 비해 현저히 줄어들었다. 과학자들은 세상에 대한 진리를 밝히는 데 집중했고, 이 진리 덕분에 사람들은 죽음에 대한 끔찍한 공포에서 빠르게 벗어나게 되었다. 대학 교육을 받은 젊은이들은 "지옥 불"이나 "유황불"이라는 표현에 쉽게 현혹되지 않는다. 생물학과 천문학, 지질학, 그리고 관련 학문 덕분에, 사람들의 마음을 사로잡고 이성을 파괴했던 암흑기의 두려움이 사라질 수 있었다.

정신 병동은 죽음에 대한 두려움에 미쳐버린 사람들로 가득 차 있다.

하지만 이런 두려움을 느낄 필요는 없다. 죽음은 사람들이 어떻게 생각하든 닥쳐오게 되어 있다. 이를 불가피한 것으로 받아들이고, 마음속에서 두려움을 몰아내라. 모든 이에게 다가오는 것을 보면 죽음은 확실히 필연적이다. 아마도 사람들이 상상하는 것처럼 그리 나쁜 것만은 아닐지도 모른다.

세상은 에너지와 물질이라는 두 가지로 구성되어 있다. 기초적인 물리학을 통해 우리는 물질도 에너지도 (이 둘은 인간에게 알려진 유일한 실존물들이다) 창조되거나 파괴될 수 없다는 사실을 배웠다. 물질과 에너지는 모두 변형될 수 있지만, 둘 다 파괴될 수는 없다.

생명을 굳이 정의한다면 에너지라고 할 수 있다. 에너지와 물질 모두 파괴할 수 없는 것들이라면, 생명 또한 파괴할 수 없다. 에너지의 다른 형태들이 그렇듯, 생명 또한 다양한 변형과 변화의 과정을 거칠수는 있지만, 파괴할 수는 없다. 죽음은 변형의 과정일 뿐이다.

죽음이 변화의 과정일 뿐이라면, 죽음 뒤에 오는 것은 길고 영원한, 평화로운 잠뿐이다. 잠은 두려운 것이 아니다. 그러므로 죽음에 대한 두려움을 영원히 쓸어내 버려라.

죽음에 대한 두려움의 증상들

죽음에 대한 두려움의 일반적인 증상들은 다음과 같다.

목적이 없거나 적절한 직업이 없으므로 죽음에 대해 생각하고 삶을 충실하게 살려고 하지 않는다. 이는 나이 든 사람들 사이에서 가장 흔하지만, 가끔 젊은 사람들도 이런 모습을 보인다. 죽음에 대한 두려움을 고치는 가장 좋은 치료법은, 성공에 대한 불타는 열망을 가지고 다른 이들을 돕는 것이다. 바쁘게 사는 사람은 죽음에 대해 생각을 할 겨를이 없다. 인생이 너무나 신나서 죽음에 대해 걱정을 하지 않는 것이다. 죽음에 대한 두려움은 종종 빈곤에 대한 두려움과 밀접하게 연관되어 있는데, 자신이 죽으면 사랑하는 사람들이 가난에 시달리게 될 것이라고 걱정하는 것이다. 또 다른 경우에는, 죽음에 대한 두려움은 질병과 그로 인해 신체적 저항력이 떨어지면서 생겨나기도 한다. 죽음에 대한 두려움이 생겨나는 가장 흔한 원인으로는 질병, 가난, 실직 상태, 사랑에 대한 실망감, 정신병, 종교적 광신 등이 있다.

지나친 걱정

걱정은 두려움으로부터 생겨나는 마음의 상태이다. 걱정은 천천히,

생각하라 그리고 부자가 되어라

하지만 꾸준하게 작용한다. 걱정은 은밀하고도 교묘하게 영향을 끼친다. 점점 사람의 마음을 파고들어, 이성적 능력을 마비시키고, 자신감과 진취성을 파괴한다. 걱정은 우유부단함 때문에 생겨나는 지속적인 두려움의 상태이므로, 제어가 가능하다.

불안한 마음으로는 아무것도 할 수 없다. 우유부단함이 마음을 불안하게 만든다. 대부분 사람은 즉각적으로 결정을 내릴 수 있을 만큼 의지력이 강하지 않다. 그리고 평범한 경제 상황일 때조차, 일단 내린 결정을 고수하기가 쉽지 않다. 최근 전 세계가 경험한 것과 같은 경제적 불안 상태에서는, 개인은 천성적으로 결정을 내리는 데 느리다는 점뿐 아니라, 주변 사람들의 우유부단함에 의해서도 영향을 받아 어려움을 겪게 된다. "집단적 우유부단함" 상태가 되어버리는 것이다.

대공황 기간 동안, 전 세계적인 분위기는 공포와 걱정으로 뒤덮여 있었다. 이 둘은 1929년 월스트리트 소동 이후 퍼지기 시작한 정신병적인 병균과도 같다. 이 병균들을 막는 해독제는 하나뿐이다. 즉각적이고 확고한 결정을 내리는 습관을 갖는 것이다. 이는 모든 사람에게 필요한 해독제이기도 하다.

일단 확고한 행동 지침을 따르도록 결정을 내리고 나면 우리는 더는 상황에 대해 걱정하지 않는다.

나는 2시간 후면 사형당할 남자와 인터뷰한 적이 있었다. 이 사형수는 감방에 있던 여덟 명 중 가장 평온한 모습이었다. 그의 평온함에 의아함을 느낀 나는 그에게 곧 있으면 하늘나라로 떠난다는 사실에 대해 어떻게 생각하느냐고 물어보았다. 얼굴에 확신의 미소를 띠며 그가 대답했다.

"괜찮아요. 생각해 보세요. 모든 어려움이 곧 끝나게 되잖아요. 내 삶을 통틀어 어려움뿐이었어요. 먹고 사는 게 힘들었죠. 곧 있으면 이런 것들이 필요 없게 될 거예요. 내가 죽게 될 거라는 걸 확실히 알고 난 후부터 난 기분이 편안해졌어요. 그때 난 마음 먹었거든요. 내 운명을 기쁜 마음으로 받아들이겠다고요."

그는 이렇게 이야기하면서, 3인분은 족히 될법한 저녁을 먹어 치웠다. 마치 어떤 불행도 기다리고 있지 않은 사람처럼, 한 입 한 입 맛있게 먹었다. 결심을 통해서 그는 자신의 운명을 받아들인 것이다! 하지만 결심을 통해서, 원하지 않는 상황에 굴복하지 않기로 마음먹을 수도 있다.

이 6가지 기본적인 두려움들은 우유부단함을 통해 걱정으로 전환된다.

- 죽음에 대한 두려움을 덜어내는 방법은, 죽음을 불가피한 사건으로 받아들이기로 하는 것이다.
- 빈곤에 대한 두려움을 내쫓는 방법은, 걱정하지 않고 가진 만큼의 부에 만족하기로 하는 것이다.
- 비판에 대한 두려움을 짓밟는 방법은, 타인의 생각과 말과 행동에 신경 쓰지 않기로 하는 것이다.
- 노년에 대한 두려움을 없애는 방법은 노년을 약점이 아닌, 젊을 때 알지 못했던 지혜와 자제력, 이해력을 가지게 되는 큰 축복으로 여

기는 것이다.

- 질병에 대한 두려움을 떨쳐버리려면, 증상들에 지나치게 민감하게 반응하지 않기로 하는 것이다.
- 사랑을 잃을지도 모른다는 두려움을 극복하는 방법은, 꼭 필요한 경우에는 사랑 없이도 잘 살 수 있다고 결심하는 것이다.

인생에 있어서 걱정할 만한 가치가 있는 것은 없다고 대범하게 마음먹고 모든 걱정하는 습관을 없애버려라. 이렇게 마음먹으면 마음이 차분해지고 생각이 평온해져서 행복을 느끼게 된다.

마음속에 불안이 가득하면, 스스로 현명한 행동을 할 기회를 없앨 뿐 아니라, 파괴적인 생각을 자신이 만나는 모든 사람에게 전파해서 그들의 기회마저도 없애 버린다.

강아지나 말도 주인이 용기가 없다는 사실을 눈치챈다. 그럴 뿐만 아니라, 주인의 두려운 감정도 느끼고, 그에 따라 행동한다. 더 낮은 지능을 가진 동물들 사이에서도 두려움을 감지하는 능력을 찾아볼 수 있다. 꿀벌은 사람들 마음속의 공포심을 곧바로 느낄 수 있다. 이유는 알 수 없지만, 벌을 두려워하지 않는 사람보다 두려워하는 사람을 쏘는 경향이 있다.

두려움의 감정이 한 사람에게서 다른 사람에게로 전해지는 과정은 사람의 목소리가 송출 기지국에서 라디오의 수신기로 전달되는 그것만큼이나 빠르고 정확하다. 그리고 그 방법도 같다.

텔레파시는 실제로 존재한다. 생각이 한 사람에게서 다른 사람에게로 저절로 전해지는 경우가 있는데, 이때 생각을 내보내는 사람이나 생각을 감지하는 사람이 인식하든 못하든 상관없이 이 현상은 일어난다.

말로 부정적이거나 파괴적인 생각을 표현하는 사람은 분명 그 말에 대한 대가로 파괴적인 경험을 하게 되어 있다. 꼭 말로 표현하지 않더라도, 파괴적인 생각을 하는 것만으로도 어떻게든 대가를 치르게 되어 있다. 가장 중요하게 기억해야 할 첫 번째 사실은, 파괴적인 생각을 내보내는 사람은 창의적 상상력을 잃는 손해를 보게 된다는 점이다.

두 번째로, 마음속에 파괴적인 감정을 품게 되면, 성격이 부정적으로 되어서 주변 사람들을 내쫓거나 적으로 만들기도 한다는 점이다.

부정적인 생각을 즐겨 하는 사람들이 겪는 세 번째 손해는, 이런 생각들이 다른 사람들에게 손해를 끼칠 뿐 아니라, 스스로의 잠재의식에도 각인되어서 그의 성격 일부가 되어버린다는 점이다.

생각은 내보내는 것으로 끝나지 않는다. 생각을 내보내면, 그 생각은 대기를 통해 사방으로 퍼지게 되고, 그 생각을 한 사람의 잠재의식 속에 영원히 심어지게 된다.

당신의 인생에 있어서 목표는 아마도 성공을 이루는 것일 것이다. 성공하기 위해서는 마음의 평안을 찾고, 물질적 필요를 채우고, 무엇보다도 행복을 쟁취해야 한다. 이 모든 성공의 증거들은 생각을 어떻게 하느냐로부터 시작한다.

당신은 당신의 마음을 제어하고, 원하는 생각을 마음속에 심을 능력을 갖추고 있다. 이런 특권에는 생각을 건설적으로 사용할 책임감도 수반된다. 당신은 스스로의 생각을 컨트롤할 능력이 있는 것만큼이나, 이 땅에서의 운명을 좌지우지할 힘도 있다. 당신 주변의 환경에 영향을 끼치고, 지시하고, 마침내 제어해서 삶을 원하는 대로 이룰 수도 있다. 아니면, 삶을 원하는 대로 이루어 갈 특권을 게을리해서, 환경이라는 넓은 바다에 조난된 상태로 지낼 수도 있다. 파도 위의 나뭇조각처럼 이리저리 떠밀려 다니며 말이다.

악마의 작업실

일곱 번째 근원적인 해악.

여섯 가지 기본적인 두려움에 더해, 사람들을 괴롭히는 악마가 한 가지 더 있다. 이곳은 실패가 무성하게 자라나는 비옥한 토양이지만, 그 존재가 너무 모호해서 흔히 알아채지 못한다. 엄밀히 말해 이는 두려움으로 분류될 수는 없다. 이는 마음속 깊은 곳에 자리 잡고 있으며, 여섯 가지 두려움보다 더 치명적인 경우가 많다. 굳이 이름을 붙이자면, "부정적 영향에 대한 취약성"이라 부를 수 있겠다.

막대한 부를 일구는 사람들은 항상 이 악마로부터 스스로를 보호한다. 가난한 사람들은 그렇지 않다. 성공하려는 사람들은 이 악마로부터 마음을 지켜내야 한다. 부를 일굴 목적으로 이 책을 읽고 있다면, 스스로를 자세히 살펴서 부정적인 영향력에 쉽게 영향을 받는지 알아보라. 이런 자기 분석을 게을리하면, 열망하는 바를 이룰 수 있는 권리를 스스로 박탈하는 셈이 된다.

뒤에 나올 "자기 분석"을 해보라. 여기에 나오는 자기 분석을 위한 질문들을 읽고, 스스로 답한 내용에 대해 자세히 살펴보라. 마치 매복해 있는 적을 찾듯이 조심스레 이 일을 수행하고, 눈에 보이는 적을 다루듯이 스스로의 결점을 다루어야 한다.

노상강도들로부터 스스로를 지키기는 쉽다. 사법 체계가 당신을 위해 힘을 합해 돕기 때문이다. 하지만 "일곱 번째 악마"는 다루기가 더 어렵다. 당신이 그의 존재에 대해 모르고 있을 때, 잠들어 있거나 깨어 있을 때 공격해오기 때문이다. 더군다나 그는 "마음의 상태"라는, 형체조차도 없는 무기를 사용한다. 이 악마가 위험한 또 다른 이유는, 인간의 경험만큼이나 다양한 형태로 공격을 해오기 때문이다. 어떨 때는 좋은 의도를 가진 친척의 말을 통해 마음을 공격해오는가 하면, 달랐을 때는 자신의 정신적 상태를 통해서 마음속에서 스스로 생겨나기도 한다. 이는 독만큼이나 치명적이다. 비록 독처럼 사람을 바로 죽이지는 않겠지만 말이다.

스스로를 부정적인 영향들로부터 지키는 방법

스스로 만들어 낸 것이든, 주변의 부정적인 사람들의 말과 행동에 의한 것이든, 여러 부정적인 영향들로부터 스스로를 지키기 위해서는

생각하라 그리고 부자가 되어라

스스로에게 의지력이 있다는 것을 알고 이를 항상 사용하는 것이다. 그렇게 하면 결국 마음속에 부정적인 영향력에 대한 면역력이 생겨난다.

기억하라. 당신을 포함한 모든 인간은 태생적으로 게으르고, 무관심하며, 자신의 약점에 맞는 온갖 제안들에 취약하다.

스스로가 태생적으로 여섯 가지 두려움에 취약하다는 사실을 인식하고, 이런 두려움에 맞설 수 있는 습관을 키워라.

약장 속에 있는 모든 약병을 내다 버리고, 감기, 근육통, 통증, 그리고 상상 속의 질병들을 핑계로 삼는 버릇을 버려라.

스스로 생각하고 행동하도록 영향을 주는 사람들과 가까이 지내도록 힘써라.

문제가 생길 거라고 걱정하지 말라. 문제는 걱정하면 반드시 생기곤 한다.

의심할 여지 없이, 모든 인간의 가장 흔한 약점은 다른 사람들의 부정적인 영향력에 마음을 쉽게 열곤 한다는 점이다. 이 약점이 특히 위험한 이유는, 대부분 사람이 자신들에게 이런 문제가 있다는 점을 의식하지 못하기 때문이다. 혹은, 설령 안다고 해도 이를 떨쳐버리거나 고치지 않아서, 결국 스스로의 일상에 자리 잡아서 통제할 수 없는 상태에 이르게 된다.

스스로를 있는 그대로 보고 싶은 사람들이라면 다음의 질문들이 도움이 될 것이다. 질문들을 읽고 스스로의 답을 소리 내어 말하고 직접 들어보라. 이를 통해 스스로에게 솔직해질 수 있을 것이다.

자기 분석 테스트 질문들

- 종종 "몸이 안 좋아."라고 불평하는가? 만일 그렇다면 무엇 때문인가?

- 사소한 일에도 다른 사람들의 흉을 보는가?

- 일하면서 자주 실수하는가? 그렇다면 이유는?

- 대화할 때 빈정대거나 공격적으로 말하는가?

- 일부러 다른 사람들과 친해지기를 꺼리는가? 만일 그렇다면 이유는?

- 자주 소화불량에 걸리는가? 만일 그렇다면 이유는 무엇인가?

- 삶이 의미 없고 미래가 희망이 없어 보이는가? 그렇다면 이유는?

- 자신의 직업을 좋아하는가? 그렇지 않다면 이유는? 자주 자기 연민에 빠지는가? 그렇다면 이유는? 자신보다 나은 사람들에게 질투를 느끼는가?

- 성공을 생각하는 것과 실패를 생각하는 것 중, 어떤 일에 더 많은 시간을 보내는가?

- 나이가 들어감에 따라 자존감이 높아지는가, 낮아지는가?

- 실수에서 가치 있는 교훈을 얻고 있는가? 친지나 친척들의 영향으로 걱정에 빠지는가? 그렇다면 그 이유는?

- 때로는 신이 나다가도 때로는 절망의 나락으로 빠지는 감정의 기복을 겪는가?

- 당신에게 가장 영감을 주는 존재는 누구인가? 그 이유는 무엇인가?

- 피할 수 있음에도 불구하고 부정적이거나 맥 빠지게 하는 영향들을 참고 견디는 편인가?

- 외모를 가꾸는 데 무심한 편인가? 그렇다면, 언제 무슨 이유로 그렇게 되었는가?

- 바쁜 생활을 유지함으로써 문젯거리들로부터 마음을 벗어나게 하는 방법을 알고 있는가?

- 스스로의 일을 다른 사람들이 대신 결정하도록 허용하는가? 스스로 "줏대가 없는 사람"이라고 여기는가?

- 마음을 정리하고 가다듬는 일을 소홀히 해서, 스스로의 화를 이기지 못하게 되는가?

- 미리 방지할 수 있었던 일을 소홀히 해서 걱정을 하게 되는가? 군이 그렇게 걱정할 상태까지 내버려 두는 이유는 무엇인가?

- 마음을 안정시키기 위해 술, 마약, 담배 등에 의존하는가? 만일 그렇다면, 의지를 발휘해서 이겨내려 하지 않는 이유는 무엇인가?

- 누군가가 당신에게 "잔소리"를 하는가? 그 이유는 무엇인가? 분명한 목표가 있는가? 있다면 무엇이며, 그것을 이루기 위해 어떤 계획을 세우고 있는가?

- 여섯 가지 두려움 중 하나라도 겪고 있는가? 그렇다면, 어떤 것인가?

- 다른 이들의 부정적인 영향으로부터 자신을 보호하는 방법이 있는가? 긍정적인 마음가짐을 가지기 위해 자기암시를 사용하는가?

- 물질적 소유와 스스로의 생각을 제어할 수 있는 능력 중, 어느 것이 더 소중하다고 여기는가?

- 스스로의 판단과 다른 타인의 의견에 쉽게 영향을 받는 편인가?
- 오늘의 경험들로부터 가치 있는 지식이나 정신적인 가르침을 얻었는가?
- 마음에 들지 않는 상황들을 똑바로 직시하는 편인가 아니면 책임을 회피하는 편인가?
- 실수와 실패를 분석해서 교훈을 얻으려 하는가, 아니면 자신과 상관없는 일이라는 태도를 보이는가?
- 자신의 가장 큰 약점 세 가지를 댈 수 있는가? 이들을 고치기 위해서 어떤 노력을 하고 있는가? 다른 사람들이 공감을 구하면서 걱정거리를 털어놓는 편인가?
- 평소 당신에 의해서 다른 사람들이 부정적인 영향을 받는 편인가?
- 타인의 습관 중 가장 짜증 나는 것은 무엇인가?
- 스스로 의견을 생각해 내는가, 아니면 다른 사람들의 영향을 쉽게 받는 편인가?
- 모든 부정적인 영향력들로부터 스스로의 마음을 지키는 방법을 알고 있는가?
- 현재 직업을 통해 신념과 희망을 품게 되는가?
- 모든 두려움에서 벗어날 수 있을 만큼 충분히 강한 정신력을 지니고 있다고 생각하는가?
- 종교를 통해 긍정적인 마음을 가지게 되는가?
- 타인의 걱정을 함께 나누어야 한다고 생각하는가? 그렇다면 그 이유는?
- "유유상종"이라는 말을 믿는가? 내 주변의 친구들을 살펴보고 어떤

점을 알아내게 되었는가?

- 가장 친하게 지내는 사람들과 당신이 느끼는 불행감 간에 관련이 있다면, 어떤 상관관계가 있는가?
- 가장 친한 친구라고 생각하는 사람이 실은 당신에게 부정적인 영향을 끼치고 있기에 최악의 적이 될 가능성이 있는가?
- 자신에게 도움이 되는 사람과 해를 끼치는 사람을 구분하는 기준은 무엇인가?
- 친한 친구들이 자신보다 정신적으로 성숙한가, 아니면 미숙한가?
- 하루 24시간 중, 다음의 일들에 각각 얼마나 시간을 할애하는가?

  ① 직업 / ② 수면 / ③ 휴식과 놀이 / ④ 유용한 지식 습득 / ⑤시간 낭비

  아는 사람 중에서

  ① 나를 가장 격려해주는 사람은? / ② 나에게 가장 경고를 하는 사람은? / ③ 나를 가장 맥 빠지게 하는 사람은? / ④ 여타의 방법으로 나를 가장 도와주는 사람은?

- 가장 큰 걱정거리가 무엇인가? 왜 그것을 참고만 있는가?
- 타인에게서 예기치 않은 조언을 들었을 때, 의심 없이 받아들이는 편인가, 아니면 숨은 동기를 알아내려 하는가?
- 가장 열망하는 것은 무엇인가? 그것을 이루고 싶은가? 다른 모든 열망들을 포기하고서라도 이것을 이룰 의지가 있는가? 이를 이루기 위해 하루 얼마만큼의 시간을 할애하는가?
- 마음이 쉽게 바뀌는 편인가? 그렇다면 그 이유는 무엇인가? 시작한

일을 대개 끝까지 해내는 편인가?

- 다른 사람들의 사업이나 직위, 학력, 부의 수준에 쉽게 영향을 받는 편인가? 다른 사람들이 당신에 대해 하는 말이나 생각에 쉽게 영향을 받는 편인가?

- 사람들의 사회적, 경제적 지위 때문에 그들의 비위를 맞추는 편인가?

- 현존하는 가장 위대한 인물은 누구라고 여기는가? 어떤 면에서 그 사람이 당신보다 뛰어나다고 여기는가?

- 이 질문들을 읽고 답하는 데 얼마나 많은 시간을 들였는가? (질문 목록 전체를 분석하고 답하는 데 최소 하루의 시간이 필요하다.)

모든 질문에 솔직하게 답했다면, 스스로에 대해 잘 알게 되었을 것이다. 질문들을 자세히 연구해 보고, 앞으로 몇 달 동안은 일주일에 한 번씩 다시 이 질문들로 돌아와 복기해보라. 질문들에 솔직하게 답하는 것만으로도 얼마나 많은 가치 있는 지식을 얻었는지 스스로 놀라게 될 것이다. 뭐라고 답해야 할지 모호한 질문이 있다면, 당신을 잘 알고 딱히 당신에게 아첨할 이유가 없는 사람에게 조언을 구하고, 그의 눈을 통해 자신을 바라보라. 이 경험은 놀라운 결과를 안겨줄 것이다.

우리가 완벽하게 다스릴 수 있는 것이 있다면 그것은 오직 생각뿐이다. 이는 인간이 알고 있는 가장 의미 있는 사실이다. 이는 인간의 신성한 본성을 반영한다. 이 신성한 특권을 통해서만이 스스로의 운명을 다스릴 수 있다. 마음을 다스리지 못하면 그 어떤 것도 다스릴 수 없다.

소유한 것에 대해 경솔하게 관리하는 습성은 물질적인 것에만 국한되도록 하라. 마음은 영적인 자산이다! 신성한 왕족을 대하듯 세심하게 보호하고 사용하도록 하라. 의지를 가지고 그렇게 하라.

불행하게도, 의식적이든 무의식적이든 부정적인 암시를 통해 다른 사람들의 마음에 독을 퍼뜨리는 사람들을 법적으로 제재할 방법은 없다. 이들의 파괴적인 행동으로 인해, 법적으로 보장된, 물질적 부를 이룰 기회를 잃게 될 수도 있다는 점에서 볼 때, 강한 법적 처벌을 가해야 마땅함에도 말이다.

토마스 A. 에디슨이 녹음 재생기를 만들려고 했을 때, 부정적인 사람들은 불가능하다고 말했다. 그 이유는 "아무도 그런 기계를 만든 적이 없기 때문"이었다. 에디슨은 그들을 믿지 않았다. 그는 마음속에서 생각하고 믿는 것은 무엇이든 만들어 낼 수 있다고 믿었다. 에디슨이 남들보다 뛰어날 수 있었던 이유는 이런 믿음 덕분이었다.

부정적인 마음을 가진 사람들은 F.W.울워스가 5센트 상점을 열었을 때 그가 파산할 것이라고 말했다. 울워스는 그 말을 믿지 않았다. 그는 신념을 가지고 계획을 밀고 나가면, 합당한 범위 내에서 무엇이든 가능하다고 믿었다. 타인의 부정적인 암시에서 스스로의 마음을 지킬 권리를 행사했기에, 그는 수억 달러가 넘는 부를 일굴 수 있었다.

부정적인 마음을 가진 사람들은 조지 워싱턴에게 월등히 뛰어난 힘을 가진 영국군을 상대로 싸우는 것은 불가능하다고 말했다. 하지만 그는 믿음을 잃지 않았고, 그 덕분에 미국이라는 국가가 생겨날 수 있었다. 반면 콘월리스 경의 이름을 기억하는 이들은 거의 없다.

헨리 포드가 처음 만든 조잡한 자동차를 몰고 디트로이트 거리로 나갔을 때, 의심 많은 사람은 콧방귀를 뀌었다. 어떤 이들은 그런 물건은 실용성이 없다고 말했다. 또 다른 이들은 그런 기계를 돈 주고 살 사람은 없을 거라고 말했다. 하지만 포드는 "나는 튼튼한 자동차를 만들어서 지구를 질주할 겁니다."라고 말했고, 그 말은 현실이 되었다! 스스로의 판단을 믿기로 한 그는, 그 후 5대 동안 쓰고도 남을 막대한 부를 이룰 수 있었다. 큰 부를 이루고자 하는 사람들에게 해주고 싶은 말은 이것이다. 헨리 포드와 그가 고용한 수십만 명의 직원들 사이에 차이점은 단 하나뿐이었다. 즉, 포드는 자신의 마음을 다스렸고, 다른 이들은 그렇지 못했다는 것이다.

헨리 포드에 관해 이 책에서 반복해서 언급한 이유는, 그가 의지를 다지고 스스로를 다스려서 성공을 이룬 놀라운 예를 보여주기 때문이다. 그가 이룬 업적은 "내게는 기회가 없었어."라는 흔한 변명을 뿌리째 꺾어 버린다. 포드 또한 기회가 없기는 마찬가지였다. 하지만 그는 기회를 만들어 냈고, 끈질기게 밀어붙여서, 마침내 큰 부자가 되었다.

"……했더라면"이라는 가장 흔한 변명들

성공하지 못하는 사람들은 한 가지 눈에 띄는 공통점이 있다. 실패

생각하라 그리고 부자가 되어라

원인에 대해서 잘 알고 있으며, 성공하지 못한 데 대한 물 샐 틈 없는 변명거리를 가지고 있다는 점이다.

그중에는 영리한 변명도 있고, 몇몇은 정당한 변명이기도 하다. 하지만 변명을 통해서 돈을 벌 수는 없다. 세상이 궁금해하는 것은 단 하나, 당신이 성공했느냐 하는 점이다.

한 성격 분석학자가 가장 흔한 변명의 목록을 작성했다. 이 목록을 읽어 내려가면서, 스스로를 자세히 분석해서, 이 변명 중 몇 개나 사용하고 있는지 확인하라. 또한, 이 책에서 소개하는 성공 원칙들에는 이런 변명들이 통하지 않는다는 점을 기억하라.

- 부양할 식구만 없다면……
- 누군가 충분히 "밀어" 주기만 한다면……
- 돈만 좀 있다면……
- 교육을 많이 받았더라면……
- 직장만 있다면……
- 건강하기만 하다면……
- 시간만 좀 있다면……
- 상황만 좋았더라면……
- 남들이 나를 이해해 주기만 했더라면……
- 주변 상황이 좀 달랐다면……
- 다시 태어날 수 있다면……
- "사람들"이 뭐라 하든 두려워하지 않았다면……

- 기회만 있었다면……
- 지금 기회만 생긴다면……
- 사람들이 내게 "트집"만 잡지 않았더라면……
- 방해하는 것들만 없다면……
- 조금만 더 젊었다면……
- 원하는 대로 할 수만 있었더라면……
- 부유한 집에서 태어났더라면……
- "제대로 된 사람"을 만났더라면……
- 내게도 남들처럼 재능이 있었다면……
- 내 의견을 주장했더라면……
- 과거에 기회를 잡았더라면……
- 사람들이 나를 화나게 만들지만 않는다면……
- 집안일과 육아에 매이지만 않는다면……
- 돈을 좀 모을 수 있다면……
- 직장 상사가 내 능력을 알아준다면……
- 누군가 좀 도와주기만 했다면……
- 가족들이 나를 좀 이해해 준다면……
- 대도시에 살았더라면……
- 그 일을 시작할 수만 있다면……
- 시간만 좀 있다면……
- 저 사람 같은 성격이었더라면……
- 이렇게 뚱뚱하지 않았다면……
- 세상이 내 재능을 알아준다면……

생각하라 그리고 부자가 되어라

- "운"이 좀 따라준다면……
- 빚만 없었더라면……
- 그때 실패하지 않았더라면……
- 방법만 알았더라면……
- 사람들이 모두 내게 반대하지 않았더라면……
- 걱정거리가 이렇게 많지만 않았더라면……
- 제대로 된 배우자를 만났더라면……
- 사람들이 그토록 바보 같지 않았더라면……
- 우리 가족이 저토록 낭비벽만 없었더라면……
- 운이 나를 저버리지 않았더라면……
- 팔자가 사납게 타고나지 않았더라면……
- "운명은 결정되어 있다."라는 말이 사실이 아니었더라면……
- 일을 그렇게 열심히 하지 않아도 되었더라면……
- 돈을 잃지 않았더라면……
- 다른 동네에 살았더라면……
- "과거"가 없었더라면……
- 내 사업을 했더라면……
- 사람들이 내 말을 들어주기만 했더라면……

그리고 가장 큰 후회는 다음의 내용이다.

내가 진정한 나 자신을 들여다볼 용기가 있었더라면, 내 문제점을 발견하고 고쳤을 것이다. 그랬더라면, 나에게 문제가 있다는 사실을 알고, 내 실수를 통해 배웠을 테고, 다른 이들의 경험을 통해서도 배울 점이 있었을 것이다. 혹은, 내 약점을 분석하는 데 시간을 더 들이고, 약점을 숨길 변명을 만들어 내는 데 시간을 덜 썼더라면, 지금보다 더 나은 상황에 있을 것이다.

실패에 대한 변명거리를 만들어 내는 버릇은 누구나 하는 일이다. 이 버릇은 인류의 역사만큼이나 오래된 것이며, 성공에는 치명적이다! 사람들은 어째서 사소한 변명에 매달리는 걸까? 그 이유는 분명하다. 자기들이 만들어 낸 것이기에 스스로 변호하는 것이다! 변명은 상상력의 산물이다. 자신의 창작물을 옹호하는 것은 인간의 본성이다.

변명을 만들어 내는 행위는 뿌리 깊은 습관이다. 습관이 우리가 하는 행동을 정당화시켜 줄 때 그 습관에서 벗어나는 것은 매우 어렵다. 플라톤은 이 사실을 알고 있었기에, 이렇게 말했다. "최초의 그리고 최고의 승리는 자아를 극복하는 것이다. 자아에 굴복하는 일은 다른 무엇보다도 부끄럽고 용납할 수 없는 일이다."

같은 생각을 품은 다른 철학자도 다음과 같이 말했다.

"내가 타인에게서 발견하는 추악함은 대부분 나 자신의 본성을 반영하고 있다는 사실을 발견했을 때 놀라지 않을 수 없었다."

앨버트 허버드는 이렇게 말했다.

"사람들이 왜 그렇게 많은 시간 동안 아무것도 하지 않으면서 자신의 약점을 가릴 변명만 만들고 있는지 이해할 수 없었다. 그 시간을 다른 방법으로 사용한다면 약점을 고칠 수 있었을 것이고, 그렇다면 변명이 필요하지도 않았을 것이다."

이 책을 마무리 지으며, 내가 여러분에게 하고 싶은 말은 이것이다.

"삶은 체스판과 같고, 당신의 상대는 시간이다. 움직이기 전에 망설이거나 즉각 움직이지 않는다면, 당신의 말은 시간에 의해 몰살당하고 말 것이다. 당신이 상대는 우유부단함을 용납하지 않는다!"

예전에는 삶에서 원하는 것을 성취하지 못하는 데 대한 논리적인 변명이 있었을지 모르나, 이제 그런 변명은 통하지 않는다. 당신에게는 이제 삶의 풍요로운 부로 향하는 문을 열 수 있는 마스터키(the Master Key)가 주어졌기 때문이다.

이 마스터키는 눈에 보이지는 않지만, 강력한 힘을 지니고 있다. 이것은 마음속에 부를 향한 불타는 열망을 만들어 내는 능력이다. 이 마스터키를 사용하는 데 대한 비용은 없지만, 사용하지 않으면 대가를 치러야 한다. 그리고 그 대가는 실패이다. 마스터키를 사용하면 따르는 보상은 어마어마하다. 그것은 자아를 극복하고 삶에서 원하는 것을 얻은 사람들이 느끼는 만족감이다.

이 보상은 수고할 가치가 충분한 것이다. 한번 시작해보고, 정말 그러한지 확인해 보겠는가?

"우리가 인연이 있다면 만나게 될 것이다."라고 위대한 에머슨은 말했다. 이 책을 끝맺으며, 그의 생각을 빌려 이렇게 말하고 싶다.
"우리가 인연이 있었기에, 이 책의 한 장, 한 장을 통해 이렇게 만날 수 있었다."

생각하라
그리고
부자가 되어라

초판 1쇄 인쇄 | 2022년 11월 21일
초판 6쇄 발행 | 2024년 10월 30일

지은이 | 나폴레온 힐
옮긴이 | 박지경
펴낸이 | 최근봉
펴낸곳 | 도서출판 넥스웍
등록번호 | 제2014-000069호
주소 | 경기도 고양시 일산동구 장백로 20 102동 905호
전화 | 031) 972-9207
팩스 | 031) 972-9208
이메일 | cntpchoi@naver.com

ISBN   979-11-88389-38-4 (13320)

• 이 책은 1932년에 출간된 "think and grow rich"의 초판본 번역본이다.
• 값은 표지 뒷면에 표기되어 있습니다.
• 잘못된 책은 구입하신 서점에서 바꾸어 드립니다.